大学生学习生活指南（第二版）

肖行定　主编

华中科技大学出版社
http://www.hustp.com
中国·武汉

内 容 简 介

本书内容包括大学生入校后如何适应大学学习、生活,立志向、定目标,构建新的学习观念,掌握学习方法;如何提高综合素质,当好学生干部;如何培养健康心理,进行文体活动和社会实践活动;如何择职就业,成功走向社会;如何增强安全意识,遵纪守法,做合格大学生。

本书既是一本新生入学教育教材,又是一本帮助大学生成为优秀人才的指导教材。

图书在版编目(CIP)数据

大学生学习生活指南/肖行定主编.—2版.—武汉:华中科技大学出版社,2021.8(2024.8 重印)
ISBN 978-7-5680-7475-9

Ⅰ.① 大… Ⅱ.① 肖… Ⅲ.① 大学生-学生生活-指南 Ⅳ.① G645.5-62

中国版本图书馆 CIP 数据核字(2021)第 162655 号

大学生学习生活指南(第二版) 肖行定 主编
Daxuesheng Xuexi Shenghuo Zhinan (Di-er Ban)

策划编辑:钱 坤
责任编辑:余晓亮
封面设计:原色设计
责任校对:张汇娟
责任监印:周治超

出版发行:华中科技大学出版社(中国·武汉)　　电话:(027)81321913
　　　　　武汉市东湖新技术开发区华工科技园　　邮编:430223
录　排:华中科技大学出版社美编室
印　刷:武汉科源印刷设计有限公司
开　本:880mm×1230mm　1/32
印　张:11.25
字　数:313千字
版　次:2024年8月第2版第4次印刷
定　价:28.00元

本书若有印装质量问题,请向出版社营销中心调换
全国免费服务热线:400-6679-118　竭诚为您服务
版权所有　侵权必究

选择将伴随我们一生（代序）

刘献君[①]

我们时时面临选择，选择将伴随我们一生。譬如，你到食堂买饭时，打什么菜，荤的还是素的，你要选择；听讲座，来还是不来，来了之后，是听完还是听一部分，是集中精力听还是边听边看书，需要选择；谈朋友，终身大事，需要选择；政治信仰，需要选择；书籍浩如烟海，读什么书，需要选择；毕业后的就业，面对众多的用人单位，要反复比较、选择；走上工作岗位，同样面临众多选择。

从某种意义上说，社会和个人的关系，是一种相互选择的关系。人选择了社会，社会又反过来选择人的需要和行为，人就不得不去适应社会，选择自己。

那么，为什么说"选择"伴随人的一生呢？这要从人的需要说起。马克思曾经十分精辟地指出：任何人如果不同时为了自己的某种需要和为了这种需要的器官而做事，他就什么也不能做。这就是说，人类的全部活动，不管以何种形式、何种方式出现，其动作、目的和归宿都是出自人的需要的。人的需要是多层次的，人的欲望

---

① 刘献君，华中科技大学教授、博士生导师，文华学院校长。原任华中科技大学党委副书记、学术委员会副主任、教育科学研究院院长。主要学术兼职有中国高等教育学会院校研究分会第一、二届理事会会长，第三届理事会名誉理事长等。出版专著25部，发表学术论文200余篇，被评为全国高等教育研究有重要贡献学者。

是无穷的，但是由于生活环境和人类自身能力为人们提供的条件与人们的需要之间总是存在着差距，因而人们不得不根据客观条件，在多种需要之间因迫切性和重要的程度而依次进行选择。这就是说，有什么样的需要，一般而言就有为满足这种需要的选择。就个人而言，人们为了生活，必须选择劳动作为谋生手段；为了找到理想的伴侣，必然会对对方的年龄、相貌、性格、气质、能力等做出选择；大学生追求自我完善、自我实现，必然会在择业的问题上苦费心机，寻找适合自己能力与特点的理想职业。就生活而言，人们首先要选择基本的生存资料，解决衣食住行，在基本生存条件得到满足之后，人们才又选择发展资料和享受资料。社会发展也是如此。

社会越向前发展，人们选择的范围越广，选择的自由度越大。原始社会，人们只为基本生存而活动，选择的方式直接而单一。在自然经济社会，经济总是社会的第一选择，经济活动本身没有什么太大的选择余地，由经济所决定的生活同样没有太大的选择余地。随着市场经济的发展，商品丰富，经济生活进入了互相选择的阶段，因而选择的功能改变，选择的范围扩大，选择的形式也随之发生变化。过去的单向选择，被多向的随机选择所替代。多向随机选择大大提高了社会选择的自由度。因而，在现代社会，个人的选择自由度也越来越大。

我们应该怎样对待选择呢？我认为，个人对社会的选择和适应，绝不是消极被动的，而是积极、主动且具有创造性的。正是人们的这种主动性和创造性，推动着历史的前进和社会的发展。

首先，我们要认识到，能否自主、成功地进行选择，是一个人是否成熟的标志之一，是一个人能否走向成功的重要关键性因素之一。社会千姿百态，人的能力各式各样，能否选择适合自己能力、水平、性格的职业、机会、发展方向，对一个人能否取得成功，影响极大。看看我们周围的情况，有的人听任父母安排，随波逐流；有的人一生都处在举棋不定、盲目发展的状态；有的人高瞻远瞩，经过反复思考、比较，自主做出决定。不同的对待选择的方式，将产生完全不同的后果。回顾我自己的情况，有两次自主选择，都影响了我的一生。第一次是小学毕业时，学校保送我上附近一所小学的附设初中班。是听从学校为我做好的安排，还是自己去考正规的中学？我选择了后者。由于考上了师资、教学条件比较好的中学，我受到了良好的中学教育，为考上大学和以后的学习打下了良好的基础。第二次是20世纪70年代末，我从业务岗位上抽调出来，从事思想政治工作。作为一名党员，应该服从组织分配。但是，如何对待工作和做好工作，是可以选择的。在当时业务不吃香的情况下，我在做好工作的同时，坚持抓住业务不放。起初搞本专业，后来及时改为与工作联系十分密切的社会学、教育学。二十多年来，几乎从来没有节假日，利用业余时间学习、研究，因而在业务上取得了一定的成绩，而且对工作也极为有利。台湾著名人士朱高正先生曾和我交谈，谈到他的两位同学由于两种不同的选择态度，产生了两种截然不同的人生结果。其中一位中学毕业时保送上了台北医大，大学毕业后，父母帮他找到了待遇颇丰的职业，又为他物色好了对象，结了婚。但这位同学感到生活毫无意义，非常苦恼，决定自己来一次选择。他给父母写了一封信，称自己从小听从父母安排，现在要自己做一次决定，望父母能理解。他的决定是自杀。而另一位同学，中学毕业时，学校也保送他上台北医大，但他没有去，自己考上了台大，选择了自己满意的专业，毕业后选择了自己满意的职业，现在事业有成，心情也很舒畅。这样正反两方面的例子很多，大家在现实生活中也随处可见。

其次，选择的前提是判断。正确进行选择，要掌握有关选择对象全面的知识，要有开阔的视野，要有一种穿透力，对事物做出比较准确的判断。对事物进行分析的方法多种多样。我认为著名记者艾丰在《新闻采访方法论》一书中所介绍的方法值得借鉴。艾丰认为，对事物要从纵、横、变三个维度进行分析：从纵向考察其历史和未来；从横向考察其现状；从变化中观察发展趋势，总结规律。在判断时，还要考虑事物所处的客观条件、环境，既要考虑"应该"，又要考虑"能够"。世界上"应该"的事多得很，还要看它是否"能够"。每个人都会受历史、时代的局限，只能在既定的历史条件下创造历史。在现实生活中，不少人不懂得这一简单道理，能够做的事不去做，不能够做的事总在做，一辈子辛辛苦苦，一事无成。

再次，选择的方法是比较。哲学家苏格拉底的三个弟子向他请教如何选择女朋友。苏格拉底让他们沿着两旁长满各色各样花的小路，从中摘取一朵最大的来。第一个学生只走了一小段路，看到其中一朵大花，就摘下来，交给老师。老师说不行。第二个学生吸取教训，不急于摘，边走边看，总觉得不够大，一直走到尽头，大的错过了，只好从中随便摘了一朵交给老师。老师说不行。第三个学生吸取前面两个学生的教训，边走边观察，走到中间，从比较中摘下一朵自己认为最大的花，交给了老师。老师说行。苏格拉底教导学生，谈女朋友就要像第三个学生摘花那样，从比较中选择。这个例子的真实性我无从考察，但其中揭示的道理是深刻的。我们的大学生，思考问题常常是追求有百利而又无一弊。例如，选择职业，最好是有利于事业发展、待遇高、名声好、大城市、离家近……世界上哪有这样十全十美的好事呢？比较和选择时，可本着"两利相较取其重，两害相较取其轻"的原则行事。只要利大于弊的事，就可以干。当然选择里面也会包含风险。因为选择是对未来的选择，未来是发展变化的。选择时，没有风险意识也是不行的。

（原载于《大学之思与大学之治》，华中理工大学出版社，2000年出版。）

目 录

适 应 篇

第一章 尽快完成角色转换 …………………………………（3）
  一、熟悉新环境 ……………………………………………（3）
  二、适应新角色 ……………………………………………（10）
  三、确立新志向 ……………………………………………（13）

第二章 及早树立专业思想 …………………………………（19）
  一、培养专业兴趣 …………………………………………（19）
  二、巩固专业思想 …………………………………………（22）
  附 四位院士与文华学子谈专业学习 ……………………（23）

第三章 抓紧学会料理生活 …………………………………（27）
  一、大学生活的特点 ………………………………………（27）
  二、建立科学、文明、健康的生活方式 …………………（30）

学 习 篇

第四章 构建新的学习观念 …………………………………（37）
  一、怎样构建新的学习观念 ………………………………（37）
  二、重视课内外的学习 ……………………………………（38）
  三、学会自主、主动学习 …………………………………（39）

第五章　掌握科学的学习方法 …………………………（41）
　　一、大学生的学习特点和规律 ………………………（41）
　　二、确定明确的目标 …………………………………（43）
　　三、大学学习的基本方法 ……………………………（44）
　　附　谈大学生学习方法 ………………………………（46）

教　学　篇

第六章　大学生学籍与学习管理 ………………………（55）
　　一、大学生学籍管理 …………………………………（55）
　　二、学生学习管理 ……………………………………（61）

第七章　考试与准备 ……………………………………（64）
　　一、怎样做好考前准备，诚信应考 …………………（64）
　　二、各种等级或职业认证的考试与要求 ……………（66）
　　三、大学生可参加的全国、省、市各种学科竞赛 ……（67）

第八章　注重科学研究　培养创新意识 ………………（73）
　　一、如何进行科研选题 ………………………………（74）
　　二、如何进行科研设计 ………………………………（79）
　　三、如何进行调查研究和撰写学术论文 ……………（82）

素　质　篇

第九章　提高思想素质 …………………………………（89）
　　一、良好的政治品质是对大学生的基本要求 ………（89）
　　二、良好的思想修养是对大学生的必然要求 ………（92）
　　三、如何提高自身的政治思想素质 …………………（97）

第十章　注重文化修养 …… (99)
一、注重文化修养 …… (99)
二、重视能力培养 …… (105)
三、加强审美素质的培养 …… (110)

第十一章　追求志趣高雅 …… (113)
一、志趣高雅是大学生精神追求的体现 …… (113)
二、培养文明行为是实现远大理想的重要条件 …… (115)
三、自我设计与实现,培养独立的人格 …… (119)
四、追求正确的人生价值 …… (121)

心　理　篇

第十二章　大学生常见心理问题 …… (125)
一、什么是心理问题 …… (125)
二、大学生常见心理困扰 …… (127)
三、大学生常见心理障碍 …… (130)

第十三章　大学生心理健康调适 …… (134)
一、什么是心理健康 …… (134)
二、影响大学生心理健康的因素 …… (136)
三、大学生心理健康的调适方法 …… (138)
附　揭开心理咨询的神秘面纱 …… (139)

第十四章　大学生生命教育与危机应对 …… (144)
一、大学生生命教育 …… (144)
二、心理危机应对 …… (149)

交 际 篇

第十五章　大学生的人际交往……………………………………(159)
　　一、人际交往的含义及重要性 ………………………………(159)
　　二、大学生人际交往中经常出现的问题 ……………………(160)
　　三、大学生人际交往的基本原则 ……………………………(162)

第十六章　大学生的人际交往技巧……………………………(165)
　　一、大学生人际交往的技巧 …………………………………(165)
　　二、学会与不同的人交往 ……………………………………(167)
　　三、大学生人际交往技巧的提高 ……………………………(171)

第十七章　大学生交际礼仪……………………………………(173)
　　一、交际礼仪概述 ……………………………………………(173)
　　二、礼仪的实施原则 …………………………………………(177)
　　三、社交的基本礼仪 …………………………………………(180)
　　四、社交中的礼仪类文书 ……………………………………(187)

文 体 篇

第十八章　如何培养个人业余爱好……………………………(195)
　　一、业余爱好与成才的关系 …………………………………(195)
　　二、正确对待业余爱好 ………………………………………(199)
　　三、培养有益的业余爱好 ……………………………………(201)

第十九章　怎样过好课余生活…………………………………(204)
　　一、科学合理地安排课余时间 ………………………………(204)
　　二、利用课余时间培养自己的特长,挖掘自身的潜能………(208)

实　践　篇

第二十章　注重实践环节 (213)
　一、大学生应积极投身社会实践活动 (213)
　二、大学生社会实践活动的类型 (216)
　三、不同时期大学生社会实践活动的特点 (218)
　四、合理利用学生社团,开展社会实践活动 (220)

第二十一章　当好学生干部 (225)
　一、学生干部的素质要求 (225)
　二、树立良好的工作作风 (229)
　三、具备较强的工作能力 (230)
　四、建立科学的工作方法 (232)

第二十二章　大学生择业准备 (240)
　一、认识自己,了解职业 (240)
　二、广泛联系,寻找机会 (242)
　三、择业成功的心理准备 (245)
　四、择业成功的材料准备 (247)

第二十三章　大学生择业技巧 (255)
　一、面试技巧 (255)
　二、笔试技巧 (259)
　三、女大学生就业谋略 (264)

谋　职　篇

第二十四章　以积极心态择业 (271)
　一、分析就业形势,合理定位自己 (271)
　二、面对就业挫折,保持积极心态 (271)

三、接受竞争压力,降低求职期待 (272)
四、充分认识职业价值,树立合理的职业价值观 (273)
五、认识与接受职业自我,主动捕捉机遇 (274)

第二十五章 大学生择业应注意的问题 (275)
一、要给自己职业定位 (275)
二、多渠道捕捉就业信息 (275)
三、分析对比,锁定岗位 (275)
四、做好应聘前的必要准备 (276)
五、规范面试的衣着和言行,塑造职业形象 (276)
六、把单位当成学府,把工作视为深造 (276)

第二十六章 择业中的烦恼及解除方法 (277)
一、社会方面 (277)
二、大学生的自身问题 (277)
三、高校的问题 (278)

第二十七章 大学生就业难的分析与思考 (281)
一、大学生就业难深层原因分析 (281)
二、扭转大学生就业形势的理性思考 (283)

第二十八章 大学生就业心理分析 (285)
一、大学生就业心理的类型 (285)
二、大学生就业心理形成的原因 (286)
三、大学生就业心理应对对策 (289)

第二十九章 就业政策 (290)
一、积极拓展政策性岗位 (290)
二、积极拓展市场化岗位 (292)
三、进一步提升就业指导服务水平 (293)

四、完善就业统计评价 …………………………………… (294)
　　五、加强领导和组织保障 ………………………………… (295)

第三十章　大学生创业指导 …………………………………… (297)
　　一、创业意识的培养 ……………………………………… (297)
　　附　毕业后,我选择了创业 ……………………………… (299)
　　二、创业能力 ……………………………………………… (301)
　　附　T同学的成功案例 …………………………………… (307)
　　三、创业的一般程序 ……………………………………… (310)
　　四、创业的政策与法律 …………………………………… (314)
　　五、创业中的问题及对策 ………………………………… (319)
　　附　10万的高价学费 …………………………………… (322)
　　附　让绿色照明照亮千家万户 …………………………… (324)

安 全 篇

第三十一章　大学生安全教育 ………………………………… (331)
　　一、安全教育的重要性 …………………………………… (331)
　　二、大学生安全教育的主要内容 ………………………… (332)
　　三、增强大学生安全意识的方法 ………………………… (333)
　　附　谈谈大学生怎样注意安全 …………………………… (335)

第三十二章　纪律教育 ………………………………………… (340)
　　一、树立法律观念 ………………………………………… (340)
　　二、遵守《高等学校学生行为准则》 …………………… (341)
　　三、遵守《文华学院学生手册》 ………………………… (342)
　　附　《高等学校学生行为准则》 ………………………… (343)

后记 ……………………………………………………………… (345)

适应篇

重要的是相信道路选择得正确!

——列宁

第一章 尽快完成角色转换

人是社会关系的总和,每个人都是由社会关系决定各种身份、地位的综合体;而且,一定的身份意味着一套由社会具体状况决定并由公众认定的行为模式和规范。对于这种由身份决定的行为模式和规范,社会学称之为"角色"。生活有如一座舞台,每个人都要在台上扮演各种不同的角色。跨进大学校门,如同拉开了人生舞台新的一幕,从此你便拥有了一个令人羡慕的新角色——大学生。尽快完成角色转换,是你"演出"获得成功的关键因素之一。大学将是你们人生的一个全新开始。

一、熟悉新环境

许多新同学刚进入大学时感到手足无措、无所适从,这主要是由于他们对新环境不够了解。为了帮助新同学尽快地适应环境,完成从高中生到大学生的角色转换,首先要从认识和熟悉环境开始。

1. 了解高等学校的基本任务和培养目标

1) 高等学校的基本任务

在我国,高等学校的基本任务主要包括以下几个方面。

(1) 为社会主义的政治、经济制度服务。

在我国,大学生终将要成为社会主义建设领域的骨干力量,其中一部分人还要成为党和国家的领导干部。他们的思想道德和科学文化素质如何,直接关系到我国社会主义现代化建设战略目标能否实现,关系到能否坚持党的基本路线一百年不动摇。所以,高等学校一定要坚持党的领导，坚持社会主义办学方向，把培养社会主义建设事业的合格建设者和可靠接班人作为自己的根本任务。

(2) 促进生产力的发展。

高等教育促进生产力的发展主要是通过两条途径实现的：一是培养脑力劳动者或高层次人才，二是利用科研成果服务于社会。高等学校是培养造就高级专门人才的重要基地。良好的学习和生活环境，博学多识的师长，先进的教学和科研设施，大量的知识和最新科学技术信息的传播渠道，各种专业技能的特殊训练，系统的思想教育，都为人才成长起着促进作用。新中国成立70多年来，高等教育得到了很大的发展，为全国各条战线输送了大批的优秀人才，有力地推动了社会主义经济的发展。科学技术是生产力，而且是第一生产力。高等学校有着比较雄厚的教学、科研实力，理工科专业可以承担国家建设中的某些攻关课题，研究新材料、新工艺、新产品等，直接为经济建设服务，而基础研究虽然不能直接带来经济效益，但可以为国家经济发展提供后劲；文科专业则可以通过承担国家政治、经济、教育等方面的理论和政策研究课题，为有关部门提供决策信息，间接推动生产力发展。

(3) 促进科学文化的发展。

科学研究一方面能促进生产力的发展，另一方面也能推动科学文化自身的发展。高校在促进科学文化发展方面具有许多得天独厚的条件，大有作为。

(4) 促进人的自身发展。

影响人的发展的因素既有个体的遗传因素、主观能动性等内在因素，也有社会环境、学校教育等外在因素。在外在因素中，学校教育对人的发展起着主导作用，高等教育也不例外。在基础教育阶段，学生初步形成了科学的人生理想，初步确立了劳动观点、群众观点、集体主义观点、实事求是和一分为二的观点；知识方面尚未定向，具有广泛的适应性；智能方面未专门化，具有较强的可选择性。因此，单纯的基础教育不能满足现代社会对教育的全部需求，更不能完成人的全面发展。高等教育作为对基础教育的深化和发展，在人的身心发展方面有着多种有利条件：设备齐全、先进，学术气氛浓厚，学生自主选择余地大，学生素质较好，重视能力培养和综合素质的提高。在这样的环境里接受教育，更有利于人的自我完善、自我发展。

2）高等学校的培养目标

高等教育的上述任务是相互联系的，最终要统一在育人上，统一在培养社会主义事业的建设者和接班人上。高等学校为政治、经济、科学文化和人自身的发展服务都是通过培养人来实现的。那么，高等学校的培养目标是什么呢？

为社会主义事业培养德、智、体、美、劳全面发展的建设者和接班人是社会主义大学的一项重要战略目标。

(1) 在政治素质方面。

习近平总书记在 2018 年 5 月 2 日北京大学师生座谈会上指出，大学是立德树人，培养人才的地方，是青年人学习知识、增长才干、放飞梦想的地方。"国势之强由于人，人材之成出于学。"培养社会主义建设者和接班人，是我们党的根本任务，是我们各级各类学校的共同使命。全面贯彻党的教育方针，坚持育人为本、德育为先、能力为重、全面发展，着力提高学生的政治素质，增强学生服务国家和服务人民的社会责任感、勇于探索的创新精神、善于解决问题的实践能力，努力培养德智体美劳全面发展的社会主义建设者和接班人。要注重更新教育观念，把促进人的全面发展和适应社会需要作为衡量人才培养水平的根本标准，树立多样化人才观念和人人成才观念，树立终身学习和系统培养观念，造就政治素质好、信念执着、品德优良、知识丰富、本领过硬的高素质人才。要注重培养拔尖创新人才，积极营造鼓励独立思考、自由探索、勇于创新的良好环境，使学生的创新智慧竞相迸发，努力为培养造就更多新知识的创造者、新技术的发明者、新学科的创建者做出积极贡献。

(2) 在业务素质方面。

《中共中央关于教育体制改革的决定》指出："要造就数以亿计的工业、农业、商业等各行各业有文化、懂技术、业务熟练的劳动者。要造就数以千万计的具有现代科学技术和经营管理知识，具有开拓能力的厂长、经理、工程师、农艺师、经济师、会计师、统计师和其他经济、技术工作人员。还要造就数以千万计的能够适应现代科学文化发展和新技术革命要求的教育工作者、科学工作者、医务工作者、理论工作者、文化工作者、新闻和编辑出版工作者、法律工作者、外事工作者、军事工作者和各方面党政工作者。"

(3) 在身体素质方面。

既要加强体育锻炼，保持健康的体魄、充沛的精力，还要有完整的生理、心理状态和社会适应能力，努力促进身心健康发展。

2. 了解高等学校的组织机构

大学生要在学校生活和学习，就必然要经常和学校的组织机构打交道。了解这些机构的性质和管理职能，可以为自己尽快适应新环境和成长成才服务。

1）与学生关系比较密切的管理机构

（1）院校负责学生工作的机构。

① 学生工作委员会。该机构是管理学生工作的综合性领导机构，由院校党委和行政主管学生工作的负责同志（党委副书记或副校长、副院长）任正、副主任，党群系统、行政系统负责学生工作的部分负责人任委员。其重要职能是对全校学生工作进行协调，对学生思想政治教育和管理工作进行决策。

② 学生工作处（部）。该机构是学校党委和行政主管学生工作的部门，它从行政的角度，通过各种渠道和各个环节加强对学生的思想教育和日常管理（包括奖、助、贷学金的管理）、毕业生教育，以及指导学部、系的工作，不少学校的宿舍管理工作也归学生工作处（部）管理。在许多学校里，它与党委学生工作部实行"一个班

子，两块牌子"，联合办公，受党委和校长（院长）共同领导，对各学部（系）的学生工作进行组织、协调和指导。

③ 团委。团委在学校党委和上级团委的领导下开展工作，围绕党的中心工作，对团员和青年学生进行思想教育，抓好团的组织建设，配合党组织做好学生党建工作，组织开展社会实践活动和校园文化建设，指导学生会开展工作。

④ 教务处。教务部门的职能是制订并实施教学计划，进行教学管理和研究以及学生的学籍管理，建立良好的教学秩序，形成良好的教风、学风。其下设的教务科、学籍科、教学科等分别负责全校的教务管理、学籍管理和教学质量监控。在学部一级的机构即是学部教务办公室。学生的报到注册、课程安排、考试及成绩登记、考勤、休学、出国留学等事务都是由教务部门统一管理的。

(2) 学部（系）负责学生工作的机构和人员。

① 学部（系）学生工作领导小组。它受院学生工作委员会和学部（系）党组织、行政的双重领导，负责学部（系）的学生思想教育和日常管理工作。通常由主管学生工作的党总支书记（副书记）负责牵头，由学生工作办公室主任（副主任）、分团委书记、学生党支部书记和有关人员组成。

② 政治辅导员。政治辅导员是学校党委派到学部（系）做学生思想工作的基层政工干部。他们在学部（系）党总支的领导下，按照学校的培养目标和党委的具体要求开展经常性的思想政治工作。政治辅导员是学生日常思想政治教育和管理工作的组织者、实施者和指导者，对学生的思想教育活动、学业规划与学习活动、文体与社会活动、心理咨询与就业指导、日常生活等施以全面、正确的引导与管理。政治辅导员是学生的人生导师，是学生健康成长的知心朋友。

2) 大学生的服务机构

(1) 保卫部门。

保卫部门是维护校园良好秩序的重要部门。能否接受保卫部门的管理，反映了大学生的法治意识。除了在入学时为大学生办理身份证和户口迁移手续，保卫部门的职能更多的是维护校园治安，如管理进出校园的人员、车辆，宿舍防火防盗，保护学生财物及人身安全，监督校园文明秩序，防止不文明举止甚至非法行为，接受校园各种治安问题报案并立案侦查，等等。

（2）后勤服务部门。

学校的后勤服务部门是学生搞好学习的物质保障。大学生在校期间需要的学习、生活服务，如学（教学楼、实训楼等的卫生打扫和管理）、食（食堂、餐厅）、住（学生宿舍、公寓）等方面主要由后勤服务部门提供。

（3）图书馆。

图书馆是大学的标志之一，是学校重要的教学、科研服务机构。上大学后，图书馆是每个大学生必须去的地方。因为求知是每个大学生的重要任务，只靠课堂教学是远远不够的。图书馆里浩如烟海的各种书籍，不但可以为你的专业学习提供参考，而且可以开阔你的视野，提高你的修养。

（4）大学生就业指导中心。

大学生就业指导中心的职能是对大学生进行生涯规划和就业指导工作。包括负责与用人单位联系并组织在校园中召开大型和专场招聘会；负责组织对就业信息的收集、发布、宣传；负责与校外企业联系建立实习就业基地；负责组织大学生就业协会开展就业、创业、创新的知识讲座和典型交流，职能技能竞赛和模拟招聘等各项活动；为大学生做好就业咨询、服务和管理工作。就业指导中心还承担大学生就业指导必选课的教学任务。

（5）大学生勤工助学中心。

大学生勤工助学中心的主要职能是指导和管理学生参加校内外各种勤工助学活动，通过自己的劳动来获取收入，培养学生的劳动观点和自立精神。

(6) 大学生心理咨询中心。

心理咨询中心是由受过专门训练的专业咨询人员为大学生提供心理帮助的机构。咨询员运用心理学的知识、技巧和技术，通过个别面谈咨询或团体咨询的形式，使求询的大学生在良好的咨询气氛中得到指导和帮助。它可以帮助大学生尽快地适应大学的学习与生活，排解在学习、人际交往中产生的困惑和遇到的阻碍，并提供了解自我、发掘心理潜能、提高心理素质的机会，使各种心理问题得到及时解决。咨询室还为大学生开设心理健康公共选修课和系列讲座，普及心理健康方面的知识。

(7) 校园的各种社团。

校园的各种社团是培养学生才能的第二课堂。大学时代是大学生长知识、长身体的时期，培养各方面才能十分重要。校园的各种社团正是为了大学生能拥有多姿多彩的校园生活，同时通过这些活动的组织培养大学生的素质而设立的。大学生在课余时间参与或者更进一步组织一定的社团活动很有必要。

3. 尽快克服环境的陌生感，建立和谐友好的同学之情

大学新生刚到校，学习、生活上暂时不适应，或多或少会产生对环境的陌生感，在此提醒新同学要注意以下几个方面。

一是克服环境的陌生感。环境对人的心理具有重要影响，学校和所在城市对新生同学来说都是陌生的，"独在异乡为异客"，更何况在家的衣、食、住、行都是父母照顾。因此，刚入校时出现一些不适应的情况是正常的，关键是要缩短适应期，尽快了解、熟悉新环境，适应大学生生活的特点。

到了新的城市和新的学校，当地饮食口味、气候、方言、风俗等也许会让你感到不习惯，但关键是不要因此烦躁不安，要调整好自己的心绪，尽早了解、熟悉当地的风土民情、历史文化，包括大学食堂的大锅饭菜，逐步适应，减轻恋家的精神负担。

二是建立和谐的同学关系，学会互相关心、互相帮助、互相照

顾。有的同学第一次离开父母，第一次出门在外，不适应而且很恋家，这就需要同学间互相关心和帮助。这时候的互相照顾是十分宝贵的，也是同学和朋友关系建立的起点。文华学院在全国招生，聚集了许多学习上的佼佼者，他们来自全国各地不同的中学，各有自己的优点、特长。同学间学习、交流、互相借鉴、补己之长，对各自来说都是一种促进和鞭策。每个同学不仅要尽快适应新环境，还要主动去帮助、关心别的同学，特别是那些身体不适和有生活困难的同学。你的真诚相帮，不仅会得到同学和教师的赞扬，你自己也会获得更多的快乐。

三是养成良好的学习生活习惯。学校要求大学生做到"三早一好"，即早起床、早锻炼、早读书，以及养成早晚上自习的好习惯。克服不良的行为习惯，如不洗衣服、不注意宿舍及环境卫生、随便扔垃圾、衣冠不整、不按时就寝等。这些不好的习惯容易让其他同学对你产生不好的印象。宿舍是小集体，是同学们的小家，爱护靠大家。过集体生活要共同遵守宿舍公约，每位成员都要做到胸怀宽广、乐于助人、团结友爱。做到这几点，你们的宿舍就能评上整洁、文明、学习氛围浓厚的"十佳百优和明星宿舍"。

四是广交益友，建立良好的人际关系。集体的温暖会使人产生一种轻松感，摆脱孤独情绪的困扰，同学们对环境的陌生感也会自然消失，校园内充满了同学之间友好相处的快乐幸福之感。

二、适应新角色

新生进大学报到，经注册后，便成为一名正式的大学生。熟悉环境之后，大学新生应尽快学会适应大学生这个新角色。

1. 肩负起大学生的历史使命

大学生的命运与祖国的命运息息相关。经过几十年的积极探索和艰苦努力，我们改革开放和现代化建设取得了伟大的历史性成就，国民经济迅速发展，综合国力明显增强，但我国还是一个发展中的大国。当今世界加速向多元化方向发展，科技革命日新月异，国际经济竞争和综合国力竞争日益激烈。我们还面临着国际关系中霸权主义与强权政治的压力，面临着发达国家在经济与科技上占优势的压力。目前，我国的现代化建设已进入了新的发展阶段，要想全面实现现代化，科学技术是关键，而教育是基础。世界范围内的经济竞争、综合国力的竞争，实质上就是科学技术的竞争和民族素质的竞争。现在和今后一二十年学校培养的学生，他们的思想道德和科学文化水平如何，直接关系到21世纪中国的面貌，关系到我国在21世纪中叶能否基本实现现代化。今天的莘莘学子，明天就会成为祖国的栋梁，大学生应勇敢地承担起振兴中华的历史使命。大学新生要树立大局意识，将自我价值的实现与祖国的现代化建设大业结合起来，为中华民族的富强和腾飞而努力学习。

2. 做遵纪守法的模范

法律是维持社会秩序的重要手段。每一个公民都应当知法、守法，大学生更要做知法、守法的模范。大学生不是特殊公民，大学生与其他公民的区别只是在受教育程度上。大学生作为正在接受高等教育的公民，将来要成为各条战线的生力军和骨干力量，如果不学法、不知法、不守法，怎么能够肩负起历史赋予的神圣使命呢？有的同学产生"只要不违法犯罪，学不学法律都没有多大关系"的糊涂观念，从而做出违法行为，甚至走上犯罪的道路。初入大学的新同学一定要以此为鉴，增强法制观念，学好法，用好法，只有这样才能成为一个合格的大学生。

大学新生入校以后，一般要接受3～4天的入学教育。通过入学教育，新生可以了解学校有关的规章制度和大学生行为准则，加快对新角色的适应。

大学生首先要学好《高等学校学生行为准则》。该准则对大学生的日常行为做了全面而具体的规范：在日常行为中维护祖国的利益；遵守宪法和国家的各项法律、法规；维护各民族的平等、团结、互助关系;坚持社会主义集体主义;坚持实事求是原则;热爱劳动,积极参加社会实践;发扬艰苦奋斗精神;注重个人品德修养;积极参加体育锻炼和健康的文化活动;勤奋学习,刻苦钻研;维护教学秩序;维护公共秩序;遵守宿舍管理规定;爱护公共财物;遵守外事纪律。

大学生还要认真学习《学生手册》,新生进校后,学校会发给每一位学生一本《学生手册》,一般包含了学校概况,学校对学生的管理文件、各种评选评优的办法,大学生奖、贷、助学金条例,违纪处分条例和有关的学籍管理规定。学籍管理是高等学校管理的重要内容,是对学生在校学习全过程的管理,主要包括学籍的取得与注册管理、课程考核与成绩记载、学生学籍移动管理、奖励与处分及毕业资格审查等方面。大学生学习学籍管理规定,熟悉《学生手册》的有关内容,不仅有助于提高学习的主动性、积极性和创造性,而且有助于新生尽快适应大学生活。

3. 自觉遵守社会公德

社会公德是人类在社会公共领域中的行为准则,是一个社会所有成员在公共生活中都必须遵守的基本规则。它是人们在长期的社会生活中逐步形成的,用以维持公共生活,调节人与人之间、个人与社会之间关系的一整套准则。在社会主义制度下,社会公德主要有以下几个方面的内容:关心集体和他人利益,遵守社会公共秩序,爱护公共财物,尊老爱幼,讲究文明礼貌,讲究清洁卫生。具体到大学生,遵守社会公德就应该做到:同学间相互关心,相互爱护,相互帮助,处处为他人和集体着想;遵守校内的各种维护正常教学秩序、生活秩序的有关规定,如自觉遵守教室、图书阅览室、食堂等公共场所的秩序;关心和爱护学校财物,自觉同破坏公物的不良行为作斗争,养成文明礼貌的好习惯,对老师、同学要尊重;自觉维护校园、教室和宿舍的整洁和讲究个人卫生。

三、确立新志向

1. 树立理想

理想是人们在实践中形成的、符合客观发展规律的、经过奋斗能够实现的人生目标。人生需要理想的支撑,理想确保人生具有明确的奋斗目标。大学生作为同龄人中的佼佼者、人们心目中的天之骄子、祖国现代化的建设者和接班人,是否有理想、树立什么样的理想,不仅关系到其个人的前途命运,而且关系到祖国的前途命运。按理说,经过激烈竞争而跨进大学校门的青年学子应该是有理想、有追求的,但由于多种原因,大学生在人生理想方面还存在着一些不尽如人意的地方。

第一,许多中学片面追求高考升学率,只注重知识的传授而轻视学生人生观包括人生理想的教育。在升学压力下,一些中学生只知埋头读书,忽视正确人生理想的培养。中学阶段的这种先天不足,并未因进入大学而自然消失,相反却得到更加充分的暴露。

第二,中学教育是基础教育,中学生对未来充满了种种美好的向往,但这种向往掺杂着很多幻想的成分,是模糊不清的;即使向往是明确的,但经过激烈的竞争进入大学,所进的学校、所学的专业未必都遂其心愿。所以,大学新生还面临着人生理想的进一步明确和调整。可惜的是,部分大学生在进入大学后相当长的时间内没有解决好这一问题。

第三,有的新生对大学存在着错误认识,认为只要跨过高考的独木桥,便可进入"保险箱"。他们一进入大学便失去了新的奋斗目标,松懈下来,一蹶不振,过着无所事事的生活。

大学校园里的这些不和谐音符,已经引起了高等学校乃至全社会的高度重视。随着社会主义市场经济对人才素质的要求越来越高,高等教育改革的不断深化,以及高校德育工作的加强,这种不正常状况正在改善。

那么，大学生应该树立什么样的人生理想呢？

首先，大学生要有崇高的社会理想。最基本的，应该热爱社会主义祖国，拥护党的基本路线，立志运用自己掌握的知识为人民服务，为社会主义事业贡献力量。在此基础上树立共产主义的远大理想，把自己锻炼成为具有坚定共产主义信念的人才。

其次，大学生应树立积极健康的个人理想。个人理想包括道德理想、职业理想和生活理想。大学生要有积极进取的人生态度，遵守社会主义和共产主义的道德原则和规范；要在自己的专业方面有较高的要求，要有正确的职业观；追求健康向上的物质生活、精神生活和家庭生活。

最后，我们鼓励个人通过奋斗实现理想，但是个人理想还必须服从于共产主义理想。只有与共产主义的远大目标结合在一起的个人理想才是崇高的、有益的。如果违背了社会发展的规律，脱离了社会的需要，置人民的根本利益于不顾，单纯去追求一己私利，从长远看是注定要失败的。

大学时期是确立世界观，为一生事业打基础的时期。历史赋予当代大学生"振兴中华"的重任，也给大学生的成才与发展提供了契机。希望大学生们摒弃鼠目寸光、"燕雀之见"，把为实现共产主义的鸿鹄之志，体现到为人民服务的具体行动中去。

2. 确立新志向

志当存高远，只有立下高远之志，才能成就大业。所谓高远之志，就是符合历史发展规律，代表社会前进方向的伟大抱负和志向。历史上成功的人，无不立志。孔子"十有五而志于学"；诸葛亮自比管仲、乐毅；孙中山立志要推翻清王朝，建立中华民国；周恩来从小立志"为中华之崛起而读书"。法国著名的化学家、近代微生物学奠基人巴斯德说得好："立志是一件很重要的事情，工作随着志向走，成功随着工作来，这是一定的规律。立志、工作、成功，是人类活动的三大要素。"由此可见，立志对于事业成功有至关重要的意义。大学生们朝气蓬勃，富于理想，正处于立大志、展宏图的黄金时期，懂得什么是志、立什么样的志以及立志与成才的关系，是十分重要的。

1) 什么是志向

志，是志向、意志、志趣的总称。它是人类区别于其他动物的特殊意识。它属于人的意识范畴，但比一般的意识更具有指向性、目的性和能动性。所谓志，表现着人生的道路和方向，就是人们所追求的奋斗目标和为达到这一目标所下的决心。它是人的世界观和人生观的重要组成部分，是人们前进的动力。人各有志，即志具有多样性。但无论怎样千差万别，它都是客观存在的反映，是由人们的社会物质生活条件所决定的。社会存在决定社会意识，有什么样的社会存在，就有什么样的志向。因此，当人们谈论志或立志时，都必须以客观现实为出发点。

立志是人生中的大事。古人说得好，"有志者事竟成"，"志不立，天下无可成之事"。这就是说，人生不能没有志，有志才能获得成功。志不立者，如一艘没有罗盘的航船，盲目航行，难免有碰上暗礁的危险。志不坚者，有可能半途而废，不能成就大业。

2) 志向的作用

志向具有巨大的能动作用。这种能动作用，一方面表现为对人的实践的巨大推动力，另一方面表现为自身的相对独立性。正如鲁迅所说："我们从古以来，就有埋头苦干的人，有拼命硬干的人，有为民请命的人，有舍身求法的人……这就是中国的脊梁。"从屈原、司马迁到秋瑾、邹容、孙中山等，中国历史上这样的人是数不胜数的。就是无产阶级革命家，也有许多人是从剥削阶级营垒中冲杀出来，凭着他们对社会发展规律的科学认识树立起共产主义崇高志向的。譬如，恩格斯本人就是一个资本家的儿子，但在人类历史上他第一次科学地揭示了工人阶级的状况，与马克思一起创立了无产阶级革命的学说，并立志为无产阶级的彻底解放事业奋斗终生。

我们必须懂得，进步的思想、科学的真理，对人们确立志向的巨大影响。

我们要做新时代有志向的青年。创新创业要有远大的志向，才能获得成功。

总之，我们既要看到志向是受人们的社会历史条件和阶级地位所制约的，同时，又要看到科学真理和先进思想对人们志向的举足轻重的指导作用。

3）新时代对大学生志向的要求

志向是社会历史时代的产物。今天中国的青年大学生，生活在一个什么样的历史时代和历史时期，它对当今大学生志向的需求是什么，这是必须认识和明确的一个重要问题。

这也是新时代的伟大使命。今天我们正处在一个继往开来的伟大新时期。习近平在中华人民共和国成立70周年大会上的讲话指出，中国人民是伟大的人民，中华民族是伟大的民族，中华文明是伟大的文明。历史照亮未来，征程未有穷期。我们坚信，具有5000多年文明历史、创造了新中国70年伟大成就的中国人民和中华民族，在实现"两个一百年"奋斗目标、实现中华民族伟大复兴中国梦的新征程上，必将书写出更新更美的时代篇章。这个伟大的任务，落到了青年一代特别是具有高远志向的大学生肩上。

现在二十岁左右的大学生，正是21世纪二三十年代年富力强、可以在事业上大干一番的青年才俊。当代青年大学生应具备什么样的素质呢？

第一，应当具有良好的文化素质，跨世纪的人要想不被世界新技术革命和改革开放这两个挑战、潮流所吞噬，就要从现在起，努力学习科学文化知识，使自己成为具有较高文化素质的人。进入大学要做好学业规划，不仅要完成大学四年学业，还应有更高层次的选择与挑战，如考研升学，或到国家需要的地方去建功立业。

第二，应当具有良好的思想观念，具有开放性、创造性思维的人，才能担当建设新世纪中国的重任。

第三，应当具有良好的生活习惯和工作习惯，也就是要培养自己适应新的环境和新的生活方式。

第四，应当具有高度的共产主义觉悟。就是要不断提高自己的思想觉悟，把自己培养成不怕狂风暴雨、不惧艰难险阻、不畏崎岖曲折的一代新人，学会正确处理国家、集体和个人三者之间的关系，正确处理他人和个人的关系，正确处理"公"和"私"的关系，把"全心全意为人民服务"写在自己人生的旗帜上。作为当代大学生，要在祖国辽阔的大地上干出一番前人没有做过的伟大事业，为中华腾飞而拼搏，肩上的担子并不轻松。当前这个伟大的时代要求青年大学生树立什么样的志向呢？可以简要地概括为八个字：实现四化，振兴中华。因此，当代大学生立志为振兴中华而学，用哲学语言来说就是"抓住了时代的主要矛盾"，用文学语言来讲就是"唱出了时代的最强音"。

3. 全面规划，分段实施

革命先驱李大钊曾经提出忠告："青年呵！你们临开始活动之前，应该定定方向。譬如航海远行的人，必先定一个目的地。中途的指针，只是指着这个方向走，才能有达到目的地的一天。若是方向不定，随风飘转，恐永无达到的日子。"大学生要成才，有所作为，正如前面所述，必先立志。诸葛亮在《诫子书》中说："夫学须静也，才须学也。非学无以广才，非志无以成学。"然而，志既是远大的，又是具体的，有大志而没有具体的志是空洞的，有具体的志而没有远大的志是不能持久的。我们要把成才的理想变为成才的现实，并付诸实实在在的具体行动，就必须重视全面规划，善于分段实施。对于一个远大的事业目标，我们可以运用"阶梯原则"，按照时间段进行分解。每天、每周、每月、每学期、每年的目标达到了，那么整个大学阶段的总目标也就达到了。

一般来说，大学生通向成才目标的阶梯，不是由单项学习指标构成的，而是多项学习指标的平衡和综合。其中包括政治与业务、理论与实践、课内与课外等诸方面。只有合理地分配时间,才能保证德、识、才、学、体、美诸结构要素的合理性,这是大学生成才的必要保证。成才之心人皆有之,每个立志成才的大学生,从入学的第一天起,就要明确为社会主义服务、为人民服务的正确方向,树立远大志向。同时,还要选择最佳的成才道路。目标和道路,犹如过河和桥的关系,不解决桥的问题,过河只能是一句空话。所谓最佳的成才道路,并不是寻找"捷径",而是从实际出发,因人、因地而异,选择适合自己的最有效的学习方法和研究方法,脚踏实地地走全面发展的成长道路。法国科学家马斯德说过:"立志是事业的大门,工作是登堂入室的旅程。这旅程的尽头就有个成功等待着,来庆祝你的努力结果……"

第二章　及早树立专业思想

在高等学校里，所谓专业是学校根据社会分工的需要而设置的不同学业门类，是与未来职业紧密联系的具有科学完整的课程结构的知识体系。不同的专业在知识和能力要求上不尽一致，但每个专业都有其较为系统、固定的要求。因此，大学生所学专业，一经确定就相对稳定。大学生要想学有所成，一进入大学就必须注意培养专业兴趣，树立牢固的专业思想。唯有如此，才能集中精力学好专业知识，提高专业能力，奠定坚实的专业基础，为未来职业做好知识和能力积累。

一、培养专业兴趣

报考大学的每个青年，都希望考上一个理想的专业，国家尊重考生的志愿，允许根据个人的兴趣爱好选择自己的专业。因此，各高等院校在录取新生时，尽可能地照顾个人的专业意向，录取符合条件的第一志愿考生。从实际情况看，大多数新生对自己的专业是满意的，这为调动学生的学习积极性创造了条件，但也有部分新生不如意：有的是由于对专业缺乏深入了解，有的是由于高考分数所限，有的是由于录取名额所限，等等。

综观现在考大学报志愿的情况，大致有三种类型：一是自主型，即根据自己对知识的一定了解和兴趣，报了自己理想的专业；二是服从型，就是出于对家长和教师的尊重，根据他们的意愿报了某些谈不上理想或不理想的专业；第三种可称"投机型"，即自己缺乏把握，为了考上某所学校，报了并不喜欢的某些"冷门"专业，不管三七二十一考上大学再说。但不论属于哪种情况，进入大学后，都有重新审视和迅速抉择专业方向的问题。这并不是说进入大学后再去重新选择专业，改换门庭，而是说进入大学后，要通过专业介绍，加深对专业的了解，更加热爱所学专业。

上面所列出的第三种志愿选择法，可能包含一定的"投机"心理因素，这在千军万马抢过"独木桥"的形势下是不难理解的，但又是不可取的办法。因为"冷门"专业往往不易招满，需要转专业的人也比较多，出于维持专业对人才需求的计划，有关部门必然不太愿意让学生转出。一般来说，从低分数段的专业向高分数段的专业转，接收院系要求更高，考核更严。作为一名新生，更重要的是有意识地培养相关的兴趣，树立有关的专业思想。

报志愿的第二类同学，更需要对专业进行重新审视、重新抉择。在这些同学中，有的虽然了解专业，但并不喜欢，这实际同第三类的同学相似。也许你对专业不了解或不甚了解，那么你就应在入学后，注意有关的专业介绍，了解其专业方向、学科内容、培养目标及其在国民经济和社会发展中的地位和作用。不过，在听取某些高年级同学介绍时，不可人云亦云，自己要有主见，千万不要听到别人说不好，自己也就认为不好。因为人的兴趣和爱好本来就各有所异，而不喜欢某一专业的人，谈起这个专业时往往带有一定的成见。在对一种专业进行认真的了解、分析之后，你认为它好，那就坚持自己的选择，让别人说去吧。

对自己选择的专业，也有重新审视的必要。因为一个人的兴趣爱好会受到知识面的限制，中学生喜好的形成是受多种因素影响的，也许是受家长的职业所影响，也许是受某位最敬佩的教师所感染，也许你就是某门课的课代表，但你对这个专业的学科内容并不十分了解。当你进入了大学，有更广的知识面和接触面以后，也许会发现自己的真正兴趣并不在这个专业上，这都是正常的现象。

志趣和爱好是青年学生积极尝试某种事物的心理意识倾向，是人的个性带有趋向性的特点，是产生推动和维持目标行为、动机的重要原因。有志者追求自己所热爱的目标，就会迸发出极高的积极性,正如达尔文所说:"热衷于一切使我们所认为有趣的事物,了解任何问题与事件为极大的满足。"我国明朝李时珍,从小喜欢医学,宁愿冒违背爷命之"罪",也不去学八股文,毅然从医,并耗尽一生心血编写出了传遍世界各国、被世人誉为"东方药学巨典"的《本草纲目》。这些都是根据自己爱好来选择事业目标而成功的有力证明。古往今来,大凡卓有成就的科学家,无不对某项事业有浓厚的兴趣和强烈的求知欲望。

一般来说,每个大学生都有一个专业,这个专业方向的确定,具体体现了社会主义建设的需要,基本上规定了每个大学生将来为社会主义建设服务的方向。大学生的中心任务就是学习和掌握与自己专业有关的各种专业和技能,准备就业后为社会主义现代化建设服务。因此,要想成为对社会有用的合格人才,就必须热爱所学专业,在专业学习上花大力气、下苦功夫。但是,目前有些大学生,由于种种原因对自己所学的专业不热爱,思想长期不稳定,结果蹉跎了宝贵时光,影响了学习效果。

那么如何正确对待专业与志趣的矛盾呢?

1. 服从社会需要

事业的存在和发展是确立专业的基础。马克思主义认为,人是社会的人,每个人都处在一定的社会关系之中,任何人都必须以社会存在为前提,不能脱离社会生活和需要而独立存在,也不可随意超越社会发展的规律去自我设计和安排。基于这个基本原理,不管被录取到什么专业,都必须把个人的志趣与社会、时代的需要结合起来,服从社会需要。

2. 行行出状元

社会主义事业是一个有机的整体,社会需要各行各业、各种各样的人才。由于社会分工的复杂性,人才需要多样化,必然出现一部分同学报考专业与录取专业不一致的情况。但俗话说,只有没出息的人,没有没出息的工作。行行出状元,就是这个道理。

3. 在专业学习中培养专业兴趣,树立正确的专业思想

在现实生活中,个人的兴趣爱好不是天生的,也不是单一的,它是在社会实践中产生的,也是可以在实践中培养和转移的。通过学习,认识本专业的研究对象、任务、热点和规律,了解本专业发展的历史和现状、研究的内容和方法等。在学习实践中,认清自己所学专业在国家建设中的地位和作用。社会是由各行各业按照不同分工组成的内在相互联系的整体。专业虽有难易之分,但无贵贱之分。只有认识、理解自己所学专业的地位和作用,才能深刻感受到自己学习和从事这一专业的社会价值,才会以锲而不舍的毅力、坚忍不拔的精神为之奋斗。从而把个人的专业理想升华到社会理想的高度,突破个人兴趣的狭隘界限,将其提到振兴中华、献身事业的高度来认识。

二、巩固专业思想

进入大学后,通过专业介绍以及一段时间的学习之后,一般都面临着巩固专业思想的问题。进一步加深对专业的了解,是巩固专业思想的前提。我们每一个大学生都应早下决心,努力巩固专业思想,不能犹豫不决。如果长期安不下心,大学一年级的基础课就会受到严重影响。例如,有的同学因专业问题,不安心学习,最后五门功课不及格。学习上一步被动,将会导致步步被动,甚至对今后几年的学习带来无穷的后患。我们知道,人们认识事物总是循序渐进的,即由表及里,由现象到本质,由知之较少到知之较多。因而任何专业知识的发展,都是由浅到深、由简到繁的。比如数学这门学科,就是由最简单的加减乘除发展到高等数学。我们在学习这门知识时,必须经历一个由浅入深的过程,由知之不多到知之较多,一个个难题被解决,一座座科学的堡垒被攻克,从中获得很多的收

获、很多的乐趣，从而对它产生一种挚爱的情感，专业思想也就渐渐巩固了。在高等学校常常会遇到这样的情形，有的同学刚踏进大学门槛就想改变所学专业，认为这个专业不符合他的专业理想。但是，经过不断的深入学习，慢慢地他又改变了原来的认识，对自己所学的专业产生了感情。这种实例证明，青年学生的专业思想是在学习中产生并不断深化的。那些所谓所学专业与自己兴趣不符的同学，只要端正学习态度，坚定信心，安心于现在学习的专业，其专业思想会在学习中不断得到巩固和加强。

热爱所学专业，积极树立专业思想，是大学生成才的前提，而刻苦学习是大学生成才的关键。因此，每一个渴望成才的大学生，都应热爱所学专业，刻苦学习科学文化知识，使自己成为社会主义建设的专门人才。

附 四位院士与文华学子谈专业学习

2011年9月23日，中国工程院院士，著名水利与能源工程专家，华中科技大学文华学院名誉院长张勇传教授；中国工程院院士，中国选矿工程专家余永富教授；中国工程院院士，水灌溉工程专家茆智教授；中国工程院院士，著名磁约束聚变技术和高功率脉冲电源技术专家潘垣教授，这四位院士出席我院2011级新生开学典礼，并与文华学子面对面交流。

★文新社记者团：您认为大学生应该怎么搞好学习？

张勇传：在大学里，需要建立有利于每个同学自由思考，个性、兴趣和潜能得到很好发展的良好气氛，同时还要建立学校、教师、学生和谐的氛围，这样更有利于学生健康成长。

余永富：首先，作为一名大学生，进入大学，就仿佛走进了一个小社会，就要学会与各种各样的人打交道。其次，我觉得作为大学生就应该多参加学校的文体活动，在活动中发现、培养自己的潜能，锻炼自己的意志与综合能力。与此同时，大学生要时刻牢记自己学生的身份，把学习放在第一位，在学习生活中争先创优。此外，大学生不能只待在校园里，要走出校门，踏入真正的社会，不断提高自己的社会实践能力。

茆智：始终坚持创新，利用课堂、业余时间不断创新。我记得20世纪50年代的时候，土木工程专业有四个大学生对力学感兴趣，经常讨论教科书，有一次在看电影时，由于学术问题的争执而跑出电影院去讨论问题。最后，其中三人成了院士。爱因斯坦曾经说过，一个人的成就很重要的是保护业余时间，同时也要培养兴趣。要培养求知欲望，主动学习。学术不能总与利益相结合。

潘垣：进入大学首先是学习，所以大学最应该有的氛围就是一种浓厚的学习氛围。你们进大学都是来学习的，所以学习向上的氛围是必须要建立起来的，这是一点。第二点就是和谐生活的氛围。这个"和谐"，可以是指同学间不要瞧不起谁，也可以是学生尊敬教师、教师爱护学生这样一种师生间的和谐氛围。比如说，同寝室的同学，一个人考得很好，他就可以帮助另外一个同学，大家一起学习。所以说，大学校园里最主要的，一个是浓厚的学习氛围，一个是和谐的生活氛围。

★文新社记者团：您认为不同专业的学生应该建立怎样的文化特色？

张勇传：各个专业、学科，本身就是一种文化，我们需要找到专业内容和文化之间的内在联系。在一个学校之中，每个人都是享受者，同时也是建设者，只有建设一个良好的文化氛围，才能找到自己的兴趣所在，在培养兴趣的同时潜移默化地提高文化素养。

比如说，建筑本身就是一门艺术，反过来艺术同时也是活动的建筑。学生除了学习专业内容外，还需要有丰富的想象力。很多事情是在想象之上加以研究才得到成果的，说得更深远点，应该要有洞察力。同时我们也要将洞察力和想象力相结合。

余永富：不管是哪个专业的学生，都应该学好专业理论知识。学校就是一个学知识的地方，在学好理论知识的基础上，再去发展其他方面的才能。理工科的学生应该多参加一些与专业知识相关的学科竞赛，在参加竞赛的过程中不断积累经验，为毕业后工作打下良好的基础。而文科学生就应该多动脑，勤动手，培养自身的创新意识与能力。此外，我觉得不同专业的学生应该多互相交流，交流得多了，学到的不同知识也就会相应增加，从而多方向地全面发展。工科学生相比文科学生，在表达能力方面可能会稍微弱一点，这就要求工科学生在学习之余多积累一些文学知识，平时养成写文章的好习惯，这对以后的工作也是很有帮助的。此外，工科学生要多与人交流，用语言、文字来清楚地表达自己想要表达的意思，久而久之，交流能力、表达能力就会逐步提高。在培养文化素养这方面，我觉得工科学生应该多读中国古典文学著作，例如《红楼梦》等四大名著，这样更能打好自身的文学基本功底。

茆智：有些专业大类是相同的，对不同专业的学生来说，要多交朋友，积极参加有意义的社团，但不能花太多的时间而影响学习，要注重兴趣的培养。国外的有些学校就很好，学生们会参加很多有意义的娱乐团体和集体活动。要结合自己的专业，提高自己的文字水平。多看看古典著作以及现代的优秀文化作品。现在有很多人就不注意一些修辞手法的使用，甚至有些书中语言不够严谨，乱用成语，乱改成语，从而误导在校学生。

潘垣：我觉得到大学再去培养文化素质已经晚了。培养文化素养最应该从中学时代开始。现在我们国家很多中学教育都是实行文理分科的，搞这个文理分科的我不知道是哪位先生，我只知道文理分科搞得一些学生连自己的老祖宗是谁都不知道了。其实我们一些老科学家的文学和历史功底都很好，比如说杨振宁。所以，文化素养的形成应在中学阶段，这是很重要的。

★**文新社记者团**：您认为文科生该如何培养自己的理工科思维？

张勇传：文科是一个思维比较发散的学科，一万个人就有一万种思维方式，培养理工科思维要落实科学知识的学习。因为科学是让人认知世界的方法，同时理工科思维也能让文科生在今后的人生道路上，对遇到的问题有一个更加全面的思考，也有利于开发创造性。

余永富：文科生培养理工科思维是很有必要的。一方面可以将文科的形象思维具体化，另一方面培养理工科思维对日常生活也是很有帮助的。至于怎样培养，我建议文科的学生可以适当去听下理工科学生的课，与理工科学生交流，看一些涉及理工科基础知识的书籍，要争取达到"不仅要看到花开得好看，而且要用工科科学术语去解释花开"的效果，这样才能更好地培养文科生的理工科思维。

茆智：应该多看一些高端科普书籍，如《趣味数学》《趣味物理》《人为什么成为巨人》。不要单一地看财富类著作，应该多看一些科学家、有成就的人的书籍，多看一些名人传记，如《富兰克林传》。

潘垣：理工科思维不是一朝一夕可以形成的，我们要在文科的学习过程中逐步培养并强化自己的理工科思维。

第三章　抓紧学会料理生活

生活是人们为了生存和发展而必须进行的各种活动。它包括物质生活和精神生活两大方面的内容。大学的物质生活指大学生的衣、食、住、行等日常生活活动，它是大学生活的物质基础。大学的精神生活可分为两个方面：一方面是学习生活，主要指听课、自习、阅读、讨论、实验、考试等专业学习活动，它是大学生的主要任务和大学生所有活动的中心；另一方面是专业学习以外的各种活动，比如文化娱乐活动、体育活动和课外社会实践活动等，它们是大学生活的重要组成部分，更是培养全面发展的人的重要途径。与高中阶段相比，大学阶段的生活无论是物质生活还是精神生活，都具有不同的特点。认识大学生活的特点，有利于大学生科学地料理生活，养成健康文明的生活方式，最终成长为德、智、体全面发展的合格人才。

一、大学生活的特点

1. 独立性与集体性的统一

进入大学以前，绝大多数学生都跟父母生活在一起，衣、食、住、行基本上由父母包办，用不着自己操心，特别是到了高中三年级，许多学生更成了"重点保护对象"，连必要的家务劳动都干不了，有的学生甚至连洗衣服这样的小事也不会干。在学习方面，由于升学的压力，教师和家长对学生更是悉心安排、严格约束，养成了部分学生在生活上的严重依赖性。学生独立生活能力不足，带来了各高校新生入学报到时令人忧虑的独特景观：学校门前车水马龙，陪同前来的亲属比报到的新生还多；家长扛着行李走在前面，新生紧随其后，东张西望、一脸茫然；到接待处咨询报到手续的，家长多于学生；指定由新生填写的表格有的实际上由家长代劳；在新生宿舍内铺床扫地的也多数是学生家长。不难想象，这样的学生在进入大学以后将会遇到怎样的实际困难。

大学生活具有明显的独立性特点。所谓独立性，就是由原来依靠父母生活走向独立生活。远离父母，吃、穿、用、缝、补、洗等日常生活得自己亲自操办。学校虽然配备了年级和班级辅导员或班主任，但教师对学生的生活更多的是进行管理和引导，而非包办一切，学生得独立主导自己的行为。在学习上，教师只进行提纲挈领的讲解，而非"填鸭式"的灌输，且讲课进度较快，学生自学时间比较多，这要求学生有较强的独立思考问题、解决问题的能力；学生的自由时间比较多，如何合理安排，得自己做主。这种具有独立性特点的大学生活，给大学生提供了培养独立生活能力的良好机会，为以后走入社会打下了基础，同时也向大学生原有的生活方式提出了挑战。这就需要大学生摆脱中学时代"保姆式"的生活方式，从父母的怀抱中走出来，独立走自己的路，冷静地观察现实，思考人生和社会问题，客观地剖析自己，看清自己的长处与不足，进行广泛的自我教育，培养和强化自己的个性意识，做自己的主人。

大学生活有独立性的一面，也有其集体性的一面。集体是由个人组成，并按一定的方式和原则组成的集合体。四个人住一个宿舍，你就是宿舍一员，宿舍是个小集体；按班级或年级上课，你无法脱离班级和年级，班级和年级是集体；你要参加学部（系）统一安排的活动，学部（系）也是一个集体；全校学生在同一校园里，学校是一个大集体，任何大学生都无法脱离集体而生活。集体利益则包含了这一集体的每一个成员的利益，集体利益不是每个成员的个人利益的简单相加，而是这一集体的"共同利益"。在这样的集体中，集体与个人的关系是肌体与细胞的关系。集体非但不是禁锢个性发展的枷锁，反而为个人的自由发展提供了有力的保障。只有在共同体中，个人才能获得全面发展其才能的手段，也就是说，只有在共同体中才可能有个人自由。(马克思、恩格斯《德意志意识形态》)大学生吃、住、学比较集中，一个人的言行会有意无意地影响他人，因此，大学生一定要学会关心集体、尊重他人，绝不能为了自己的特殊利益而损害他人和集体的利益，在个人利益与集体利益发生冲突时，个人利益要服从集体利益。

大学生活是独立性和集体性的统一。大学新生对此要有足够的和正确的认识，要在跨入大学校门的那一刻起，就立志于处理好二者的关系，为四年的大学生活打下一个好的基础。

2. 单一性与多样性的统一

在大学里，我们经常看到这样两种情况。一部分同学因为曾经有高考的压力，现在缺少了教师和家长的督促，放松了专业学习，通宵上网玩游戏，沉迷于小说、杂志和电影不能自拔。尤其是有些同学中学时一味埋头读书，两耳不闻窗外事，进入大学后觉得自身欠缺的东西太多，下决心扩大"知识面"。而大学生活又是如此丰富多彩，舞会、学术报告、演讲比赛、体育比赛等应接不暇，令人眼花缭乱。他们把主要精力放在课外活动和发展个人爱好上，凡活动都参加，来者不拒，最终走上了极端，荒废了学业。还有一部分同学则认为上大学就是为了学习，与专业学习无关的活动都无关紧要，可有可无。在他们的大学生活中，除了学习就没有其他的爱好，生活的单调可想而知。其实，大学生活是单一性与多样性的统一。说它单一，是因为学习是学生的天职。围绕学习，大学生得听课、做作业、做实验、查资料；围绕学习，大学生要在"寝室—教室—餐厅"的"三点一线"上循环往复。但这只是大学生活的一个方面，大学生除了要具备专业知识以外，还要具备其他素质，要在德、智、体、美、劳等方面得到全面发展，要充分利用学校提供的各种途径锻炼自己的其他能力，提高综合素质。

了解大学生活单一性与多样性相统一的特点，有助于大学生尽快适应大学生活，处理好学习与其他活动的关系，培养自己的一专多能，使自己成为有用之才，为日后走上社会顺利做好工作打下坚实的基础。

二、建立科学、文明、健康的生活方式

生活方式是人们享用物质的、劳务的消费品和使用由他人支配的自由时间的方式，是全部自然条件和社会条件对人们生活发生作用的结果。社会的生产方式根本上决定着生活方式，社会政治、法律制度以及地理环境、民族习俗、历史文化动态、社会意识形态、社会心理等都对生活方式起着重要的制约作用。社会主义生活方式应以劳动为基础，劳动和享受相统一，富裕的物质生活和高尚的精神生活相统一；其目的是崇高的，内容是丰富的，结构是合理的，效益是先进的。不同的职业群体，其生活方式各有特点。由于每个人的生活道路、生活条件、主体素质、自我意识及自我调节能力不同，个人的生活方式总带有浓厚的个性特色。大学生作为接受高等教育的具有较高文化修养的特殊社会群体，更应该建立科学、文明、健康的生活方式。

大学生建立科学、文明、健康的生活方式，具有十分重要的意义。首先，个人生活方式从心理特征、生活态度和价值目标等方面可以分为奋发型的生活方式、颓废型的生活方式、理智型的生活方式、放纵型的生活方式等。大学并非世外桃源，它历来都是各种思潮汇集的场所，是各种势力争夺的前沿。青年学生的世界观正在形成且尚未成熟，思想容易波动，生活方式还没有定型，校外的各种思潮和五花八门的生活方式都直接或间接对他们产生影响；而建立科学、文明、健康的生活方式，可以提高健康生活方式的自觉性和能力，成长为有理想、有道德、有文化、有纪律的一代新人。美国斯坦福大学的著名社会学家阿列克斯·英克尔斯认为，一个现代人的生活方式应该是乐于接受新经验；随时准备社会变迁；有独立见

解，能应付各种复杂局面；掌握信息；时间观念强，惜时如金；重视科学技术，追求知识，学而不倦；爱专业，懂本行，有献身精神；乐观主义；不搞宗派。美国学者的这一看法，对我们很有参考价值。其次，建立科学、文明、健康的生活方式也是大学生生活、学习的需要。它可以帮助大学生处理好生活、学习、娱乐之间的关系，安排好衣、食、住、行等，顺利完成学业。

要建立科学、文明、健康的生活方式，必须解决好以下几个方面的问题。

1. 科学地安排时间

人生短暂，大学的四年生活就更有限了。大学生一定要惜时如金，并从一开始就学会科学安排时间。

首先，要安排好每日时间表。第一，参照自己的生物钟，选择最佳时间利用点。如：一天之内，哪一段时间记忆力最好？哪段时间分析和理解力最强？哪段时间精力旺盛？……若能参照自己的生物钟，安排合适的学习内容，定能大大提高学习效率。第二，要合理安排其他活动，如较大的活动可用大块时间进行，较小的活动可利用饭前、饭后、课间等零星时间进行。第三，每天睡觉前要把当天时间表的执行情况回顾一下，并考虑第二天的时间安排。这样长久坚持下去，就会养成严格计划、科学支配时间的习惯。

其次，不放弃零星时间。大学生活越丰富多彩，时间就切割得越碎，零星时间就越多。早操前后、饭前饭后、会前会后、文体活动前后等，都有大量可用的零星时间，若化零为整，将是一个可观的数目。华罗庚教授说：时间是由分秒积成的，善于利用零星时间的人，才会做出更大的成绩来。英国大数学家科尔，在1903年攻克了一道200年无人攻取的数学难题而轰动数学界。当时有人问他：你解这道题用了多少时间？科尔回答：我用了将近三年的全部星期天。事实上，分秒必争的成就者，从来都是把可用的零星时间和大部分假日纳入学习计划之内。

最后，要养成今日事今日毕的好习惯。生命的长河是由许多个今日组成的，昨日已成过去，明日只可期待，只有今日是现实的，可直接把握的。凡有成就的人都是惜今者，失败者往往都是混世者。有的大学生在执行时间表时缺乏毅力，寻找各种借口把今天的事拖到明天去做，长此以往，浪费了不少大好时光，新同学一定要以此为鉴，切莫重蹈覆辙。

2. 树立自强自立精神

大学教育不是免费教育，在我国，除农林、水利、地质、矿业、石油、师范、军校和海运院校的学生，按国家规定可享受专业奖学金，免交或降低学杂费外，其他院校的学生不享受专业奖学金，须交学杂费。1997年，所有高校招生并轨。并轨后，考入同一高校的学生交费相同。由于我国经济尚不发达，地区发展很不平衡，部分学生生活比较困难，有的十分困难，这就出现了我国高校中一个特殊的群体——特困生。为了鼓励同学们勤奋学习并解决生活困难问题，国家设立了人民奖学金、励志奖学金、助学金，各高校还发放生活补助，提供贷款，设立勤工助学岗位等帮助他们渡过难关。对部分确因生活困难交不上学费的学生，还实行部分减免学费制度。民办高校由于是民用资本投资办学，大学生收费是按成本交费上学。实行收费上学是我国高等教育体制改革的重要举措，也是高等教育发展的必然趋势，同学们要给予足够的理解。

对上述情况，大学生要有正确的认识和充分的思想准备，更要自强自立。首先，要艰苦奋斗，勤俭节约，坚决避免高消费。艰苦奋斗是我国的优良传统，也是目前我国经济发展水平的必然要求。大学生，无论其家庭条件好坏，都应坚持这一原则。大部分同学都能做到这一点，但也有少数大学生心安理得地"躺"在父母身上花钱，生活讲排场，吃穿讲高档，娱乐讲刺激，学习不努力，出现了"通宵玩电脑，宿舍烟头一片，大街经常溜转，电影院里常客，晚上自习吃烩面"的现象。学校里的长明灯、长流水，司空见惯。一些学生喜欢浪费粮食，每餐过后，桌上、地上白花花一片，馒头、米饭成堆。其次，自己动手解决生活困难。学校为困难生提供了很多勤工助学的岗位，受到同学们的普遍欢迎，大部分困难生积极参加勤工助学，从中受益。但也有不少大学生挑肥拣瘦，怕脏怕累，对打扫卫生之类的工作不屑一顾，不愿去干；也有少数学生观念落后，思想保守，宁愿受穷也不愿参加勤工助学，原因只有一个——怕人笑话。中央电视台曾经报道过的某大学的一位特困女生为我们树立了正面的榜样。这位女大学生从小父母双亡，家贫如洗，连学费都交不起。她被学校安排在学生食堂帮忙，基本上解决了生活困难问题，而且学习也没有耽误。

最后，我们再具体谈谈大学生如何安排自己的生活，避免"财政危机"。

第一，要按照自己的计划支配收入，不受外界干扰。每月初收到家里寄来的生活费用，还有助学金等，要统筹计划，除去日常生活必需费用，余额要慎重处理。切勿认为，"别人有的，我也要有"。要针对自身情况置物。

第二，要做支出假设。月初，计算了所有的生活费用后，有意识地存起十几元钱，就当没有这些钱，月底不够或急需时，再拿出来应急。

第三，一切量力，三思后行。购买价值昂贵的物品，一定要三思而后行。购买时间不要过于集中，否则会造成经济情况骤然紧张。事先预计好再买，比较稳妥。

第四，要戒烟、戒酒、戒零食，少请客或不请客。抽烟、喝酒、吃零食，这完全属于额外开支，其中，酗酒和吸烟还是《学生守则》所禁止的。应当杜绝这些不良习惯。有的同学钱多时，或遇上自己生日，或赶上学校发放补助和奖学金，出于义气，一时头脑发热，邀上一些好友上餐厅、下饭馆，猛吃海喝一顿。其结果必然是月底"破产"。

第五，不到迫不得已，绝不向别人借钱。高消费不是我们现在的实际生活水平所能承受的。因而解决财务问题的最根本的方法，是在头脑中树立"勤俭"的观念，千万不能不顾家庭实际经济条件，乱借钱和高消费。

　　学习这件事不在乎有没有人教你，更重要的是在于你自己有没有觉悟和恒心。

——法尔布

第四章 构建新的学习观念

上大学是人生重要的转折点,大学的学习作为大学生的根本任务,与中学有很大不同。要想真正学到知识和本领,除了继续发扬勤奋刻苦的学习精神外,还要掌握大学的学习特点,更新学习观念,选择适合自己的学习方法。对刚刚进入大学校园的学生来说,积极构建新的学习观念尤为重要,这是大学生走向成功之路的重要基石。

一、怎样构建新的学习观念

当前,我们正处在一个信息爆炸的时代,世界科技发展异常迅猛,国际市场竞争日趋激烈,怎样使自己成为一名高素质人才,不仅是我们每个大学生应该深思的问题,同时也是一个国家民族值得考虑的课题,其关键是要构建一种新的学习观念,并加以推广和应用。

传统的学习观念与现代的学习观念是两种根本不同的学习观念,方法总是服务于一定的目的,不同的历史时代,其学习目的也不同。对于中华民族五千年的传统文化,我们一直以来都说要"取其精华,去其糟粕",而我们的学习观念也要在历史发展的潮流中与时俱进,不断更新,逐渐从传统中跳出来,寻求一种新的适合现代人的学习观念。这种新的学习观念应该包括正确的学习态度、明确的学习目标和多样化的学习方式,并在具体的学习过程中树立终身学习观念,培养和锻炼独立自主的学习能力和创新能力。

正确的学习态度是新的学习观念的核心。常言道:"态度决定高度。"在学习过程中,你的态度就决定着你学习的深度。学习是一项艰苦的劳动,它既是对前人和他人已有知识的吸收和消化,又是对未知领域的探索和研究。要慢慢地从"要我学"转变成"我要学"。"我要学"是一种态度,以前我们都是在家长、教师的强迫下学习,进入大学后没了家长和教师的约束,特别是经过高考的不懈冲刺之后,身心都明显疲惫的时候,很容易产生"船到码头车到站"的松懈心理,没了学习目标,对学习失去了应有的热情和积极性。这时,端正自己的学习态度就显得尤为重要。对一名新生来说,"我要学"就是始终保持对学习的激情。也许刚刚进入大学的学生不知道自己的专业具体是什么性质的,自己的人生目标还很模糊,不要担心,只要始终对学习保持热情,积极利用学校的、网络上的资源,对自己的专业进行分析,对自己将要学的课程多做了解,多向学长学姐请教有关自己专业的问题,时刻保持强烈的求知欲,就会在最短的时间内适应大学的学习生活。作为一名大学生,起航时,我们应该先花些时间好好思考一下自己的人生,明确知道自己要学些什么。对一名大二的学生来说,经过了大一的迷茫期,对大学生活有了一定的体会,仍然应该停下来好好思考一下自己的人生。此时,应该更加清楚地知道自己要学些什么,"我要学"的这种态度就是我们理所当然要拥有的。

二、重视课内外的学习

进入大学,我们到底要学些什么呢?大学里,我们面对的不仅仅是一堆课本,更多的是各种各样的人。因此,课内外的知识,我们都需要重视。在大学里我们要学专业知识,要学会为人处世的方式,形成一种属于自己的思想。以前在高中,可能有人会听说大学里"考试60分万岁"之类的话,但在哈佛大学的图书馆,每天都会有人通宵自习。在大学,我们的目标不再是应付考试,而是要去精通一门技术,为此我们不得不去学习与之相关的专业课。但是专业课的学习不只是书本知识的学习,它更强调我们去动手实践。我们可能为了一个实验去查阅大量的书籍,然后在实验室里待上十天半个月；我们可能为了成功做一次精密的实验，而把这个实验做了上百次。重复的实验、单调的生活会比高考的那段日子更加艰苦，这也仅仅是大学学习的冰山一角。大学时期是从学校走向社会的过渡时期，我们从踏进大学门槛的那一天开始，就要为我们的社会生活做好准备。学会和各种各样的人打交道，建立和谐的人际关系，这要求我们注重自己人格品性的培养，从集"万千宠爱于一身"、聚"掌声鲜花一路的宠爱"中走出来，学会尊重别人，平等待人；学会与人为善，助人为乐；宽容是一种胸襟、一种美德，所以我们还应学会宽容。一种品德的习得，不是一天两天的事，而是在长期的日常生活中逐渐养成的；同样，能在大学期间形成属于自己的思想，将使你一生受益。哲学上的思想往往玄之又玄，这里所说的思想是我们在平常生活中不断反思、不断总结，通过时间的积累而形成的。这种思想能帮助我们解决生活、学习、工作上的很多麻烦。总之，在大学里我们要学的东西之多将是我们在高中的数倍，而且所学的内容也比高中时期更加丰富，所涉及的知识面也更加广泛。

三、学会自主、主动学习

我们还应该了解一下我们在学习过程中的原则。在现代学习观念中，它包括终身性原则、创新性原则、自主性原则。终身性原则是其他两大原则的基础，只有坚持了终身学习的原则，我们才可能去创新，才能自主地去学习。目前，世界上越来越多的国家和地区都意识到终身学习的必要性，美国、日本、韩国、欧盟等都颁布了相关的法律。我国从20世纪90年代开始，也将终身学习从理论层面向国家立法和政府政策方面扩展。2018年全国教育大会印发了教育部《关于服务全民终身学习 促进现代远程教育试点高校网络教育高质量发展有关工作的通知》，强化了全民终身学习的理念。这从客观上要求我们大学生要树立终身学习理念。就个人而言，理解终身学习原则，就要从他控学习向自控学习转化，即从学校学习、社会学习向自我学习转化。人的一生从摇篮到坟墓都应处于学习中，我们及早地树立了这种观念，就不会因哪次期末考试失利而闷闷不乐，不会因某次考级没有成功而懊悔不已，因为我们知道学习的道路是无止境的，唯有用一生的时间去学习，我们才能走得更远。作为一名大学生，树立这种观念不仅可以使我们在学习上得心应手，更有助于处理生活中的各项事务。

第五章 掌握科学的学习方法

孔子曰:"知之者不如好之者,好之者不如乐之者。"大学学习不像中学那样是被动的填鸭式教育,而是需要发挥自己的主动性,利用多种资源和渠道,拓宽自身的知识架构,提升自己的综合能力。在方法上,要确定明确的目标,通过借鉴或摸索,尽快找出一套适合自己的方式,调动自身的兴趣,快乐而主动地学习。"凡事预则立,不预则废",从大学开始,养成良好的学习习惯,不仅会让你的校园学习更加轻松自如,也会让你在将来走向社会后终身受益。

一、大学生的学习特点和规律

大学阶段学习知识的广度和深度大大增加,专业方向基本确定,需要大力发挥学习的主动性、创造性。大学主要实行的是学分制,除了公共科目、学科基础课和专业课属于必修课之外,各专业还开设选修课。同学们可以根据个人兴趣和能力选修相关课程,自由支配的学习时间增多,学习的自主性大大增强。大学图书资料和各种信息丰富,获取知识的渠道更加多样化,熟练利用图书馆和互联网搜集资料和掌握信息,成了同学们必备的学习技能。广泛涉猎相关知识,掌握科学的学习方法,培养自主学习和独立思考问题、分析问题、解决问题的能力,是大学阶段学习的重要特点。

大学的课程不像中学的课程,进了大学不但要继续学习基础性课程,而且还要学习专业课程,培养就业能力和实际工作的本领,为将来就业打下基础。大学的课程分为公共课、专业课两类。

公共课也叫通识课,如思想政治教育、大学英语、计算机、大学语文、体育美育劳动课等，另外，大学还开设有上百门的选修课。

专业课相对公共课而言，是注重学生能力培养的课程。分为专业（学科）基础课和专业课。专业基础课的学习是为专业课学习打基础的，是学习专业课的先修课程。如经管类专业的专业基础课有经济学、管理学、数学、统计学、消费心理学、经济法、市场营销等。专业课是培养学生专业能力的核心课程，不同专业会设置不同的专业课程。不同类型的课程有不同的特点，不同的特点决定了对同学们的不同要求。

公共课主要注重大学生人格素质和文化知识素质的培养。思想政治教育课主要是对学生进行马列主义和思想道德方面的教育，旨在提高大学生的政治素质；大学英语、计算机、大学语文等课程的学习，主要是为了提高大学生文化知识素质。有人说，当代的文盲不再是过去那种不认字的文盲，而是不懂计算机和外语的新型文盲。不会计算机和外语就等于不会写字，不会说话，甚至不如原来意义上的文盲。

专业基础课是专业课的基石，学好专业基础课是学好专业课的前提，如果不学好这些专业基础知识，学好专业知识是根本不可能的。不会微积分，就难以学好经济学和理工科专业。金融学、会计学、统计学、理工科等都离不开数学，包括以后的考研。没有坚实的基础，摩天楼是盖不起来的。

不同专业设置不同的专业课程，它们是根据专业培养目标要求设置的，是以实际能力培养为核心的课程群体系。每一门专业课程都有自己的能力目标要求，要求学生学会从事实际工作的本领和技能。显然，专业课是大学生的必修课程，是一定要下功夫学好的核心课程，大学学习的成败即在此。

如今，对于大学的学习，很多大学生都只追求通过结业考试，如此就万事大吉。其实这种态度并不好，大学生应该确立远大的目标。有了目标，就有了努力的方向，有了学习的动力。现在有些学生感到生活茫然、空虚，于是逃课、旷课，甚至整天沉迷于网络而无法自拔，主要原因就是没有及时树立新的学习生活目标，胸无大志。

二、确定明确的目标

古人云："工欲善其事，必先利其器。"好的学习方法会缩短取得成功的时间。当然，我们首先要为自己确定一个明确的目标，然后快乐地去学习，用最基本的方法实现拟定的目标。不同的时期所设的目标是不同的，例如在大一探索期内，主要通过社团活动、学习公共课程、向他人咨询来加强专业认识，对自己的学习生涯进行剖析和自我定位；大二则通过网络、招聘活动、实习等来拓展自己职业生涯的视野；大三则要缩小范围，强化实践和创新；大四要做出自己职业生涯的抉择，在实践中检验自己的积累和准备。当我们设定好了目标，就要从中获取学习的快乐并更加快乐地学习，只有我们感到学习能产生快乐，我们才愿意花时间和精力去钻研。在《探索的动机》（爱因斯坦在普朗克生日会上的讲话）一文中，爱因斯坦在评价普朗克解决理论物理学最重要的问题所做的艰巨劳动时，这样写道："我常常听人说，同事们试图把他的这种态度归因于非凡的意志和修养，我认为这是错误的。促使人们去做这种工作的精神状态，是同宗教信奉者或谈恋爱的人的精神状态相类似的，他们每日的努力并非来自深思熟虑的意向或计划，而是直接来自激情。"所以，快乐永远是我们最好的老师。想要实现我们的目标，我们还要注重基础的方法，在专业课的学习上要做到"三个五"，即"五要""五先"和"五会"。"五要"即要进行思维发散；要理清文章的叙述思路；要听出教师讲课的重点、难点；要克服听课障碍，不受干扰；要做扼要笔记。"五先"即先预习后听课，先尝试回忆后看书，先看书后做作业，先理解后记忆，先整理知识后入眠。"五会"即会制订计划，会利用时间，会总结，会提出问题，会查阅资料。另外，学会利用网络，多听网络上一些名师的演讲，会给我们枯燥的学习带来意想不到的收获。

三、大学学习的基本方法

1. 预习

在浏览教材的总体内容后再细读,充分发挥自己的自学能力,理清哪些内容已经了解,哪些内容有疑问或是看不明白(找重点、难点),分别标出并记下来。这样既提高了自学能力,又为听课铺平了道路,形成期待教师解析的心理定式。这种需求心理定式,必将调动起我们的学习热情和高度集中的注意力。

2. 听课

听教师讲课是获取知识的最佳捷径,教师传授的是经过历史验证的真理,是教师长期学习和教学实践的精华。提高课堂效率是尤为重要的,那么课堂效率如何提高呢?

(1) 做好课前准备。精神上的准备十分重要。保持课内精力旺盛、头脑清醒,是学好知识的前提条件。

(2) 集中注意力。思想开小差就会分心,要靠理智强制自己专心听讲,靠意志来排除干扰。课堂上不得玩手机、伏案睡觉。

(3) 认真观察,积极思考。不要做一个被动的信息接收者,要充分调动自己的积极性,紧跟教师讲课的思路,对教师的讲解进行积极思考。结论由学生自己观察分析和推理而得,会比听现成结论的学习效果好。

(4) 充分理解、掌握方法。抓住教师讲课的重点。有的同学在听课时,往往忽视教师讲课的开头和结尾,这是错误的。开头往往寥寥数语,却是全堂讲课的纲领。只要抓住这个纲领去听课,后面的内容才会眉目清楚。结尾的话虽也不多,却往往是一节课的精要提炼和复习提示。同时,还要注意教师反复强调的部分。

(5) 做好课堂笔记。笔记记忆法,是强化记忆的最佳方法。笔记,是一份永恒的笔录,可以克服大脑记忆方面的限制。俗语说,好记性不如烂笔头。因此，为了充分理解和消化，必须记笔记。推荐大家学习一下"5R 笔记法"，又叫"康奈尔笔记法"，它是用开创这种笔记记忆法的康奈尔大学来命名的。这一方法几乎适用于一切讲授或阅读课，特别是对于听课笔记，"5R 笔记法"应是首选。这种方法是记与学、思考与运用相结合的有效方法。该法包括记录（record）、简化（reduce）、背诵（recite）、思考（reflect）、复习（review）五个步骤。

（6）注意和教师的交流。目光交流、提问式交流，都可以促进学习。

3. 作业

作业是提高思维能力、复习掌握知识、提高解题速度的途径。通过审题、分析问题、解决问题，可以达到巩固知识、检验自己的目的。当然，在分析问题时，可以有几条思路，如顺推法、逆推法、双向法、辅助法、排除法等。另外，作业是千万不可抄袭的，那样毫无意义；不理解的题目要及时去弄明白。

4. 复习

德国教育学家第斯多惠说，必须时常回到所学的东西上加以复习，牢固地记住所学会的东西，这比贪学新东西而又很快忘掉好得多。因此，考前的"临时抱佛脚"往往是不起作用的，复习在于平时。那么，如何复习呢？

首先，要重视课后回忆，即在听课的基础上把所学内容回忆一遍。同时要精读教材，对教材理解得越透、掌握得越牢，效率自然越高。其次，要整理笔记，并有选择性地看参考书，这是补充课外知识的好方法。再次，要及时补缺、补漏，系统地掌握知识结构。最后，要循环复习。这里要重视"循环"两个字，将甲复习完后再复习乙，复习完乙后对甲再进行一次复习，然后前进。这种循环复习利于增强对知识的记忆。

总体来说，科学的学习方法可概括如下："课前要预习，听课易入脑。温故才知新，歧义见分晓。自学新内容，要把重点找。问题列出来，听课有目标。听课要专心，努力排干扰。扼要做笔记，动脑多思考。课后须复习，回忆第一条。看书要深思，消化细咀嚼。重视做作业，切勿照搬抄。编织知识网，简洁又明了。"

未来社会的竞争是科技的竞争，是人才素质的竞争。如何行之有效地把自己培养成一名高素质的人，已经成为摆在我们大学生面前的一个重大问题。在上述新的学习观念下，转变我们的学习态度，树立终身学习理念，拓宽我们的学习范围，有目的地、注重基础地快乐学习。唯有如此，在知识更新速度不断加快的社会中，大学生的价值才能得以保持和提升。

附 谈大学生学习方法

A. 大学英语四、六级等级考试

大学英语四、六级考试，和之前的高中英语考试，差别最大的可能就是词汇了。所以，就需要多背单词。但如果只是记住了单词的意义，而不知道这个单词该怎么用，还是会有问题。学习大学的英语教材，诵读课文，可以让你非常直观地了解单词的实际用法，这样在做题的时候就不会很茫然了。还要注意培养阅读的速度，四、六级的阅读部分篇幅不短，要在平时就注意提高自己做题的速度。

1. 词汇篇

词汇是英语学习的基础。只有具备了一定的词汇量才能进行外语的听、说、读、写、译训练。根据《大学英语教学大纲》的要求，大学英语词汇的学习大致可以分为三个重要阶段，即四级、六级、六级后阶段。四级词汇约4200个，六级词汇在此基础上约增加1300个，六级后再增加1000个。这样，整个大学英语的词汇量是6500个。最新调整的考研英语大纲，词汇量从以前的5300个调整至 5500 个，并且去掉了汉语释义，要求大学生全面把握单词的各种含义。单词的记忆是一个反复的过程。无论采用何种记忆方法，都必须要经过记忆—遗忘—再记忆—再遗忘—又再记忆的循序渐进过程。根据心理学家分析，一个单词只有在大脑中反复出现 7～10 次才能被记住。开始的时候，一天记忆 30～50 个单词比较符合记忆习惯。充分利用各种可利用的时间反复记忆，才能真正记住。背单词时可以尝试使用以下方法。

1）词根词缀记忆法

可以参考词根词缀书，积累一些常用的词根词缀，以此扩展词汇量。

2）联想记忆法

充分展开自己的想象力，通过近义归类联想，汉语谐音联想等方法进行记忆。词汇的记忆过程是大脑进行思维的过程，只有使用有效的方法才能提高效率。

3）语境记忆法

放在一个特定的语言环境中记忆单词，可以记住同一个单词在特定的上下文语境中的多种含义。

推荐书目：《新东方词根＋联想记忆法》《新东方·大学英语四级考试核心高频词汇突破》《新东方·大学英语六级考试核心高频词汇突破》。

2. 听力篇

根据《大学英语教学大纲》的要求，大学英语四级考试听力部分的语速是每分钟 130～150 个单词，六级考试的语速是每分钟 160～180 个单词。大纲对于语速的要求提高了，并且语音也开始丰富起来。提高听力应该从以下几方面着手。

1）严把语音关

许多同学练习听力时常常碰到这样的问题：一段对话听了好多遍还是听不懂，对照原文时却没有发现任何生词。这很可能是一些基本的语音问题造成的，所以应该从纠音开始突破听力。语音的问题需要注意以下几个方面：单个音标的发音、连读、失去爆破、重音和语调。

2）扩大听力的词汇量，熟悉英文的惯用表达

在背单词的时候，一定要注意单词发音的掌握。因为音和义是密不可分的。最好找一本有录音磁带或光盘的单词书。这样不仅可以通过听音帮助记忆，也可以给听力打下良好的基础。

3）熟悉场景

跟单词的记忆一样，听力也应该放在不同的场景中练习，熟悉不同场景的各种表达方式。输入和输出是相辅相成的。例如，旅馆场景、电话场景、餐馆场景、机场场景等。

4）精听与泛听相结合

所谓精听，是指力求把录音材料上的内容完全听透彻。精听是基础。可以采取以下几个步骤练习精听。首先听其大意。第一遍时把握主旨大意即可。第二遍要逐句听，把每句话听透，尽量不要参考录音文字材料。这一步需要利用英语复读机或英语复读软件进行练习。将复读次数调为5次，软件会将听力文件自动断成一句一句的，练习时先听一遍，试图将听到的内容默写出来，最多听5次。如果不能完全默写出来，则应查看听力原文，查缺补漏，真正找到自己听力的薄弱环节，分析自己没有听懂的原因。通常情况下，听不懂是因为有陌生单词或有连读现象。通过以上方法练习可在一个月内打下良好的听力基础。

推荐书目：初级水平时可以听《新概念（第二册）》《英语九百句》等；中级水平时可以选择《新概念（第三册）》《走遍美国》，也可以听中国国际广播电台的英语新闻或者VOA的慢速英语新闻；高级水平时可以听电影原声录音。

推荐听力练习工具：复读机等。

3. 阅读篇

大学英语四级考试的阅读理解部分共有4篇短文，每篇文章的长度为230～280个单词，每篇文章5道题，要求在35分钟内完

成。六级阅读与四级阅读的考试模式一样，但是文章长度和难度均有所增加。

提高阅读水平建议从以下几点进行突破。

1) 精读为主，多背诵经典篇章

选一本经典教材，比如《新概念》，坚持进行精读训练。精读可以从以下几方面进行：首先在语境中体会单词、词组的用法，记住一些重要的单词和词组；体会句子的结构，句式的安排，句与句之间的衔接，尝试翻译其中的一些句子，对经典句子进行复述和背诵；背诵一些经典的文章，文章背多了，英文的感悟力就会不断提高。

2) 进行泛读，扩大阅读量

泛读贵在坚持。每个星期坚持读一份英文报纸，每个月坚持读一本英文杂志。坚持下来就是量变到质变的过程了。泛读时应该涉猎各种类型的文章，可以先从自己熟悉的话题、感兴趣的话题开始。泛读时要体会文章的主要意思，不要总是局限在个别词或者词组的层面上。

3) 熟悉英美文化背景

影响阅读速度的因素除了单词量、词组、句法结构以外，还有背景知识。在大学一、二年级时，可以读一些简介英美国家知识的读物，熟悉英语国家的政治、经济、教育、文化等方面的知识，对于理解语言本身一定大有裨益。语言与文化是不能割裂开的，而且从文化的角度去体会英文，一定会发现语言的学习不是枯燥单调的记忆过程，而是在心中打开一扇崭新的窗户的过程。

英语的学习是一个长期坚持的过程，日积月累就一定能取得好的效果。给自己的大学英语学习制订一个长期的计划，一步一个脚印，踏踏实实走过来，一定能够体会到英文的巨大语言魅力。

B. 计算机等级考试

可以毫不夸张地说，历年真题是准备计算机等级考试最宝贵的资料。但很可惜的是，很久以来，很多同学对真题的重视和研究不够。另外，在复习的过程中，很多考生不知该如何利用真题来提高自己的应试技巧，取得较好的复习效果。以下给出使用真题的一些建议。

1. 充分利用历年真题的重要性

1）把握重点，直接得分

计算机等级考试的重点内容是基本固定的，每年虽有小幅度变化，但涉及的主要内容基本不变（相对近3年考试而言）。

2）准确率高，针对性强

从命题角度而言，真题的命题人是各学科专家，真题是他们在征集题库的基础上，用大量时间、精力"封闭式"反复推敲而成，其提供的出题样式的示范性和命题质量非一般模拟题能比，其科学性、临场感远超过一般的模拟题。所以，考生要仔细研究真题，模拟题可以一套都不做，但如果不做真题，通常很难通过考试。

3）总结命题思路

真题都是命题专家在研究了学生的习惯思维和做题习惯后出的，因此很多题目都非常容易做错，而且如果你总是按照自己的思路想的话，还会越想越觉得题目出得离谱。等隔一段时间再做一遍，你会发现，上次做对的还是对的，上次做错的还是错的。这是因为出题人不是你，是那些优秀的专家，而且他们的命题思路不是你能左右和改变的。所以你只有一条路：改变自己。忘记自己的思路，把自己的思路往出题专家的思路上靠，靠得越近就越容易做对题。这个命题思路需要在做真题的过程中不断地总结和体会。

2. 如何有效利用历年真题

1）要亲自动手做

很多考生复习真题的时候不动手，只是简单地阅读，这样的效果往往不甚理想。在平时复习的时候，一定要勤于动笔，做题时一定要动笔将答案写出，看自己的答案与标准答案的差距在哪里。同时，做题本身就是对该知识点在认识上的又一次升华，这对于掌握知识和发现"盲点"都是非常有用的。

2) 要不断地反复看

对于历年真题的利用，很多考生认为做了一遍之后，就可以把它放在一边了，这是不行的。历年真题一定要反复做，温故而知新。而且做得多了，哪些是重点，哪些是陷阱，哪些是难点，某个知识点可能会从什么角度命题，就一目了然了。

3) 要把真题做三遍

第一遍，找一套真题仔细阅读题目说明及要求，对计算机等级考试有个清醒的认识。第二遍，把第一遍的笔迹擦掉，清空脑子里的答案，重新再做一遍。这一次，你依然不可能全对，尽管你脑海中还有答案的印象。但你会发现，再出错的部分是你容易混淆的部分。做对的部分证明你通过第一次记住了，完全掌握了。再出错的部分是你要下功夫去攻克的重点部分。这一遍一定要认真做，不要以为看过答案了就掉以轻心。第三遍，做真题的时间最好安排在邻近计算机等级考试的时候。这次主要是找考试的感觉。

总之，千万不要忽略了历年真题的作用，把它利用好，能带来事半功倍的效果。

教师的职务是：千教万教，教人求真！学生的职务是：千学万学，学做真人！

——陶行知

第六章　大学生学籍与学习管理

一、大学生学籍管理

学籍管理是高等学校学生管理的重要组成部分。正如任何公民都要有国籍、党员要有党籍一样，一个学生也要有其为某校学生的学籍，只有这样才能够获得在该校学习、生活以及学业期满符合条件取得该校颁发的毕业证、学位证的资格。学籍管理的范围比较广泛，主要涉及入学与注册、纪律与考勤、休学与复学、转专业与留级、转学与退学、颁发学历证书和学位证书等管理活动。

1. 入学与注册

（1）按国家招生规定录取的新生，持录取通知书，按学校的有关要求和规定的期限到校办理入学手续。超过学校规定期限者，除因不可抗力等正当事由以外，视为放弃入学资格。

所谓不可抗力，是指学生意志以外的不可预见、不可避免和不能克服的客观因素，如地震、台风、洪水等。因不可抗力导致学生不能按期到校报到，学生可以在该因素消除后及时到校报到，办理入学手续。

其他正当事由，是指不可抗力之外的其他导致学生不能按时到校报到的正当事由，例如学生患病、意外受伤，或者父母患病确需学生本人照顾等原因。在这种情况下，学生应当及时向学校请假，并附医院、原所属单位或街道、乡镇开具的证明。

（2）学校应在新生入学后三个月内，按照国家招生规定对其进行复查。复查合格者予以注册，取得学籍。复查中发现学生存在弄虚作假、徇私舞弊等情形的，确定为复查不合格，取消学籍；情节严重的，由学校移交有关部门调查处理。

（3）每学期开学时，学生必须按时办理注册手续。不能如期注册者，必须履行请假或暂缓注册手续。超过学校规定期限未注册又无正当事由的，视为放弃学籍，按自动退学处理。

办理注册手续，是学校学籍管理的重要组成部分。学生注册以一学期为一个周期，具有连续性，不得中断。从入学第一个学期开始，直到完成学业前最后一个学期为止。

2. 转专业、休学和复学

学生一般应当在被录取的专业学习并完成学业。学生的确因一些不可抗拒的原因不能在原专业学习的，在入学一学期后，可以申请转专业。

例如，文华学院的学生有下列情形之一，可以申请转专业：

（1）确有专长和兴趣，转专业更能发挥其专长的；

（2）休学创业或退役后复学的学生，因自身情况需要转专业的，学校予以优先考虑；

（3）经学校指定医院诊断，确有某种疾病或生理缺陷，不适合在原专业学习，但尚能在其他专业学习的；

（4）确有某种特殊困难，不转专业无法继续学习的。

但学生有下列情形之一，不得转专业：

（1）入学未满一学期；

（2）专升本两年制，或入学时以特殊招生形式录取的学生，国家有相关规定或者录取前与学校有明确约定的；

（3）在休学、保留学籍期间的；

（4）应予退学的；

（5）转入专业学生名额已满，专业教学资源无法满足其转专业要求的；

（6）其他无正当理由，或者学院审理后认为不适宜转专业的。

3. 课程考核与成绩记载

（1）学生须参加学校教育教学计划规定的课程和各种教育教学环节（以下统称课程）的考核，考核成绩记入成绩册，并归入本人档案。

在教育教学计划中，通常包括课程、实习、毕业论文（设计）等环节。其中，课程（含实验课）是专业教育教学计划的主要内容，学校正是围绕课程体系来组织教育教学的。因此，修读课程是大学生在就学期间获得知识的主渠道。此外，参加实习和科研活动、撰写毕业论文或进行毕业设计等，也是大学生获取知识的重要途径，它们与课程一起构成完整的教育教学环节。

学生的义务之一是参加学校教育教学计划规定和统一安排、组织的活动，完成学校规定的学习和研究任务。参加学校教育教学计划规定的课程学习和各种教育教学环节的考核，是学校教育教学计划规定的重要内容，也是学生在校学习期间的一项义务。学生不履行这一义务，就不能获得相应的学习成绩，也就不能在学制期满获得相应的学历和学位证书。

每次考核结束，学校要将学生的考核成绩记入其本人成绩册，并在学生毕业（结业或肄业）时完整、真实地归入本人档案。

（2）学生考核不合格的课程，按学校的规定重修或补考。重修或补考的，按重修或补考的成绩记载，并注明"重修"或"补考"字样。

例如，文华学院课程学期考核不合格和经批准缓考的学生，可以参加学期补考。学期补考在下一学期初进行。学期补考卷面成绩大于或等于60分的以"60分"记载，小于60分的据实记载。缓考学生的补考成绩按卷面的实际成绩记载。

（3）学制是学校教育制度的简称，指一个国家各级各类学校的系统，它规定各级各类学校的性质、任务、入学条件、学习年限以及它们之间的纵向关系和横向关系。学年制是以读满规定的学习时数和学年、考试合格为毕业标准的高等学校教学管理制度,又称学年学时制。实行学年制的高等学校,其学年和学时根据不同专业的培养目标各有不同的规定,既规定一定的修业年限,又规定一定的教学时数。每一学年的课程,包括必修课程和选修课程的门类和教学时数,并都有严格的规定。学年制的优点是整齐划一,便于管理,有利于保证一定的培养规格和质量;缺点是课程多,学生负担重,统得过死,不利于因材施教,不利于调动学生的积极性和主动性。

学年制由来已久,12—13世纪,意大利的博洛尼亚大学,法国的巴黎大学,英国的牛津大学、剑桥大学等,都是实行学年制的分科大学。近现代的各国大学多数实行学年制,就是实行学分制的一些国家的大学,也都保留着学年制,采用学年学分制。中国的大学从20世纪50年代起采用学年学时制,70年代末一部分学校逐渐改为学年学分制。

学年制的学时计算,有不同的计算方法。有的只计算各门课程授课的学时数,例如德国的大学采用周学时制作为教学管理的方法,规定四年制大学的周学时总数为203～210学时。有的包括每门课程的授课、辅导和自习等各个教学环节在内,例如东欧一些国家的四年制大学,规定总学时数要达到1800～2000学时。中国大学在20世纪50年代初起采用苏联大学的教学管理制度,四年制大学和学院的学时数的规定和苏联大学的规定相近。

学分制是教育模式的一种,以选课为核心,以教师指导为辅助,通过绩点和学分来衡量学生学习质和量的综合教学管理制度,与班建制、导师制合称三大教育模式。19世纪末,学分制首创于美国哈佛大学。1918年,北京大学在国内率先实行"选课制";1978年,国内一些有条件的大学开始试行学分制,现在学分制改革已在国内高校全面推开。

学生在校学习时间以教育部规定的本科各专业学制四年为基准,实行弹性学制。学生在校修读时间最短为三年,可提前毕业。

拟提前毕业的学生应当是平均绩点分达到学校规定的标准，且自学能力强的。拟提前毕业的学生，应在大学二年级第一学期的9月份提出书面申请和修读计划，学生所在学院对其学习成绩和能力确认后，报教务处审核，学校主管校长批准后，可提前毕业。学生因休学、重修等其他原因也可以延长学习时间，学生在校修读时间可为5~8年。

在学制所规定的期间内，学校可以规定学生每学期要修读的学分数，或是严格限定，或是弹性要求。一般来讲，实行学年制的学校对学生学期、学年所修课程的要求较为严格；而实行学分制的学校对其要求则有一定的弹性，它允许学生自主合理地安排学习进度，允许学生修满教学计划所规定的学分数后可以提前毕业。实行学分制，考虑到了学生在安排其学习上的自主性，顾及了学生的利益。

同样，重修或留级、降级问题，也由于各学校采用不同制度和管理模式不便统一规定。原则上说，留级、降级制度适用于学年制学校，实行学分制的学校一般不采用这一制度，而是规定学生不及格课程须重修，不及格学分累计到一定数量时做退学处理。实行学年制的学校，根据本规定可以自行规定适用留级、降级的条件，如不及格课程达到多少门数时对学生做留级、降级处理。

例如，文华学院学生所获得学分每学年末清理一次，同时按留级、延长学习年限处理。

① 第一学年经补考后未取得该学年专业教育教学计划的总学分的3/4者给予学业警示，未取得2/3者给予留级处理，未取得1/2者，经本人申请，学校批准，可给予延长学习年限处理。

② 第二学年经补考后未取得该学年专业教育教学计划第二学年末累计学分的4/5者给予学业警示，未取得3/4者给予留级处理，未取得2/3者，经本人申请，学校批准，可给予延长学习年限处理（不包括已经延长过学习年限的学生）。

③ 第三学年经补考后未取得该学年专业教育教学计划第三学

年末累计学分的 5/6 者给予学业警示，未取得 4/5 者给予留级处理，未取得 3/4 者，经本人申请，学校批准，可给予延长学习年限处理（不包括已经延长过学习年限的学生）。

（4）学生违反考核纪律构成作弊的，该课程考核成绩以零分计。由学校视其作弊情节，给予批评教育和相应的纪律处分。因考试作弊受到处分，取消学期补考资格，必须跟随下一年级重修。

加强高等学校的校风、学风和考风建设，建立正常的教学秩序，保证学生学习和生活的良好环境，培养学生诚信和诚实的优良品格，是高等学校的基本任务之一。因此，各校应当加强课程考核管理，并将其作为高校日常管理的重要组成部分。

对学生考试作弊行为的处理，涉及两个问题。一是对课程考核成绩的处理，二是对作弊行为本身的行政处理。凡考试作弊者，所涉课程一律以零分计。因为作弊不同于一般的考试违纪行为，它是学生有预谋或者有准备地实施的一种欺骗行为和投机取巧行为。这种行为性质恶劣、情节严重，其目的是通过课程考核或者提高考核成绩。因此，对于实施了作弊行为的学生，该课程成绩理应以零分计。对于实施了更为严重的作弊行为，例如偷窃试卷，指使、威胁、贿买他人代考，或为他人替考等的学生，学校可以直接开除其学籍，因而就谈不到重修或者补考问题了。学生对学校给予的处分或者处理有异议的，拥有向学校和省教育厅提出申诉的权利。

（5）学生不能按时参加教育教学计划规定的活动，应事先请假并获得批准。未经批准而缺席的按旷课对待。对旷课的学生，根据学校有关规定给予批评教育，情节严重的给予纪律处分。

4. 毕业、结业和肄业

学生在学校规定的年限内，修完教育教学计划规定的内容，但未达到学校毕业要求的，准予结业。学生结业后，在最长学习年限内，可向原所在学部申请参加结业后回校考试，合格后换发毕业证书，毕业时间按发证时间填写。

符合学位授予条件者,学位授予单位应当颁发学士学位证书。对于学位授予,不同的学校要求也不同,大部分高校都对全国大学英语四级成绩有要求。例如,文华学院要求全国大学英语四级成绩不低于425分。

学士学位是我国学位结构中的基础学位,由国务院授权高等学校授予。它表示学位取得者较好地掌握了本门学科的基础理论、专业知识和基本技能,并具有从事科学研究工作或担负专门技术工作的初步能力,且可以据此报考硕士研究生招生考试。

例如,文华学院要求学生在规定的修业年限内,达到本科专业培养方案规定的各项要求,经学校审核准予毕业;其课程学习和毕业论文(毕业设计或其他毕业实践环节)的成绩表明学生确已较好地掌握本门学科的基础理论、专门知识和基本技能,具有从事科学研究工作或担负专门技术工作的初步能力,达到授予条件者授予其文华学院学士学位。

学满一学年以上退学的学生,学校应当颁发肄业证书。

毕业证书、结业证书、肄业证书和学位证书遗失或者损坏,经本人申请,学校核实后应当出具相应的证明书。证明书与原证书有同等效力。

二、学生学习管理

本科培养方案是高等学校本科教学工作的规范性文件,是学校组织教学和培养人才的基本依据,是实现人才培养目标的首要环节。

文华学院坚持"以人为本"的教育理念,实施个性化人才培养方案。学校着力构建个性化培养体系,将个性化教育贯穿于课堂教学、课外实习、生产实践等各个学习环节,贯穿于学生的各个学习阶段。培养方案由培养目标、规格要求、专业核心能力、学制与学位、学时与学分、主干学科、专业核心课程、实践教学环节和课外活动等部分构成。

1. 课程

文华学院通过开放专业选择，实行弹性和灵活的课程设置方案，学生可以根据自己的基础兴趣和将来打算从事的职业，选择专业和课程。

各专业课程设置由通识必修课程（A 类）、专业必修课程（B 类）和个性课程（C 类）组成。

通识必修课程，是全院本科学生都必须学习并达到一定学分要求的课程，包括政治理论、外语、体育等。

专业必修课程包括专业基础课程和专业核心课程，是专业教学计划规定必须学习并达到一定学分要求的课程，体现了所修专业对学生必须掌握的专业基本知识和技能的要求。

个性课程是为不同学习能力、不同学习需求、不同兴趣爱好的学生开设的选修课程，具体包括以下部分。

（1）专业选修课。专业选修课是在专业必修课的基础上，该专业领域内可选择学习并达到一定学分要求的课程，是对专业基础知识的进一步深入和扩展。

（2）通选课。通选课是面向全院本科生通识教育而开设的跨学科精品课程，学生可在教学计划和导师指导下，根据个人兴趣在各领域内进行选修，旨在使学生了解不同学科领域的学术特点和研究方法。

（3）公共选修课。公共选修课是学院开设供全校本科生根据个人兴趣选修的课程，也可以是其他专业的基础课程。这部分课程没有规定的学分要求。

2. 学分

学生按专业培养方案学习课程，达到该专业毕业要求所需要的最低学分数。文华学院本科各专业学分控制在 140~180 分。

3. 复合型人才培养

复合型人才培养是文华学院为适应学科（专业）交叉融合的发展趋势和社会对复合型人才的需求而采取的人才培养措施，包括第二主修专业、辅修，即在保证完成主修专业的前提下，让学生按照自己的意愿修读其他专业（或课程）。

（1）双学位。双学位是指第二学士学位与辅修二学位。辅修二学位是在本科学习阶段，学习本专业的同时，跨学科门类学习另一专业的学位课程，达到全部要求后同时获得另一学科的学士学位。

（2）辅修。辅修是指以学分制形式进行课时学习，修够一定学分后由学院颁发相应专业的结业证（一般为 25 学分以上）。与第一学位相区别，第二学位是在辅修的基础上再增加一定学分要求，通过毕业考核和论文答辩后，由学院颁发（辅修）第二学士学位（非国家标准形式）。

温馨提示：学生可以到学部教务办公室查询本专业人才培养方案，具体了解本专业所学全部课程及课程构成情况。

第七章 考试与准备

一、怎样做好考前准备，诚信应考

考试是评价学生学习水平、衡量教学效果的主要手段，也是衡量学校教学质量的重要指标之一。虽然每个同学从小学到高中经历的考试成百上千场，但对大多数同学来说，考试还是令人畏惧的。其中的原因是多种多样的，但主要原因不外乎是临考前没有做好充分的准备。面对考试，应该做些什么准备呢？

1. 知识准备

考前必须进行系统的复习，知识掌握要足够扎实，才能够胸有成竹地参加考试。有些同学平时学习不认真，到考试迫近才发现自己还有很多问题没有解决，很多知识没有巩固，心里非常着急，临时抱佛脚已来不及了，故而产生胆怯心理。因此，平时学习要认真，考前还要进行系统的复习，这样才能有备无患。

2. 心理准备

临近考试，有些同学会充满恐惧，心里乱糟糟的，不知道如何复习。因此，拥有良好的心理状态是每个考生的迫切需要。良好的心理状态可表现为自信、轻松、愉悦或适度的激动、注意力集中、精力充沛等。

要达到一个好的心理状态，首先要休息好，保证足够的睡眠。有些同学在考试的前一天晚上，还在拼命"开夜车"，结果导致考前休息不够,大脑疲倦,进入考场之后,脑子里一片空白;有同学在考试后回忆:明明会的公式、定义,怎么也想不起来了,看着题目发呆,脑子发木,头脑不清醒,再也兴奋不起来,考试前开夜车真是吃了大亏。

对待考试的态度也是左右考生心理状态的因素。考试的意义在于检验考生知识掌握的程度,以及衡量、分析教师的教学效果。考得好,考生内心愉悦,而且能促使自己进一步努力学习;考得不好,要亡羊补牢,认真分析原因,争取下一次考好。端正对考试的态度,思想负担不要过重。要重视每门课程的考试,做到平时认真学习,考前认真复习,对待老师所教授的知识,不仅要知其然更要知其所以然;同时也不要人为地夸大一次考试失败的后果,学校允许没有及格的同学跟随低年级同学重修,失利的考生应该总结教训,认真重修,下次就不会重蹈覆辙了。

3. 物品准备

"工欲善其事,必先利其器。"因此,除了前面所说的认真复习等考前准备之外,同学们在进考场之前还要将考试所需物品准备好,不要因为物品没准备好而影响了自己考试的心情。为了避免这种现象的发生,在考试的前一天晚上,要预先把必需的考试物品准备好,以免第二天赴考前紧张而出差错。

4. 诚信应考

诚信是做人的根本,以诚信考试为荣,以考试作弊为耻。

遵守校规校纪,遵守考试纪律,诚信考试,杜绝舞弊,考出真实水平,考出真才实学,考出诚信人格。同学们都应该从"我"做起,守住内心的一份坚持,交出一份合格的诚信答卷,为学校的学风建设共同努力,为严肃考风考纪撑起一道"文明、诚信、自觉"的风景线。

同学们，考前要有信心，精神饱满进考场，轻轻松松看试卷，认认真真做题目。考中要细心，基础题不大意，拿足分；中等题不麻痹，拿稳分；偏难题不急躁，拿本分。考后要有恒心，考好莫骄傲，有人会更好；考后莫泄气，下次再努力。

"君子坦荡荡，小人长戚戚"，做人就要做一个"仰不愧于天，俯不怍于人"的人，做个赢得起同样也输得起的人！尊重考试，尊重学问，尊重对手，同时也是尊重自己。

二、各种等级或职业认证的考试与要求

1. 全国大学英语四、六级考试

全国大学英语四、六级考试是根据《大学英语教学大纲》，由教育部考试中心组织的全国统一单科性标准化教学考试，分为大学英语四级考试（CET-4）和大学英语六级考试（CET-6）。

已通过大学英语四级考试的学生，方可报名参加大学英语六级考试。参加大学英语四、六级考试的学生还可报名参加大学英语四、六级口语考试，合格者的口语成绩与笔试成绩一同记入四、六级成绩单。

大学英语四、六级考试一年举行两次，分别在6月和12月，报名时间分别是3月和9月。大学英语四、六级口语考试一年举行两次，分别在5月和11月，报名时间分别是3月和9月。

2. 全国计算机等级考试

全国计算机等级考试（NCRE）是由教育部考试中心举办，面向社会的全国性计算机水平考试。NCRE设置4个等级，每年举行两次，分别在3月和9月，从不同方面分别考查应试者的计算机应用知识与技能，对合格者颁发等级证书。

三、大学生可参加的全国、省、市各种学科竞赛

1. "挑战杯"全国大学生系列科学技术竞赛

全国大学生"挑战杯"竞赛是由共青团中央、中国科协、教育部、全国学联主办的一项具有导向性、示范性和群众性的竞赛活动，包括课外学术科技作品竞赛和创业计划竞赛两大赛事，两赛隔年交替进行，每个项目每两年举办一届。

"挑战杯"全国大学生课外学术科技作品竞赛逢单数年份举行，被誉为中国大学生学术科技"奥林匹克"。旨在鼓励大学生勇于创新、迎接挑战，以培养跨世纪创新人才。

"挑战杯"中国大学生创业计划竞赛逢双数年份举行。竞赛借用风险投资的运行模式，要求参赛者组成优势互补的竞赛小组，围绕一个具有市场前景的技术产品或服务概念，以获得风险投资为目的，完成一份创业计划书。

2. 全国大学生电子设计竞赛

全国大学生电子设计竞赛是由教育部和信息产业部（现工业和信息化部）联合主办的，以电子线路（含模拟、数字）应用设计、制作为主要内容的竞赛。

竞赛对象为在校学生，自愿组合，三人一队，由学校统一组织报名、培训及参赛。

竞赛两年举行一次，逢单数年份举行，时间一般在 9 月。每个参赛省（自治区、直辖市）为一个赛区。竞赛采用"一次竞赛，两级评奖"的方式，竞赛奖励分为"赛区奖"和"全国奖"两级。

3. 全国大学生数学建模竞赛

全国大学生数学建模竞赛是教育部和中国工业与应用数学学会共同举办的面向全国大学生的群众性科技竞赛，以运用数学方法和

计算机技术,建立数学模型解决实际问题为主要内容。

参赛对象为在校学生,自愿组合,三人一队,由学校统一组织报名、培训及参赛。

赛题一般来自工程技术和管理科学等方面经过适当简化的实际问题。参赛者应根据题目要求,完成一篇包括模型假设、建立和求解,计算方法的设计和计算机实现,结果分析和检验,模型改进等方面的论文作为答卷。

竞赛每年举行一次,时间一般在9月,以参赛省(自治区、直辖市)为赛区进行。竞赛设立国家级奖和赛区奖。

4. 全国大学生英语竞赛

全国大学生英语竞赛(NECCS)由国际英语外语教师协会中国英语外语教师协会和高等学校大学外语教学研究会联合主办。竞赛内容包括大学英语基础知识和读、听、写、译等方面的能力。

竞赛分为A、B、C、D四个类别,A类适用于研究生参加;B类适用于英语专业本、专科生参加;C类适用于非英语专业的本科生参加;D类适用于体育、艺术类本科生和非英语专业高职高专类学生参加。报名时间一般在每年3月,学生在官网报名。

竞赛分为初赛和决赛两个阶段,均为全国统一命题,采用书面形式进行。学校根据初赛成绩择优选择学生代表学校参加决赛。

竞赛每年举行一次,一般初赛于4月进行,决赛于5月进行。竞赛特等奖和一等奖由决赛产生,二等奖和三等奖由初赛产生。

5. 全国大学生广告艺术大赛

全国大学生广告艺术大赛由教育部高等教育司、教育部高等学校新闻传播学学科教学指导委员会主办,旨在培养大学生的实践能力和创新精神,活跃大学生的课外生活。大赛每两年举办一次,由组委会提供统一的企业背景素材与统一的公益主题,广告作品形式为平面广告、电视广告、广播广告、网络广告以及广告策划案，公益广告单列评选。

6. 全国大学生机械创新设计大赛

全国大学生机械创新设计大赛是经教育部高等教育司批准，由教育部高等学校机械学科教学指导委员会主办，机械基础课程教学指导分委员会、全国机械原理教学研究会、全国机械设计教学研究会、北京中教仪人工智能科技有限公司联合著名高校共同承办。旨在引导高等学校在教学中注重培养大学生的创新设计意识、综合设计能力与团队协作精神；加强学生动手能力的培养和工程实践的训练，提高学生针对实际需求进行创新思维、机械设计和工艺制作等实践工作能力。

大赛每两年举办一次。全国决赛设立设计奖，分一、二两个等级；设立"优秀组织奖"等奖项，对在预赛组织和全国决赛中表现突出的赛区和单位给予表彰奖励。

7. "西门子杯"中国智能制造挑战赛

"西门子杯"中国智能制造挑战赛由教育部高等学校自动化类专业教学指导委员会、西门子（中国）有限公司和中国系统仿真学会联合主办。大赛的方向涉及智能制造领域中的科技创新、产品研发、工程设计和智能应用等，主要面向全国控制科学与工程、自动化、电气、机械、仪表、信息与通信、计算机等相关学科的研究生、本科生、高职高专学生。

竞赛每年举行一次。全国初赛时间在每年7月，全国总决赛时间在每年8月，获奖者将被颁发获奖证书。

8. 全国大学生化工设计竞赛

全国大学生化工设计竞赛由中国化工学会、中国化工教育协会、教育部高等学校化工类专业教学指导委员会主办。全国大学生化工设计竞赛面向全日制本科生,专注于化工领域实现先进制造所需人才的培养,通过虚拟化工厂设计的实战模式,提升大学生对先进制造技术和工具的自主学习和实际运用能力,强化创新意识、合作精神和工程设计与实践能力。

竞赛每年举办一次。每年2月公布竞赛题目,7月底前完成省级赛,8月上旬完成赛区决赛,8月下旬进行全国总决赛。

9. 全国大学生先进成图技术与产品信息建模创新大赛

全国大学生先进成图技术与产品信息建模创新大赛由教育部高等学校工程图学教学指导委员会、中国图学学会制图技术专业委员会、中国图学学会产品信息建模专业委员会主办。

竞赛每年举办一届,决赛于每年7月中下旬举行。每年全国参加大赛的学生高达20多万人,学生的创新创业能力得到极大提升,参与赛事的教师立功受奖,其高校成果颇丰。

10. 全国三维数字化创新设计大赛(大学生组)

全国三维数字化创新设计大赛是在国家大力推进创新驱动、实现从"制造大国"到"创造大国"转变、大力发展"互联网+"和数字经济的新时代开展的一项大型赛事,体现了科技进步和产业升级的要求,是大众创业、万众创新的具体实践。全国三维数字化创新设计大赛以"三维数字化"与"创新设计"为特色,以"创意、创造、创业"为核心,以"众创、众包、众筹"为模式,突出体现了三维数字化技术对创新、创业的支持和推进。

全国三维数字化创新设计大赛在每年3月到7月举行,以推动"大众创业、万众创新"为目标,设置"大学生组""职业组""青少年组""产业组"四个组别。

11. 中国大学生计算机设计大赛

中国大学生计算机设计大赛由2018—2022年教育部高等学校

计算机类专业教学指导委员会、中国大学生计算机设计大赛组织委员会主办,由北京大学、中国人民大学、北京语言大学、清华大学承办。

竞赛每年举办一次。赛事秉承公开、公平、公正、廉洁的宗旨,在全国具有相当大的影响。竞赛时间在每年 7 月至 8 月,分赛项开展国赛现场长赛、特色作品展示点评。

12. 全国大学生市场调查与分析大赛

全国大学生市场调查与分析大赛(暨海峡两岸大学生市场调查与分析大赛大陆地区选拔赛)是由中国商业统计学会、教育部高等学校统计学类专业教学指导委员会主办。大学生市场调查与分析大赛是基于大数据时代背景,以市场调查与分析为核心,以提高学生的组织、策划、调查实施、数据处理与分析等专业实战能力,培养学生的社会责任感、服务意识、市场敏锐度和团队协作精神为宗旨,将专业知识与思想政治内容紧密结合。

竞赛每年举办一次。决赛于每年 8 月下旬在大陆和台湾高校依次轮流举行。省赛设一、二、三等奖,一等奖中的优胜队晋级全国总决赛;获奖团队和个人均可获得大赛组委会颁发的荣誉证书。

13. 两岸新锐设计竞赛"华灿奖"

两岸新锐设计竞赛"华灿奖"由中国高等教育学会、中华中山文化交流协会、北京歌华文化发展集团主办,由民革中央联络部、中国高等教育学会设计教育专业委员会、北京国际设计周有限公司、中民国投(北京)投资控股有限公司、北京两岸文创人才发展中心、北京歌华时代桥人力资源管理有限公司承办。两岸新锐设计竞赛"华灿奖"是旨在发现、推介海峡两岸及港澳地区青年设计师的综合设计赛事。

竞赛时间在每年 3 月到 8 月。竞赛面向 45 周岁以下青年设计师和高校师生，以创新、时尚、实用为评审原则，选拔最具创新意识和培养潜力的青年设计人才。

14. 全国大学生机器人大赛 RoboMaster

全国大学生机器人大赛 RoboMaster 由共青团中央、中华全机甲大师国学生联合会、深圳市人民政府主办，由深圳市大疆创新科技有限公司承办，大赛是全球首个射击对抗型的机器人比赛，将电竞呈现方式与机器人竞技相结合，通过专业的赛事转播技术使机器人对抗更加直观激烈。赛事充分融合"机器视觉""嵌入式系统设计""机械控制""惯性导航""人机交互"等众多机器人相关技术学科。同时鼓励参赛队在宣传包装、招商合作等非研发领域的技能培养。

决赛时间在每年 7—8 月。

15. 全国大学生机器人大赛 RoboTac

全国大学生机器人大赛 RoboTac 由共青团中央、全国学联主办，中国青少年发展基金会为支持单位，由教育部应用技术大学（学院）联盟、教育部高等学校机械类专业教学指导委员会、教育部高等学校计算机类专业教学指导委员会、全国学校共青团研究中心协办。

赛事融合了体育竞赛的趣味性和科技竞赛的技术性，以创新实践为基础，由参赛双方多台机器人组成战队，通过相互配合实现对抗竞技。

赛程为每年 11 月报名，12 月培训。次年 4 月进行中期检查，次年 7 月举行决赛。赛事宗旨在于引导学生进行创意提出、方案设计、制作加工、程序编写、装配调试、模拟练习、对抗竞技等机器人开发应用的完整流程，从而激发学生的创造力和想象力、增强学生的实践能力和心理素质、培养团队合作精神。

第八章 注重科学研究 培养创新意识

科学研究是指对一些现象或问题经过调查、验证、讨论及思维,然后进行推论、分析和综合来获得客观事实的过程。其一般程序大致分五个阶段:选择研究课题阶段、研究设计阶段、搜集资料阶段、整理分析阶段、得出结果阶段。

根据研究工作的目的、任务和方法不同,科学研究通常划分为以下几种类型。

(1) 基础研究。基础研究是对新理论、新原理的探讨,目的在于发现新的科学领域,为新的技术发明和创造提供理论前提。

(2) 应用研究。应用研究是把基础研究发现的新理论应用于特定目标的研究,它是基础研究的继续,目的在于为基础研究的成果开辟具体的应用途径,使之转化为实用技术。

(3) 开发研究。开发研究又称发展研究,是把基础研究、应用研究应用于生产实践的研究,是科学转化为生产力的中心环节。

基础研究、应用研究、开发研究是整个科学研究系统三个互相联系的环节,它们在一个国家、一个专业领域的科学研究体系中协调一致地发展。科学研究应具备一定的条件,如需有一支合理的科技队伍、必要的科研经费、完善的科研技术装备,以及科技试验场所等。

按照研究目的划分,科学研究可分为以下几种类型。

(1) 探索性研究。对研究对象或问题进行初步了解,以获得初步印象和感性认识,并为日后周密而深入的研究提供基础和方向。

(2) 描述性研究。正确描述某些总体或某种现象的特征或全貌的研究,任务是收集资料、发现情况、提供信息,描述主要规律和特征。

(3) 解释性研究。探索某种假设与条件因素之间的因果关系,探寻现象背后的原因,揭示现象发生或变化的内在规律。

一、如何进行科研选题

1. 科研选题的原则

在难以计数且纷繁复杂的科学问题和技术问题面前,科研工作者如何正确地选择适合自己能力和条件的研究课题显得尤为重要。很显然,在这方面没有固定的模式和套路,但一般来说,必须遵循以下几条基本原则。

1) 需求性原则

需求性原则是指科技研究应符合学科理论发展、技术创新发展或社会经济发展的需要,要注重科技发展中的"热点""难点""前沿""超前"等问题,这是科研选题的首要原则,它体现了科研工作最终的目的性。基础研究要从学科理论发展的需要出发,包括开拓科学领域的需要、更新科学理论的需要、改进科学方法的需要等;应用研究要致力于解决国民经济发展和社会生活中所面临的实际科学技术问题,其任务在于把理论推进到应用的形式,要充分注意科研成果的经济价值、经济效益、社会效果、对环境的影响等现实性问题。需求性原则也可理解为目的性原则,具有针对性、重要性、必要性、价值性等属性。

2) 创新性原则

创新性原则就是要求课题具有先进性、新颖性和突破性,科学研究就是要解决前人没有解决或没有完全解决的问题,并预期能够产生创造性成果。创新性是科研的最根本特点,是科研工作的灵魂,其主要表现在三个方面:一是概念和理论上的创新,二是方法上的创新,三是应用上的创新(包括解决新的实际问题和开拓新的应用领域)。总之,科研工作中的创新不是仅指纯理论创新的狭义概念,而是一个广义概念,涵盖了许多方面,如新理论、新技术、新工艺、新方案、新管理、新服务、新应用、新市场,等等。

3) 科学性原则

科学性原则是指科研选题必须以科学事实、科学理论、技术原理等为依据,按客观规律办事,将选题置于当时的科技背景和社会发展时代之下,使之成为在科技上和实践上可以成立和探讨的问题,要持之有故,选之有理。同时,还要随着基础事实和背景理论的进步、变化,对选择的课题及其内容进行必要的调整,至少是局部调整和方案调整;否则,课题就会失去科学性而成为没有应答域的假问题。

4) 效益性原则

效益性原则包括两个方面:一是指选题过程中要根据具体情况单独或综合着眼于社会效益、经济效益、生态效益等;二是指科研工作所需的人力、物力、财力、时间应该合理分配和安排利用。虽然某些基础研究一时难以产生直接的经济效益,但从长远利益和整体利益的观点来看,最终还是要反映到经济效益和社会效益上来。

5) 可行性原则

可行性原则指选题应与自身的主、客观条件相适应。一是根据已经具备的条件,二是根据经过努力可以创造具备的条件。要知道,符合需要的、有创新性和科学性的好选题并非都是自己力所能及的。这一原则要求选题时不能胡思乱想、胡编乱凑,不能想当然,要慎重,要有理论和可行性依据,不可好骛远地"开空头支票"。在主观方面,要分析科研力量的结构,分析各种人才的配置和研究人员的素质、能力,以及对科研课题的认识程度、研究兴趣等因素,要求科研人员必须具备科学判断科研形势和科学精神的能力和素质;在客观方面,要充分考虑科研经费、实验设备、试验材料、情报资料、时间期限和外部环境、国家政策、学术交流等因素。

2. 科研选题的来源

1）科研选题的范围

科研选题的范围十分宽广，可以是科技进步、经济建设、社会发展中需要发展和解决的各种科技理论和实际问题，具体包括科学与技术结构体系发展所涵盖的理论、技术问题和经济与社会发展所涵盖的生产、生活、管理、规划、决策等方面的问题。总之，需要人们发展和解决的理论、技术与实际问题多种多样，量大面广，舞台宽阔。

2）科研选题的来源

科学和技术问题作为客观事物内部矛盾的反映，它和科研选题来源于各种不同的途径。如有的来源于对背景知识、理论、原理的认真审查；有的来源于科研过程中出现的矛盾；有的来源于社会生产实践需要。最常见的有以下几种来源。

（1）来源于已有理论与经验事实之间的矛盾及其理论演绎的拓展。这类矛盾表现出来，不是经验有误就是理论存在问题：一是新事实与旧理论之间的矛盾；二是理论推出的逻辑结论与客观事实之间的矛盾。

（2）来源于科技理论体系之间的矛盾。一是同一科技理论体系内部包含的逻辑矛盾；二是同一学科不同理论之间的矛盾；三是不同科技理论体系之间的矛盾。

（3）来源于经济建设和社会发展实际需要与现有科技条件之间的矛盾。经济建设、社会发展、人类生活随时都会提出理论上和技术上的各种各样的新需要，这是应用性研究最直接、最广泛、最有价值的选题来源。

（4）来源于科学与技术的空白区、交叉区和边缘区。在现代，不同科学和技术的空白区、交叉区和边缘区,往往是科学与技术问题的生长点,常常引出复杂程度、层次性、价值性颇高的高水平科研选题和成果。如维纳等人在数学、物理学、自动控制、电子技术等学科相互渗透的边缘地带开拓了一个崭新的研究领域,取得了控制论研究成果,创立了控制论科学与技术。

(5) 来源于科研工作中的各种机遇。在具体的科研工作实践中,往往会出现意外的情况和收获,如可能出现新的发现、新的灵感、新的意识、新的思路、新的线索等各种机遇。对有心人来说,在整个科研过程中都存在着这方面的机会,它往往成为新的科研选题,是科研选题重要的源泉之一。如19世纪的科学大发展中,大量的新的科研线索是在实验室中开展某项研究时通过实验和观察发现的,最终带来了新的科学理论和技术原理的创造与突破。

(6) 来源于经济发展规划、科技发展计划和科技项目指南。我国各行业、各部门和综合科技管理部门,从国家、省市到地方一般都有一定的经济发展规划和科技发展计划,有的还有专门的科技与项目指南,这些都是根据实际发展需要和集合各方面的意见而制定出来的,大多具有现实性。科技计划与项目指南不少为一年一换,科研工作者既可从中直接选题,也可围绕这些规划和计划进行选题。如国家科学技术部有年度农业科技成果转化资金项目指南、科技型中小企业技术创新基金项目指南;重庆市科委有年度科技研究项目申报指南、重大科技专项项目申报指南、自然科学基金计划重点项目申报指南等。这些一般在网上能查阅和下载。

(7) 来源于直觉思维和意外发现。科研人员对其研究方向和研究范围富有浓厚的探索兴趣,在这一过程中科研人员偶然迸发出的想象、灵感、直觉以及意外发现,同样是科研选题的机遇和重要来源。当然,这类选题开始时可能是幼稚的、肤浅的,尚需深入思考和论证。

3. 科研选题的方法

科研选题本身就是一种科研工作和过程,不存在僵化不变的固定模式。一般来说，科研选题的方法和步骤包括问题调研、课题选择、课题论证、课题决策几个方面。

1) 问题调研

调查研究是大多数科研人员选题的有效方法。问题调研是选题的准备阶段，科研工作者根据科技发展需要、社会经济发展需要和自身的知识背景，首先确定自己的研究方向；然后明确自己的研究领域、研究范围及其研究层次；再对国内外同一科技领域、学科领域或应用领域的情况进行全面的调查研究，坚持跟踪，不间断地大量搜集这一领域有关科技问题的历史、现状、进展、趋势等信息和情报。如某问题在社会实践中的意义和影响，在科技发展中的地位和作用，哪些问题前人已研究或应用过，目前还存在什么尚未解决的问题等，为最后选定具体的课题和科研内容做准备，只有这样才能掌握科研新动向，保证科研高起点。这里要特别指出的是，当今世界已进入"信息爆炸"时代，各方面的信息纷繁复杂，其中充斥着大量的虚假信息和垃圾信息。因此，在当今科研选题中，往往缺少的并不是信息，而是"情报"（有用的信息、真实的信息、可靠的信息）。问题调研中，对研究课题有关"情报"了解得是否准确，不是取决于信息的有无，而是取决于判断，要自觉地防止陷入搜集"破烂信息"从而误导科研选题的泥潭。因此，要采取多种有效的方式和途径予以克服和解决。

问题调研的信息源或科学事实源主要来自文献（报纸、期刊、图书、专利、标准、档案、科技报告、会议文献等）、国际互联网、科研部门、情报部门、专业数据库服务部门、具体的专业工作实践、社会实践等。目前的网络资源作用颇大，可重点利用，要学会网络搜索引擎的使用技巧和检索手段并灵活应用。

立志于投身科研工作的科技人员，必须坚持调研、追踪和分析有关问题与信息。"冰冻三尺，非一日之寒"，若平时不准备、不努力，"临时抱佛脚"，是无法高质量完成科研选题的。因此，科研选题的准备工作是一个不间断的连续过程，必须坚持泛读和精读自己主攻方向的资料和信息，养成平时注意跟踪相关发展动态和应用状况，了解社会经济生活中最迫切需要解决的问题、存在的问题、关键难题、发展瓶颈等，要有足够的知识储备和信息储备。只有善于追踪和勤于思考的人才能发现问题苗头、潜在的研究领域和存在的空白。

2）课题选择

课题选择是提出并确定拟研究的具体课题与科研内容的阶段。根据问题的调研结果，运用选题原则，从调研拟定的问题中择优选出备选课题，然后设计出科研工作方案，并写出开题报告。开题报告的内容一般包括课题来源、研究的目的和意义、国内外现状和发展趋势、所采用的研究方法、完成任务的主客观条件、研究时间、所需经费、成果应用推广、预期经济社会效益等，开题报告是对课题进行可行性研究和审批课题的重要依据。

3）课题论证

课题论证是为了确保课题选择正确，而对课题及其方案做出论证和全面评审，根据选题的基本原则对课题的依据、实施条件、社会与经济效益，及其对科技发展的潜在价值依次逐项进行剖析、审议。一般采取同行专家评议、领导参与决策、管理部门决策结合的方式进行。

4）课题决策

课题决策就是最终确定课题的取舍。经过论证与评议，最后做出决策，课题若通过论证，则可确定为待研究课题或立即立项实施，否则要被淘汰出局而另选课题。

总之，科研选题是一个不断反馈并反复调整的过程，常常需要反复调研、调整、更改和多次论证。

二、如何进行科研设计

科研是人类的一项重要生产实践活动，而且是高级生产实践活动,因为它不但要求从事科研的人员具有创造性思维,而且还须孜孜不倦地从事求证的实践。其目的在于探求真理,揭示事物的本来面貌,找出现象的发展规律,并进一步作为今后更高层次探索与生产活动实践的指南。科研工作大致分为三个组成部分:科研设计;科学实验;分析实验结果,得出结论。由此可以看出,科研设计是最根本的前提,只有完美的设计才有可能到达成功的彼岸,而一个错误的设计从一开始便包含着失败。科研设计的主要步骤包括立题(设计者想要回答的问题),确定研究对象(实验材料问题)及研究内容,拟订技术路线(方法学问题,尤其注意设立对照组及抽样的客观性),预估实验中可能出现的问题和拟采取的措施,最后还必须考虑按此设计会有怎样的结果。

1. 选题与立项

科研选题是至关重要的,因为它反映了科研设计者对事物洞察的敏锐性与思维的深刻性。那么,如何判断设计者对事物洞察的敏锐性与思维的深刻性呢?这就要看其科研内容是否具有先进性、科学性、实用性和新颖性。具体地讲有如下几个方面。

(1) 科学意义如何。即对学科发展是否有重要意义,是否属本学科的关键问题,或只是属本学科的一般问题,或者科学意义不大,甚至毫无意义。

(2) 学术思想如何。即有无明显的创新和特色,或者是有一定的创新,或者只属于跟踪性研究,甚至毫无新意。

(3) 立项依据如何。立项又称为立题,就是对选题的内容、依据进行综合、类比、分析、推理,再经加工、论证,然后形成科学的假设。也就是你要进行探索并加证实的事物规律。一项好的研究课题,其立项必须充分、科学性强。如果立项依据不充分或科学性不强,则往往要失败。要做到立项正确,无懈可击,需要一个人有科学思维能力,而这要经过严格的训练与培养。

(4) 对国内外研究现状了解如何。不言而喻,对国内外的研究现状一无所知，是谈不上先进性和新颖性的。你要做的人家早就做过了，或者前人已经证明了你的假设是错的，你若再做下去岂不是浪费了"大好青春"？相反，只有了解了国内外研究现状，你才能开辟新的局面，取得新的成果，才会有所发现、有所创新。

2. 确定研究目标及内容

科学研究目标也是极为重要的，它往往会成为成败的关键。科学研究目标包括阶段目标和最终目标，即该项研究工作的段落和终点。因此，在科研中应着重说明这一研究课题最后要解决一个什么问题。为了解决这个问题，研究将分作几个步骤，每个步骤都需要做些什么，拟从何处入手，重点研究哪个侧面，主攻方向是什么，到达哪一步或什么程度算是完成，将出现什么样的预期效果等。总之，要目标明确、内容具体，明确自己的研究任务。

3. 研究方法

研究方法是科研设计中一个重要的部分，其全部内容都旨在说明"如何具体地进行研究"。因此，这一项实际上就是通常所说的实验设计。

实验设计是指导整个实验过程的重要依据，是达到研究目的的一项重要保证。实验设计要为验证假说选择一种最佳方案：以较少的人力、物力和时间，换取最大的科学研究成果。在正确的实验设计指导下，可使实验误差减少到最低限度，取得更多的数据资料，保证实验结果的可靠性。

实验设计方案的类型有多种，采用哪一种最合适，主要取决于研究的内容与目的。不论采用哪一种方案，均应重点说明受试对象的种类、选用标准、抽样方法、样本含量、对照分组、处理因素的性质、质量、强度、施加方法，效应观察的项目或指标、检测方法、判断标准，以及数据资料的收集方法和统计学处理方法等。为实验所制定的操作规程和记录表格，亦应在本项内容中加以说明，具体的条文和格式可附于科研设计书之后。

总之，研究方法或其实验设计，就是针对题意并遵循科研三原则（重复、对照、随机化），对科研三要素（对象、因素、效应）进行合理安排的一个过程。

三、如何进行调查研究和撰写学术论文

1. 怎样进行调查研究

1）明确调研目的

接到调研任务后，首先要明确调研的目的，知道调研工作是要调研什么，弄清调研目标现在是什么状况、存在什么问题，查清问题存在的原因，找出解决问题的办法。明确目的，能为调研工作的开展指明方向，做到有的放矢。

2）熟悉调研对象基本情况

调研工作开展前，首先要摸清调研对象的基本情况。如调研一个单位，就要了解它的现有人员编制、领导配备、组织结构、职能职责、工作开展、经费保障和发展历程等情况。同时还要从纵向和横向两个方面了解其相关情况，纵向包括国家有关法规政策，横向包括相同单位或类似单位有关具体情况，甚至全省、全国其他地区相同或类似单位的有关具体情况。

3）列好调研提纲

调研提纲应包括以下几个方面。一是明确调研任务。二是确定调研方式，即是采用个别谈话形式、召开座谈会形式、参观考察形式等某一种调研方式，还是几种调研方式兼而有之。三是调研要点，把调研的任务分为几个方面，拟定每一个方面需要了解哪些具体情况或询问哪些具体问题。通过具体问题把调研任务层层细化、分解，将问题逐一解决，调研任务就基本能够顺利完成。

4) 制定实地调研预案

实地调研预案应包括以下内容。一是日期安排,要准确到每一天的上午、下午、晚上。二是地点安排,包括要考察的地点,召开会议的地点,就餐、休息的地点,各个地点要准确定出什么地方、哪个房间。三是人员安排,一方面是开展调研活动单位要参加的人员,另一方面是调研对象相关人员,列出各类参加人员名单,说明相关人员的职务、联系方式。四是车辆安排。五是行程安排,如调研活动内容较多,就要进行行程安排,主要包括行程路线及各个时间段的活动内容,即什么时间出发,行车路线是什么,什么时间到达什么地点,在考察地点停留多长时间,什么时候召开会议、会议持续多长时间,什么时候休息、休息多长时间,什么时间、在哪个餐厅进餐,什么时候结束调研回程出发。做好调研预案可以确保调研活动有步骤、有节奏地进行。

5) 做好沟通交流工作

一是内部沟通。组织调研活动的负责人要将调研活动的目的、方式、时间、地点等具体内容和有关注意事项提前告知参加调研活动的每名成员,确保大家心中有数。二是外部沟通。组织调研活动的负责人要提前一段时间与调研对象相关的单位、个人沟通联系,商定好调研的时间、地点、参加人员,实地察看路线等具体内容,使调研对象有时间、有针对性地做好资料收集、材料撰写等准备性工作。当然,特殊情况如进行突击调研需要保密时,可以不与调研对象进行提前沟通。

2. 做好调研时的现场工作

1) 注意调研的技巧性

在调研过程中,开展调研活动的相关人员要摆正位置,姿态要低,讲话要谦虚,举止要得体,不能有高高在上的态度,不能语气生硬。要像朋友聊天、拉家常一样与调研对象进行沟通交流,充分调动其积极性和主动性,促进调研工作顺利进行。

2) 注意调研的严肃性

调研活动不能蜻蜓点水、走形式。调研工作开展后,要排除各种干扰因素,严格按照预案和提纲进行,不能走捷径、省程序、省步骤,要抱着负责任的态度认真进行。在调研过程中,对于调研对象提供的文件资料等内容,要认真查看,防止出现调研对象造假应付,影响调研结果真实性的现象。

3) 把握调研的主动性

在调研过程中,要围绕调研目标了解我们需要了解的内容,看我们想要看的东西,而不是被别人牵着鼻子走,看人家愿意让我们看的。否则,就不能发现实际存在的问题,我们的调研也就失去了实际意义,调研结果将不具有任何参考价值。

4) 坚持调研的针对性

在调研过程中,我们谈话、问问题、双向交流时要有针对性,始终围绕原定的调研目标,不能"胡子眉毛一把抓",泛泛而谈。要善于引导调研对象的思路,避免出现所答非所问的情况。更不能出现改变调研目的的情况,如本来是去发现问题、解决问题的,结果最后问题没找到,却变成总结经验了。

3. 做好调研后的总结工作

1) 对调研取得的资料进行整理分析

调研活动开展过程中,我们会收集到大量的文件、材料、数据等资料,这些资料多而杂,而且只有其中一部分对我们撰写调研报告有帮助。因此,我们必须对这些资料进行分类整理,将有用的内容挑选出来。同时,挑选出的内容还必须进行归纳、分析,找出其中存在的规律、反映出的情况等实质性的东西,比如数字方面可以分析出平均数、百分比、增长速度、平均增长率、同比增长率等极具参考价值的数据。

2）写好调研报告

调研报告应该包含以下几个方面。一是引子，描述调研活动开展的目的、背景，概述调研活动开展情况。二是基本情况，即调研活动中了解到的调研对象的主要相关情况。三是调研活动开展情况，包括调研的方式、调研的重点内容、调研了解到的相关情况、调研资料分析情况、调研得出的结论。四是存在的问题，即调研过程中发现的问题是什么，并分析问题存在的原因。五是提出解决问题的建议，并说明相关理由。建议可以从多角度、多方位提出，如一个问题可以提出两个以上参考解决方案，并分别阐述其优劣性。

撰写调研报告要注重其条理性、准确性、及时性。条理性即调研报告要结构合理、层次明确、条块清晰。不同内容的调研活动可能会有不同写法的调研报告，但要保持条理性，不能让人看了觉得一团糟。准确性即调研报告采用的资料、数据要真实可靠，分析出的结果也要准确无误。只有坚持准确性，才能确保调研结果的可信度。及时性是指调研报告要在最短的时间内完成，及时提供给上级部门或上级领导。拖拉、难产的调研报告不仅会降低其参考作用，还会影响相关工作的效率。同时，一旦情况发生较大变化，调研报告甚至会失去应有的参考价值，导致调研工作失败。

3）做好归档工作

调研工作结束后，要将调研活动中所收集到的资料、调研提纲、调研预案、调研报告等文字材料进行整理，制作合订本，归档保存，方便今后查找，同时也为以后其他类似调研工作提供参考依据。

4. 怎样撰写学术论文

学术论文的撰写是大家共同关心的问题，是每一个学者都会涉及的问题。一个学者如不对学术问题进行深入探讨，就难以提高自己的学术水平，难以适应工作的需要。

一个学者要对学术问题有深入的探讨，就必须通过文字表达自己的学术思想，而学术论文就是学者表达学术思想最好的方式。

学术论文质量的高低、内涵的有无，代表着一个人学术素质的高低。学术论文，说到底是一个人学术文化素质的外在表现，是对一个学者综合运用科学文化知识能力的检验。一篇有较高学术价值的学术论文，不仅会涉及所学过的专业理论知识，还会涉及一个人的人生观、价值观、哲学观、世界观，甚至涉及一个人驾驭文字的水平……而这些知识的积累不是一朝一夕的，也不是仅凭课本上学到的一点理论知识就能很好地完成的。

一篇学术论文涉及一个人对社会政治、经济问题的认识。作者所站的角度不同，对同一学术问题的认识也不同，所得出的结论就不同。

作为一个学术研究工作者，在学术研究过程中同样不能违背社会性原则，否则，其研究成果将会失去社会意义，难以实现其社会价值。社会的变迁、历史的更替只会改变社会的热点，不会终结学术的研究，尤其是社会科学研究。

学术研究工作者在学术研究中，要随着宣传任务的变化进行学术前沿的探讨，要用辩证唯物主义和历史唯物主义的观点探讨学术问题。因此，学术工作者应该不断学习，更新知识，更新思想观念，使自己的学术研究成果有较深刻的科学文化知识内涵。有较高学术质量，融思想性、文化性为一体的学术论文才可能被学术刊物刊用。也就是说，只有你的文章在公开刊物发表了，你的个人劳动才能转换成社会劳动，学术成果内涵的思想文化价值才能实现，学术成果才能更好地被传承。同时，文章发表也是对个人科研成果的肯定，将对个人一生的科研发展起到不可估量的作用，甚至可为今后事业的成功奠定基础。

一个人就好像一个分数,他的实际才能好比分子,而他对自己的估价好比分母,分母愈大则分数的值就愈小!

——列夫·托尔斯泰

第九章 提高思想素质

当今社会是一个日益复杂多元的社会，大学生作为新时代社会主义事业的接班人和建设者，不仅应当勤奋学习，努力掌握现代科学技术、文化知识，具备建设"四化"的真才实学，而且应当努力学习马克思列宁主义、毛泽东思想、邓小平理论、"三个代表"重要思想、科学发展观及习近平新时代中国特色社会主义思想，确立科学的世界观、人生观和价值观，树立坚定的政治方向，在党的领导下积极投身社会主义现代化建设，为实现中华民族的伟大复兴贡献自己的力量。大学生只有具备评判是非，区分良莠的思想政治素质，才能承担起社会主义现代化建设伟业的历史使命。

一、良好的政治品质是对大学生的基本要求

良好的政治品质对大学生来说是第一位的，因为它主要解决政治立场、政治观点、政治信仰和信念问题，是大学生具有坚定的政治方向和持久的精神动力的首要保证。毛泽东曾经提出：不论是知识分子还是青年学生，都应该努力学习，除了学习专业以外，在思想上要有所进步，政治上也要有所进步，这就需要学习马克思主义，学习时事政治；没有正确的政治观点，就等于没有灵魂。因此，良好的政治品质是大学生的基本要求。

1. 坚定持久的政治信念

大学生正处于风华正茂的青年时期，虽富于热情、关心时政，但其思想观念、价值体系均未完全成熟，政治判断能力也尚未走向成熟。其价值观念的不稳定性、易变性均要求大学生必须树立正确

且坚定的政治信念，在自己的政治追求中融入科学和理性的力量，从而为自己的政治品格提供持久的精神动力，坚定社会主义信念，并进而投身到新时代社会主义现代化建设之中。社会主义作为一种先进的社会思潮和实践运动，其生产和发展的数百年历史彻底改变了人类社会的面貌，社会主义从空想到科学，从理论到实践，从弱小到强大的发展历程倾注了数代先烈的心血。社会主义的前途就在于马克思主义与各国实际的有机结合。中国特色社会主义理论体系的形成和中国改革开放的巨大成就，就是强有力的证明，向人类昭示了社会主义制度的无比优越性。我们在坚持共产党的领导，坚持社会主义信念的同时，必须深刻认识到共产党领导的正确性，明确中国共产党是社会主义建设事业的领导核心。首先，中国共产党对中国社会主义建设事业的领导作用，是历史的必然选择。纵观中国近代以来的悲壮历史，回顾经济建设，放眼改革开放的现实成果，我们都能得出一个结论，那就是中国共产党作为社会主义建设事业的核心，是历史必然的客观选择和亿万中国人民的民心所向。其次，中国共产党的领导核心作用，是社会主义现代化建设事业现实而客观的需要。中国共产党是用马列主义、毛泽东思想、邓小平理论、"三个代表"重要思想、科学发展观和习近平新时代中国特色社会主义思想武装起来的，具有科学世界观和方法论的人民性政党，因而能够从总体上把握历史发展的规律和趋向，为中国的社会主义现代化建设提出正确的路线、方针和政策。因此，坚持和加强党的领导，是社会主义现代化建设事业尤其是改革开放伟业与中华民族伟大复兴的客观要求。

2. 严谨端正的政治态度

严谨端正的政治态度是大学生培养良好政治品质的重要保证。因此，大学生必须注意做到以下几点。

（1）严谨切忌浮躁。政治问题是关系国家前途和民族命运的大事，因而，大学生对待政治问题必须采取严肃谨慎的态度，要在高度重视的前提下，以端正的态度进行深入的学习与思考，形成较为正确而客观的结论。切忌流于片面、随心所欲的浮躁现象。

（2）冷静切忌冲动。各种复杂的政治现象和政治问题往往有其深刻的社会历史根源、阶级根源和思想根源，政治的进步与发展也往往是一个成功与失败、前进与挫折相交织的复杂而又漫长的螺旋式上升过程。因而无论是在表达政治主张，还是在参与政治时，都必须采取冷静的态度，客观地阐述政治主张，理性地参与政治活动。切忌不做深思、意气用事，不善于克制感情、急躁冲动的错误态度。

（3）公正切忌偏颇。对许多政治问题的是非曲直都必须采取公正的态度，权衡其利弊，分析其好坏，切忌那种或把事情捧上天的盲目吹嘘或把事情说得一无是处的偏颇态度。腐败问题是影响党和政府声誉、威胁改革开放的一个毒瘤，但个别人错误地认为腐败是一种普遍现象，这种以偏概全的偏激态度，是当代大学生应彻底摒弃的。

3. 善辨是非的政治鉴别力

政治鉴别力是形成政治思想、政治主张、政治信念、政治操行的初始条件。在社会发展日益呈现复杂化、多元化的社会背景下，当代大学生必须依靠自己业已拥有而仍需不断提高的理论水平，力争以冷静的头脑分析、辨别各种政治现象和社会现实，在拥有政治敏锐性的同时提高自身的政治鉴别力，以实事求是的眼光去看待纷繁复杂的政治世界。

提高政治鉴别力，就是要分清一些基本界限。比如：马克思主义同反马克思主义的界限；社会主义公有制为主体、多种所有制经济共同发展的基本经济制度同私有制的界限；社会主义民主同西方议会民主的界限；辩证唯物主义同唯心主义的界限；学习西方先进文化同崇洋媚外的界限；文明健康生活方式同消极颓废生活方式的界限等。

大学生提高政治鉴别力和政治敏锐性应当做到：一是要多读书、多看报；二是要坚持不懈地学习马列主义、毛泽东思想、邓小平理论、"三个代表"重要思想、科学发展观和习近平新时代中国特色社会主义思想，提高政治水平、理论水平；三是要参加社会实践，通过调查研究，掌握从政治上观察形势、考虑问题的方法。

4. 严明的政治纪律

现阶段政治纪律主要是指在上层建筑、意识形态领域中坚持四项基本原则，坚持以马列主义、毛泽东思想、邓小平理论、"三个代表"重要思想、科学发展观和习近平新时代中国特色社会主义思想为指导，从思想上、政治上、组织上与党中央保持一致，执行党的路线、方针和政策，保证我们党和人民的事业沿着正确的方向发展。

遵守政治纪律的习惯，是一个经年养成而非一蹴而就的事情。大学生必须通过长期的政治学习，增强政治意识，不断提高自制能力，自觉抵制各种不良诱惑，从而培养自励自为习惯和高尚情操。

大学生只有具备上述良好的政治品质，才能最大限度地发挥主观能动性，为实现党和国家确立的经济建设和社会发展的宏伟目标努力奋斗；才能评判是非，区分良莠，抵制、打击各种敌对势力的侵蚀和破坏行动，为经济发展营造良好的社会政治环境；才能正确认识和妥善处理各种利益关系调整带来的问题，保持发奋进取的良好精神状态；才能端正成才方向，承担起社会主义现代化建设和中华民族伟大复兴的历史使命。

二、良好的思想修养是对大学生的必然要求

思想修养的目的，是让大学生树立正确的思想意识和世界观、人生观、价值观，正确处理个人、集体、国家三者之间的关系，发扬对人民和国家的奉献精神。思想素质是政治素质的基础，同时，

二者又相互作用、相互影响。因此，大学生不仅要具备良好的政治品质，而且要努力加强思想修养。

1. 科学的世界观、人生观和价值观

（1）科学的世界观是成才的基础。

世界观是人们对整个世界包括自然界、人类社会和思维在内的根本观点和总的看法。科学的世界观是指辩证唯物主义和历史唯物主义世界观。科学的世界观指导人们树立为追求真理、解放人类而献身的崇高理想。因此，大学生只有树立了科学的世界观，才可能有正确的政治方向和持久的内在动力，才能立志高远、自强不息、努力进取，成长为党和人民需要的人才。所以，认真学习和掌握辩证唯物主义和历史唯物主义的基本原理，树立科学的世界观，是大学生健康成长成才的基础。

（2）科学的人生观是成才的保证。

人生观是人们对人生基本问题的基本看法，是人们对人生意义、人生目的和人生价值的理解和看法。人生观与世界观是一致的，它是世界观的一部分，是世界观在对待人生问题上的具体体现。无产阶级的人生观即人生的意义在于对他人、对集体、对社会作出贡献，以自身的优良品德、情感对他人和社会产生积极的影响；把全心全意为人民服务作为人生宗旨，把追求人民幸福作为个人生活的目的，把为人民服务、为人类解放作贡献作为最光彩、最富有意义的人生。

一个人的人生观一旦形成，就会对其社会实践产生巨大的作用。大学是人生观形成的关键时期，是人生观建立的决定性阶段。确立科学的人生观，就会有正确的人生态度和人生目标，就会坦然面对现实，从逆境中奋发，成为生活的强者；有了科学的人生观，才能在纷繁复杂的现实中保持清醒的头脑，明辨是非，把握人生的方向，从而形成健康的自我意识和良好的个性，不断排除人生障碍，促进人生的积极发展。

大学生要确立科学的人生观,一是要学习马克思主义理论,学会利用马克思主义的立场、观点和方法思考人生;二是积极参加社会实践,学会从实际出发,从现实出发思考社会与人生;三是向现实社会中的英雄模范人物学习,他们的人生追求与人生实践是学生仿效的对象和学习的榜样。

(3) 科学的价值观是成才的前提。

人生价值是指人作为客体对人作为主体的有用性或效用,严格来说是指人与社会之间关系的一种评价。价值观是人对人生价值的根本看法。价值观受世界观和人生观的制约。辩证唯物主义主张从主观与客观、个人与社会的统一中确立人与社会的关系,自觉把人生活动、社会发展和人民群众的需求联系起来,实现人生价值。大学生只有树立科学的价值观才能正确树立人生目标,规范人生行为,选择人生手段;才能从社会主义现代化的实际出发,为实现富国强民、繁荣昌盛的中华民族伟大复兴而努力奋斗。

大学生要实现自己的人生价值,首先要学习马列主义、毛泽东思想、邓小平理论、"三个代表"重要思想、科学发展观和习近平新时代中国特色社会主义思想,树立科学的世界观,并投身于社会实践,在实践中观察社会、认识人生,确立正确的价值目标。其次,实现人生价值要有过硬的本领,因为建设社会主义市场经济不仅需要具备强烈的竞争意识和开拓精神,而且更需要科学文化知识。大学生只有从我做起,勤奋学习,掌握更多的建设现代化的本领,才能为国家和人民作出贡献,充分实现和不断提高自己的人生价值。

2. 正确的幸福观、荣辱观和法律观

(1) 正确的人生观是人生的真谛。

个人幸福是指个体人生的意义满足程度,它包括精神与物质两个方面。不同阶级有不同的幸福观,无产阶级的幸福观是正确的幸福观,因为它把消灭私有制、解放全人类,以实现共产主义的崇高

理想作为自己的最高需要，把为实现这一理想所进行的艰苦卓绝的斗争作为人生的最大幸福。

社会贡献是个人幸福的重要条件，个人的幸福取决于为社会奉献多少，社会贡献是个人幸福程度的标准。社会贡献不排斥个人幸福，社会主义发展和生产的目的就是为了千千万万的人都过上幸福美满的生活，享受社会提供的优厚待遇和各种权利。大学生要全面成长，必须树立正确的幸福观。

崇高的理想、高尚的情操、美好的心灵和艰苦奋斗的精神，是获得幸福的源泉。

（2）正确的荣辱观是奋进的力量。

荣誉感是一个人履行一定的义务，得到社会的赞扬、公认和奖励后所产生的个人在道德情感上的满足。耻辱是一个人的行为或一个国家、一个民族受到舆论的鄙视或谴责，从而在个人内心深处产生的羞耻之心。荣辱观是人们对荣辱的观点和态度。

不同的阶级有着不同的荣辱观。无产阶级荣辱观是以集体主义为基础的荣辱观。它把个人利益融入社会的集体利益之中，同社会主义、共产主义事业紧密相连，是人类最崇高的荣辱观。大学生只有树立正确的荣辱观，才能保持奋发成才的动力；才能忠实地履行自己对社会主义事业的义务，发奋学习，刻苦锻炼，努力成才，更好地为人民服务，从而得到人民的赞誉和尊敬，获得真正的荣誉和幸福。

（3）正确的法律观是成才的基本要求。

法律是体现统治阶级意志的，由国家制定或认可并以国家强制力保证实施的行为规范。法律观是人们对法律的正确、稳定的根本看法。大学生要完善自身知识结构，更加适应社会主义市场经济体制的新形势，必须学习法律基础知识，增强法制观念，树立社会主义法律观。通过系统的法律基础知识学习，掌握我国宪法和基本法律的主要内容和立法精神，增强社会责任感，正确行使公民权利，严格履行公民义务，从而确定民主法治观、诚实信用观、廉洁自律观和国家利益观，以适应新时代社会主义现代化建设的要求。

3. 高尚的爱情观和道德观

（1）高尚的爱情观是事业成功的催化剂。

爱情观是身处社会之中的人们对爱情所持的根本观点和态度，即对择偶标准、恋爱方式、婚姻家庭等诸多问题的基本观点和基本态度。爱情包括性爱、责任和理想，性爱只是其自然基础，责任和理想才是爱情的真正内涵。人们只有在正确爱情观的指导下，才会有爱情动机的纯洁和高尚、爱情方式的文明和含蓄、爱情挫折后的理智与成熟、爱情专一的忠诚与坚贞，从而创造和拥有美好和谐的爱情。

因此，择偶时首先要将道德品质置于首位，以容貌、权势或金钱做根基的爱情犹如建在沙滩上的大厦，一旦风浪涌起，终究倾斜倒塌。其次，对待爱情要严肃认真，马克思曾说过：真正的爱情是表现在恋人对她的偶像采取含蓄、谦恭甚至羞涩的态度，而绝不是表现在随意流露的热情和过早的亲昵。中华民族的传统道德向来以高雅、谦恭庄重、自尊、自重为美，且讲究表达感情的时间和空间，任何粗鄙、轻浮、放纵、庸俗、野蛮以及不正当的亲昵举动，都会降低自己的人格，也是不尊重对方的表现，是对爱情纯洁性的亵渎。爱情意味着奉献，只有具备神圣的责任感，才能得到真正的爱情。最后，爱情要与崇高事业相结合，爱情是人生的重要组成部分，但不应占据人生的全部内容，对爱情的追求必须与对事业的追求有机结合起来，爱情之树方能获得强大而持久的生命力。

（2）高尚的道德观是人才成长的内在动力。

道德是由一定的社会经济关系所决定的，是通过社会舆论、内心信念和传统习惯来评价人们的行为，调整个人和个人、个人和社会之间关系的原则和规范的总和。道德观是对道德的总的看法。

道德对一个人的成长和成才、塑造完美人格乃至建功立业都具有十分重要的意义，因为道德观不仅是人才的基本构成条件，而且是人才成长的内在动力。因此，大学生应该树立高尚的道德观，努力做到热爱祖国、热爱科学、热爱劳动、孝敬父母、文明礼貌、诚实正直、谦虚谨慎、勇敢热忱。

树立高尚道德观的途径：一是要积极参加社会实践，在同广大群众的联系中，逐渐培养自己的社会主义道德观，形成坚定的道德信念；二是努力学习道德知识，实现对社会主义道德原则和规范的认同；三是要坚持自我修养、自我教育，要严格要求自己，学会控制管理自己，做到"慎独"和"省"，在学习和实践中逐渐养成良好的习惯，使高尚的道德观得以形成和发展，为终身做一个高尚的人奠定良好的基础。

三、如何提高自身的政治思想素质

1. 合格的政治素质

合格的政治素质，首先要求大学生具有社会主义和共产主义的理想信念，这是我们所从事的社会主义事业对大学生的首要要求。大学是追求理想的最热烈的时期，大学生树立社会主义理想信念，就有了充足的前进动力，人生发展就有了正确的方向。"有理想"就是有共产主义的远大理想，现阶段则要树立为把我国建设成为富强、民主、文明、和谐的社会主义现代化强国而不懈奋斗的共同理想。合格的政治素质，还要求大学生具有爱国主义精神。爱国主义是当代大学生的基本人格，要做到爱国与爱党、爱社会主义一致，为祖国的繁荣昌盛贡献力量。

2. 科学的思想素质

科学的思想素质包括科学的世界观、人生观和方法论。在世界观方面，要求大学生掌握辩证唯物主义和历史唯物主义，用唯物辩证法武装头脑，防止形而上学；用唯物史观武装头脑，作为观察各种社会现象的基础性科学方法。在人生观方面，要求大学生树立正确的人生价值目标，把劳动和对社会的奉献作为人生追求的价值尺度，而不是把金钱作为人生的价值尺度。同时，按照社会主义集体主义的总体原则，正确地认识和处理个人与社会的关系，社会为先，个人为后，服务社会但兼及个人，形成"我为人人，人人为我"的良性社会风尚。只有解决好这一人生价值观的核心问题，大学生才能形成良好的品格，思想上才能健康发展。同时，科学思想素质的形成，一靠认真学习马列主义、毛泽东思想、邓小平理论、"三个代表"重要思想、科学发展观和习近平新时代中国特色社会主义思想，这是基础的理论功底，要能把握其整体的思想体系和内在的思想精髓；二靠在实践中锻炼，将科学理论付诸实践，在实践中检验真理，在实践中发展真理。培养科学思想素质，提高思想理论水平，这是保证政治上清醒的前提条件。

3. 良好的道德素质

良好的道德素质来源于高尚的道德观念。大学生只有确立社会主义道德观念，才能使自己的道德观念和道德行为进入社会主义道德规范的轨道，具有社会公德、职业道德和家庭美德。社会主义的道德观念认为诚实守信是道德之本。待人诚实，拒绝尔虞我诈、不择手段，是调解人际关系的基础，良好的道德风尚，来自社会主义的人生价值观的指导。社会主义道德要求大学生在处理个人与他人、个人与社会关系时，要想到他人和社会的利益，不损害他人和社会；先进分子则要做到先人后己，把社会主义置于至高无上的地位。社会主义道德观念否定利己主义、个人至上、损公肥私，倡导集体主义、克己奉公。培育良好的道德素质，既要靠社会主义道德的指导，也要注重自身的思想道德建设，"慎独"这一自古以来的道德修养准则，应该被赋予新的时代含义。面对复杂的情况，把握住自己的道德行为，才能保持良好的道德状态。

第十章　注重文化修养

　　文化知识是人类认识世界和改造世界的劳动成果，能力是人们改造世界的本领。两者既有联系又有区别，知识是能力的基础，无知则无能，但知识并不等同于能力，知识的掌握有助于推进和促进能力的发展，有利于找出解决问题的方式方法，而知识的掌握又是以一定能力为前提的。因此，在校大学生不仅要注重文化知识的修养，而且还要重视基本能力的培养。

一、注重文化修养

　　文化修养也称文化素质。素质有许多种，但从教育学上看，素质是指公民或某种专门人才的基本品质，这种品质是个人在后天环境的教育下形成的。
　　广义的文化素养应该包括专业知识在内的文化素质，这里特指大学生在文学、历史、哲学、艺术等方面的素质，是无论学什么专业都必须具备的文化素质。

1. 文学欣赏

　　文学欣赏包括诗歌、小说、戏剧、影视欣赏等，它们有自己的特点。

　　1）诗歌的欣赏
　　诗歌欣赏一般要做到以下几点。
　　（1）了解诗歌产生的历史背景和形式特色。古今中外的诗歌，不仅形式上各有特点，而且有自己的发展历史。因此，了解诗歌产生的背景和其形式特色是诗歌欣赏的先决条件。

（2）要品出诗味。人们常把欣赏诗歌叫品诗，品诗要做到：一是要在文本细读的基础上认真细致地思考和回味；二是要力争在一个优雅的环境和稳定的情绪下进行欣赏活动；三是要善于联想和想象，从自身文化知识和经验中寻找与诗歌意念相对应的感受；四是要用必要的重复来加深对诗情诗意的理解。

（3）要进入意境。进入意境的最好办法是朗诵，诗中慷慨激昂的情感、铿锵有力的音调、明快活跃的节奏，或者是情调的缠绵悱恻、言语的呢呢喃喃、节拍的波浪起伏，在朗诵中会十分自然地融合在一起，从而拨动我们的心弦，使我们为之感动，不知不觉地进入诗歌的意境之中。

（4）要提高欣赏情趣。诗歌的意境格调有高下，欣赏诗歌也有一个情趣、格调的问题。要注意选择高雅的诗歌作为欣赏对象，对那些情趣和格调过于低下、庸俗的诗歌要善于鉴别和批判。在生活中遇到困难、思想上受到波动、事业上受到挫折时，更应该注意欣赏的情趣与格调。

2）小说欣赏

小说欣赏要掌握一定的小说基础知识和文学理论常识。这些知识包括：在小说的创作上，有体裁、题材、主体结构、形象、描写等之分；在小说流派上，有现实主义、浪漫主义、意识流、存在主义等之别；在小说史方面，有小说发展的历史概况、重大的文艺思想、重要的作家及代表作、作品风格等方面。

（1）要了解小说的特征。一般来说，小说有三个特征：一是以艺术去塑造人物形象；二是具有完整的故事情节；三是有具体的环境描写，以衬托人物，为故事情节的发展提供背景和场所。

（2）要灵活运用欣赏方法。常用的欣赏方法有类比法、撷取法、系列法、横断法、信息法等。

① 类比法是将题材、主题、结构、风格等某一方面相近或相同的小说放在一起，对比、联系起来欣赏；或者将不同文艺体裁、

文艺类别中有某些相似之处的两部作品联系起来欣赏，通过类比找出异同、比较优劣。

② 撷取法是随需要和兴趣去欣赏。偶尔发现一本小说，随手翻翻，结果被书中情节所感动，便如饥似渴地读起来。这种方法偶然性较大，缺乏系统性，但自觉性较强，最好将读与思结合，避免泛泛而过。

③ 系列法是在阅读小说的同时，学习有关的文学史，以文学史为纲选择代表作进行欣赏。这种方法既全面系统又有所侧重，便于按照自己的需求和兴趣去选择作品。但这种方法要求较高，要求学生有一定的耐心和韧性，能够进行持续性阅读。

④ 横断法是截取一国某一特定历史阶段的小说进行欣赏。对这一阶段的小说进行集中欣赏时，可以发现其中的特点和问题，便于进行研究以取得更高的艺术欣赏效果。

⑤ 信息法是指听到或看到某种传播媒体的介绍，获得了某部（篇）作品的信息，然后再去欣赏。这种方法可以节省时间和精力，了解新动向，但比较被动。若与系列法结合起来，则可以相互扬长避短。

3）戏剧和影视的欣赏

（1）戏剧欣赏。

戏剧集文学、美术、音乐、舞蹈、表演等艺术于一体，由语言、动作、场景、道具等表现手段，通过编剧、导演、演员的共同努力，把生活中的矛盾冲突集中，艺术性地再现于舞台之上，给人们带来美感，使人们获得具体生动的审美愉悦与艺术感受。

在戏剧欣赏上要注意两个方面。

① 了解戏剧知识。要学习一些基本的戏剧常识，了解一些戏剧发展史上重要作家的作品，帮助个体选择欣赏对象，从而高效地欣赏戏剧佳作。

② 选择合适的欣赏角度。根据不同剧种、剧目、戏剧流派的特色，以及不同演员的演出风格和特色，选择合适的欣赏角度，寻

找相应的欣赏方法进行戏剧欣赏,让自己随着戏剧矛盾发展的进程"入戏"和"出戏"。"入戏"是指进入剧情,同剧中人物共享喜怒哀乐;"出戏"是指从戏剧矛盾中摆脱出来,依靠理智经验、知识进行分析判断,评价艺术得失。

(2) 影视欣赏。

影视是戏剧与科技的结合物,具有强烈的真实感,更贴近现实生活等特点,容易被观众接受,引起观众心理和情感上的共鸣。但影视与戏剧一样,是一种综合艺术,同时其对声、光、色的要求更强烈,因此欣赏影视同样要了解影视方面的一些基本知识,尤其是影视的种类,如历史片、故事片、戏曲片、时尚片等;影视的基本概念有蒙太奇、焦点、色调、特写、后景、内心独白、本色表演、性格表演、镜头叠化、甩镜头、切换等。

2. 历史知识

历史是时间的科学,是过去的沉淀、现实的展现和未来的预示,存在着因果联系和继承关系。作为一名大学生,不了解历史、数典忘祖,是不符合时代要求的。但史籍浩繁,以中国史为例,五千年文明史,历史悠久,文物众多,若接触不得法,最终会盲目奔劳而收获寥寥。因此,学习历史知识要掌握一定的学习方法。

1) 要了解历史文献的体裁分类

历史文献主要有纪传体、编年体、纪事本末体、典志体、会要体和类书等。

(1) 纪传体。纪传体通过记叙人物活动,反映历史事件。纪传体文献的突出特点是以大量人物传记为中心内容,是记言与记事的进一步结合,能够很好地表现人物的性格。典型的代表为《史记》。

(2) 编年体。编年体以年代为线索编排有关历史事件。编年体文献以时间为经、以史事为纬,比较容易反映出同一时期各个历史事件间的联系。典型代表为《资治通鉴》。

(3) 纪事本末体。纪事本末体文献是以记载重大历史事件的发展和终结为主的文献,兼有编年体和纪传体的特点,详于记事。第一部纪事本末体文献是《通鉴纪事本末》。

(4)典志体。典志体文献是以通记的典章制度为主的文献。《通典》为第一部典志体史书,为唐人杜佑所撰。

(5)会要体。会要体文献是以历史时期的典章制度为主的文献。

(6)类书。类书是辑录各种书籍的有关资料,分门别类编排而成的工具书。它具有百科全书的性质。按取材的范围,可分为综合类和专门类两种。综合类典型代表有《北堂书钞》《艺文类聚》等,专门类典型代表有《册府元龟》《三才图会》等。

2)要了解中国的历代官制

进入奴隶社会制度以后,中国就产生了官制。随着中央集权的建立,官制逐步完善,并且历代都有所发展。每个朝代都有较为详细的官制记载资料,如《汉书》中有百年公卿表。因此,人们把官制、年代、地理、目录一起作为史学研究的"四把钥匙"。历代官制的代表书籍有《历代职官表》《清代职官年表》《秦汉官制史考》等。

3)要了解中国古代帝王的庙号、谥号

(1)庙号。一般开国皇帝称祖,后继者称宗,也有个别朝代前几个皇帝都称祖的。隋朝以后,不是每个皇帝都有庙号,但都有表示文治武功和德行的谥号。

(2)谥号。谥号是后人根据死者生前事迹评定其人的一种称号,指臣属或晚辈在用语作文时要避免直呼君主或尊长的名字,如必须用这些字时,须避讳,即采用改动本字的方法来表示。其方法有:① 换字法,换字法是用同义或同音字来代本字的一种方法;② 缺笔法,缺笔法是同本字而缺笔画以表示本字的一种方法;③ 空字法,空字法是遇到本字空而不写,或画"□",或书以"~"等,或直书"讳"等。此外,还有改姓、改名、改官名、改地名、改年号、改干支等方法。避讳固然给人们带来了许多麻烦，但据此有助于考证文献著作的年代和版本源流，弄清事实。

3. 艺术欣赏

艺术欣赏包括音乐欣赏、美术作品欣赏、书法作品欣赏和摄影艺术品欣赏等。以下简单介绍前两种。

1）音乐欣赏

音乐不仅是一门艺术，也是一门学科。欣赏音乐，必须具备必要的音乐知识。音乐知识包括三类：一是乐理知识，即关于旋律、节奏、调式、和声等方面的知识；二是音乐体裁和形式的知识，音乐大致可分为声乐、乐器两大类；三是音乐史知识。学习音乐知识，可以帮助我们深入理解音乐的内容，懂得音乐的结构，感悟音乐所表达的思想情感，提高自己对音乐艺术的鉴赏力。

具备了一定的音乐知识，在欣赏时还要做两方面的努力。一是充分发挥音乐的思维能力。音乐是通过听觉来欣赏的艺术，任何文字和语言都不能代替音乐。在感受到悦耳动听的音乐时，要富于想象、回忆和联想，以达到感情上的欣赏，然后上升到理智上的欣赏，对作品有全面的了解，包括曲名、作家、时代背景、艺术特点及作品的内容，能记住音乐旋律等。二是要积极从事音乐实践。可以参加一些音乐创作和表演的实践活动，还可参加一些演唱或演奏活动；可以参加一些培训班，也可以参与学校文工团、艺术团等。通过这些，有意识地提升自己的音乐修养，达到提高欣赏能力的目的。

2）美术作品欣赏

美术作品欣赏是复杂的精神活动，不同的人从不同的角度对具体的作品有不同的意见或见解，所以很多时候只能意会，不能求得共鸣。

大学生的文化素养，还包括哲学的学习等多个方面，在这里没有完全列出。学习哲学对大学生是十分有益的。对博大精深的哲学精神的吸收，可以提高我们分析问题、解决问题的能力，让我们学会辩证地看待问题，科学地处理问题。

总之，当代大学生需要合理地调整自己的知识结构，注重文化素质的培养，使之能较全面、平衡、协调地发展，以适应当今社会飞速发展的要求。

二、重视能力培养

知识和能力是密切相关的。知识是能力的基础，但是知识并不等同于能力。培根说过：各种学问并不把它们本身的用途教给我们，如何应用这些学问乃是学问以外的、学问以上的一种智慧。知识的多少和能力的高低并不成正比，有了较丰富的知识，并不等于就有了较强的能力。大学校园就有许多"高分低能"的学生。因此，要想适应时代发展的需求，必须重视基本能力的培养。

1. 大学生应具备的基本能力

人的能力是多种多样的，大致可概括为认识能力和实践能力两大类。认识能力是人们完成一定活动所必备的心理特征，常被称为智力，一般包括观察力、记忆力、理解力、思维能力、想象力、注意力等。实践能力是具体完成一定实际活动的本领，是各种智力因素和有关技能与方法的综合运用的表现。一般包括自学能力、语言表达能力等。努力发展这些能力，不仅能促进智力水平的提高，而且能为今后的工作打下良好的基础。

1）观察力——求知的窗口

观察是人们有目的地通过感官认识客观对象的活动。人们要获得经验知识，就不能没有观察。我国著名地质学家李四光曾说：观察是得到一切知识的一个首要步骤。敏锐的观察力是人才必备的品质。观察力的培养与训练要经历长期的过程。大学生只有进行大量的、长期的、系统的观察活动，养成良好的观察习惯，掌握各种观察方法，才能全面、准确、深入地把握事物的特征。

2) 记忆力——智慧的仓库

记忆力是大脑储存知识信息的能力，它是一切智力活动的基础。没有记忆力，任何知识、信息都不能在人脑中保留，也就谈不上学习、观察、思维、想象等智力活动的进行。俄国的苏沃诺夫说：记忆是智慧的仓库。善于学习的人，都具有良好的记忆能力。平时，总有些同学认为自己的记忆力差，比不上别人。实际上，人的记忆力就其潜力而言，相互间的差别并不很大。人们记忆力的好坏虽受先天素质的影响，但主要取决于后天的培养和锻炼。

大学生培养、锻炼记忆力，一是要有信心，二是要刻苦锻炼，三是要方法得当。有信心，相信自己的记忆力，才有强烈的记忆意图和信念，才能记得住、记得准、记得牢。练习方法得当，应先了解记忆的规律，掌握有效的记忆方法，以做到事半功倍。

3) 理解力——掌握知识的前提

理解力是接受知识、吸收知识的能力。提高理解力，能加深记忆，提高看书学习的效果，为牢固地掌握知识、灵活地运用知识提供可靠的前提。理解力强的人，更容易抓住知识的精髓，更好地领会、运用知识。

要想理解一种新知识，就一定要多读书、熟读书。古人云："书读百遍，其义自见"，"好书不厌百回读，熟读深思子自知"。另外，要善于思考，在看书学习的过程中要不断地给自己提出问题，并通过独立思考不断地解决这些问题。只要我们在学习的过程中善于提出问题，敢于解决问题，就能不断地引导学习有效而深入地推进，同时在这个过程中，我们的理解水平、理解能力也可以得到不断的锻炼与提高。

4) 思维能力——智力的核心

思维能力是考虑问题和分析问题的能力，是人的智力核心。人们的一切活动都是在思维的参与和指导下进行的。思维能力的高低，直接关系到人们学习和工作的成败。爱因斯坦说：高等教育必须重视培养学生具备思考、探索问题的本领。人们解决世界的所有问题都是运用大脑的思维能力和智慧，而不是掉书袋、搬书本。

思维能力的高低可以从思维的广阔性、深刻性、敏捷性、灵活性、创造性等方面来衡量。要培养思维能力，首先必须勤于思考，养成独立思考的习惯。再者，必须掌握科学的思维方法。掌握科学正确的思维方法，会使我们的思维更严谨，更合乎逻辑。

5）想象力——思想的翅膀

想象是以已有的知识经验为基础，在头脑中创造形象的认识活动。想象的过程实际上也是一种创造性思维的过程。爱因斯坦说：想象力比知识更重要，因为知识是有限的，而想象力概括世界上的一切，推动着社会进步，而且是知识进步的源泉。

想象力不仅是文学家、艺术家不可缺少的，对科学工作者也同样重要。在科学史上，许多重大的发现、发明都是在想象力的作用下诞生的，如牛顿的万有引力定律、爱因斯坦的相对论、道尔顿的原子理论等。

想象是建立在已有的知识经验基础之上的活动，不是脱离实际、毫无根据的胡思乱想。要提高想象力，就必须多想、敢想，努力开阔自己的思路，尽力打开思想的大门。强烈的事业心、浓厚的兴趣、明确的目标对想象力的发挥是必不可少的。

6）注意力——智力活动的保障

注意力是心理活动对一定对象的指向和集中。注意力是一切智力活动的维护者。注意力不集中，就会心不在焉、视而不见、听而不闻、食而不知其味，一切智力活动也就无法进行。

学习和工作中是否集中注意力，直接关系到学习和工作的效果。要集中自己的注意力，必须先锻炼自己的意志，与注意力分散作斗争；要锻炼自己不受外界环境的影响和内心情绪的干扰，专心致志地学习、工作。加强体育锻炼、合理安排时间,使自己有充沛的精力,这对注意力的集中是很重要的。

7) 自学能力——终身的伴侣

自学能力是获取新知识最基本、最重要的能力。它包括掌握独立学习的方法,能够大量且有效地读书,善于搜集并处理大量复杂的信息,不断地增长和更新自己的知识等方面。我国著名科学家钱三强曾说:自学是人生中最好的学习方法。在大学里,尽管有教师的传授和指导、丰富的图书资料、良好的学习设施,但能否学有所成,关键仍在自学。俗话说,师父领进门,修行在个人。在当今"知识大爆炸"的时代,我们面临的各种图书资料浩如烟海,只有提高自学能力,才可大大提高搜索和处理信息的能力,从而缩短查阅资料所需要的时间,并进而提高学习和研究的效率。

随着科学知识的急剧增长,知识老化和陈旧的周期日益缩短,终身教育势在必行,而拥有了自学能力就会助益终身。

8) 语言表达能力——沟通的桥梁

人们交流思想、表达思想离不开说话、写文章。说得好坏、写得优劣,标志着一个人语言表达能力的高低。说是口头表达能力,谈话、讨论、演讲、论文答辩、调查访问、汇报工作等都是通过说来实现的。说话水平的高低,直接影响着这些活动的效果。写是书面表达能力。大学生不论学习哪门专业,都离不开写文章。写文章要做到表述简练、清楚、有条理、有说服力、生动形象,亦须注意主题明确、内容充实、结构严谨、层次清晰、语言简洁流畅等要求。符合上述基本要求,写好一篇文章,至少需要做到如下两个方面:一是需要掌握相应的知识,这可以从演讲学、文章学及逻辑学等方面的著作中学到;二是需要掌握相应的技能技巧,这要进行反复的、大量的说和写的训练。

此外,大学生还应培养独立工作的能力、预见能力、科研实验和社会调查能力及创造革新能力等。

2. 大学生培养能力的方法和途径

在大学阶段,不同年级获取知识、运用知识和培养能力的方法和途径是不尽相同的。除了听课之外,低年级主要是参加第二课堂活动,掌握现代科技知识、信息,培养职业习惯;高年级主要通过深入实践来提高思维能力、创造能力和工作能力。

1) 积极参加第二课堂活动

大学生活包括精神生活和物质生活。其中精神生活又分为两个方面:一是学习生活,主要指听课、讨论、做作业、自学、实验、考试、创作等专业学习活动,它是大学生活的中心;二是专业学习以外的各种各样的活动,通常指第二课堂。第二课堂活动是大学生掌握知识、培养能力、尽快适应社会需要的一个重要途径。大学生活里各种类型的第二课堂较多,学生选择的余地较大,而且全靠学生的自主性和自觉性。如果没有主动意识去竞争机会,再精彩、再形象生动的内容也不会产生很好的社会效益。

2) 深入实践

通过实践,把知识应用于社会,沟通大学生与其他社会成员的感情,使自己的聪明才智得以发挥,在实践中增长自己的才干。要想在实践中培养能力、增长才干,首先要勇于实践,大学生只有把自己从书本上学到的知识运用到实践中去,才能使自己的技能真正得到提高。当然,由于我们刚接触实践,在实践的过程中肯定会遇到这样或那样的困难和挫折。大学生要有充分的思想准备,不仅要勇于实践,而且要善于实践,要有百折不挠的信心和勇气,这样才能真正地在实践中增长才干。要注重观察,注重调查研究。观察可以为我们积累材料,为实践成功积累经验。调查研究是发现问题、认识问题、解决问题的重要手段。大学生要在实践中积累经验、增长见识、提高才干,就要善于观察,积极从事调查研究。

要学会总结。总结是大学生在实践中提高能力的关键步骤。通过总结、分析研究，才能有比较与借鉴，进而从中得出经验教训，找出有规律性的东西，使大学生更全面、客观地认识事物，从而达到培养能力和提高素质的目的。

三、加强审美素质的培养

大学生是祖国的未来和希望，是新世纪的建设者。党和国家号召青年一代要努力成为"有理想、有道德、有文化、有纪律"的社会主义"四有"新人。要成为"四有"新人必须具有高尚的思想品德和崇高的共产主义理想，要进取向上、身心健康、热爱生活，对人生、社会都抱有一种深沉的责任之心，而这一切都要求大学生在加强德育、智育的同时，必须强化、优化美育。

大学生要加强审美实践，在实践中陶冶情操、提升才干、增长知识。

当代大学生须全身心地去感受美，但也不能局限于美学本身，而是要打开视野，汲取与美学有关的一切知识营养，如哲学、文学、艺术、伦理学等。大学生要具备审美素质，必须要有一个良好的审美环境，让审美意识贯穿整个大学生活，提高大学生审美的自觉性。具体的审美环节主要是参与高校教学、参与高校环境、参与高校活动三个方面。

1. 通过参与教学实践培养大学生的审美意识

高等学校的职能是教育管理好大学生，使大学生在教育中能够全面发展。学校会借助自身的有利地位，利用自身的教育职能，积极主动地培养学生的审美意识。学校的中心工作是教学，教学也是高校教育大学生的最直接、最有力的手段，要培养大学生的审美意识，学校应强调在教学中使学生直接获得美育教育。

在各科教学中，艺术教育是美育的核心，文学、音乐、美术等课程都是直接的美育手段。

文学是以文字为工具，形象地反映社会生活的艺术。它包括诗歌、小说、散文、戏剧等多种样式，文人作家们运用生动精美的语言，从各个不同的侧面和角度来反映自然、社会和人本身的感情世界与心理状态。阅读优秀的文学作品，能提高个体的艺术鉴赏水平，陶冶情操，形成健康、成熟的审美观。对大学生特别是理工科的学生来说，应该经常开展诗歌朗诵比赛等活动，多组织文学方面的讲座，调动学生的审美情趣，提高他们的审美修养。

音乐是"时空的艺术"，是"有声的美学，心灵的直接语言"。它运用音响、节奏和旋律来塑造艺术形象，能丰富人们的精神生活，陶冶思想情操，激励我们积极向上、健康发展。所谓"移风易俗，莫美于乐"，可见音乐的教育作用十分重要。

美术也是提高艺术素养和审美能力的重要途径，它可以启发我们注意观察事物的形象、位置和人物的形态特征、精神风貌，进而丰富自己的感情，提高欣赏能力。

除了文学、音乐、美术三科为实施美育的重要途径外，学校的其他学科都含有美的因素，都与美育有密切的关系。在教育中要消除美育就是文学、音乐、美术等课程的狭隘观念，树立"大美育"的观念，当代大学生也应该积极主动地参与其中。

2. 大学生在良好的学习，生活环境中养成审美素质，提高大学生的审美水平

环境对人的优秀品质的养成起着巨大作用，美好优雅的学习、生活环境能陶冶人们的情操，丰富人们的想象。大学生正处于青春期，富于青春的活力和丰富的想象，对未来美好的生活充满憧憬和希望。当他们处于绿树成荫、鸟语花香的校园中时，各种情感因素会自然而然从全方位涌现出来，并激发其心灵深处潜在的美好意识，使他们在潜移默化中开阔胸襟、陶冶性情、升华自己美好的情感。通过学校人文环境的建设，构思巧妙、别具匠心的校园自然环境建设，大学生更能在学习生活中自然地受到环境陶冶，更好地保证身心的健康发展。

另外，大学生要在管理中受教育，在教育中获得提高。比如，不定期开展宿舍文明卫生的检查评比活动，让大学生从关爱自身的角度出发，充分发挥自己的特长，积极主动地去创造美好的生活环境。这样既能激发大学生的审美情趣，培养大学生的审美意识，又能使大学生养成良好的审美行为习惯。

大学时光是每个大学生终生难忘的宝贵时光，高校所提供的良好学习生活环境会内化为他们美的心灵，让他们受益一生，因此大学生也应该积极地响应、投入其中。

3. 开阔视野、面向社会，在社会活动中自觉地提高审美素质，增强审美能力

社会活动是人类所特有的、最重要的活动。大学生即将走上社会，必须更大程度地进行社会活动，通过活动培养自己的社会适应能力。当代大学生是社会主义现代化建设的接班人，大学生将面临和担负重要的社会责任，其社会活动能力的强弱关系到整个中华民族的素质高低。在有意识地培养社会活动能力的同时，涉世未深的大学生应该学习融入一个良好、和谐的人际关系氛围。社会是由各个相互作用、相互依存的个体共同形成的，一个人不可能脱离他人而单独存在于社会之中。拥有一个正常的社会人际关系，有利于人的身心健康。只有具备这样素质的人才，才有利于社会的发展和进步。

车尔尼雪夫斯基说：美是生活。美是无处不在的，爱美是人类的天性。人类在劳动中创造了美，然后产生了审美要求。大学生是祖国的未来和希望，他们必须提高审美修养，丰富审美趣味，全面提高自身的素质，为中华民族的腾飞策马扬鞭。

第十一章　追求志趣高雅

一、志趣高雅是大学生精神追求的体现

当代大学生，续接着改革开放的历史洪流，在中国特色社会主义稳步发展的历史时期，迈进了大学校园，每个大学生都在编织着自己的美好未来，都想在将来干一番大事业。能够干一番大事业的基础就是在大学期间确立正确的人生目标，形成一个精神依靠——追求高雅志趣，亦即确立远大的理想和培养主观的成长意识。

1. 追求远大的理想

理想是人们对美好未来的向往和追求，是人们政治立场和世界观在奋斗目标上的体现。理想是大学生的伴侣和希望，大学生只有树立远大的理想，才会有高尚的思想境界，才会淡化工作、学习中遇到的烦恼和不快。托尔斯泰说过：理想是指路明灯，没有理想就没有坚定的方向，而没有方向，也就没有生活。中国也有句古话：有志者，事竟成。这里的志，就是指理想。一个人的理想越远大，其才能就发展得越快，对社会越有利。

（1）社会理想——社会进步的标志。社会理想是指在一定社会里，一定阶级的人们对未来社会的政治结构、经济制度、社会风尚的追求和设想，它是召唤、激励社会成员努力奋斗的强大精神力量，它随着历史的发展而不断发展和完善。

作为 21 世纪新时代的大学生，要有坚定的共产主义理想。有了这个远大的社会理想，才会有高瞻远瞩的格局和容纳百川的胸怀，既不会因贫穷和落后而悲观，也不会因委屈而耿耿于怀，更不

会因暂时的困难和挫折而懈怠斗志。为什么会有那么多英雄人物在极度困难和危险的情况下仍执着地追求共产主义？因为坚定的共产主义理想是人们的主心骨，有了共产主义理想，就会有战胜一切邪恶和困难的无穷力量。

（2）道德理想——处事立身之本。道德理想是一定社会或一定阶级的理想人格，是人们行为的最高标准，它回答如何做人和做一个什么样的人的问题。共产主义道德理想是无产阶级的人格理想，是人类最高尚的道德理想。

大学生应该把共产主义的道德理想作为自己立身处事之本，全心全意为人民服务，忠诚坦白，敢于自视，勇于批评和自我批评。

大学生只有树立高尚的道德思想，才能正确地对待个人与集体、个人与社会的关系，才能把为集体、为社会的伟大事业献身看成是光荣和伟大的事，看成是价值与意义所在的责无旁贷的事，社会的需要和人民的利益也就变成了其内在的、本能的道德追求。

（3）职业理想——顺应时代召唤。职业理想是对从事何种职业及要达到的水平的预想，是顺应时代而产生的。由于各种行业和职业客观存在的差异，如条件的优劣、经济发展的不平衡、分配的高低等，大学生会产生关于自己将来从事的职业的预想和追求。俗话说，"三百六十行，行行出状元"。大学生在面对未来、确立职业理想和选择职业时，应遵循这样的基本原则：将个人条件与社会有机地结合起来，并以社会需要为首要前提，献身于事业，为社会多做贡献。这样，不用去追求名利，也会受到社会的承认，那种一味追求舒适、安逸、高层次职业理想，以自我享受、精致利己为目的的人，是不会成什么大气候的。

（4）生活理想——人生幸福的体现。生活理想是指人们对社会物质生活、精神生活、家庭生活的追求和向往。它涉及人生追求的各个阶段、各个方面，涉及生活的各个领域。由于各自条件的不同、对生活意义的理解不同，人们会产生不同内容、不同水平、不同层次的生活理想。

大学生应当树立美好向上的生活理想，追求文明、健康、科学的生活方式。每个人的生活条件不同，要根据自己的实际生活水平，确立自己的生活理想，不攀比、不片面追求物质生活。

2. 立志成才

树立远大的理想，是成才的关键。理想是成才的路灯，而成才是理想实现的结晶，是精神追求的最终结果。随着现代科学技术的高速发展、社会主义市场经济的建立，以及中国特色社会主义的稳步前进与现代化建设的现实需求，社会急需大批高水平、高质量的人才。如何使自己成为一个有益于国家的有用之才，需要我们理智地做出抉择。时代的要求、党和人民的殷切希望、大学生自身成长的需要，都要求我们每个大学生确立正确的成才之路，即把个人的成才目标与祖国的建设目标紧密结合起来，勤奋学习，勇于创新，提高能力，牢记党和人民的殷切希望。坚持正确的成才之路，首先要有坚定的政治方向。大学生要努力学习马列主义、毛泽东思想、邓小平理论、"三个代表"重要思想、科学发展观和习近平新时代中国特色社会主义思想，学习党的方针、路线、政策，只有这样，才能更好地为社会主义经济建设服务。其次，要掌握坚实的科学文化知识，具有坚忍不拔的意志和顽强刻苦的学习精神。现代科学技术的发展呈现高度分化又高度综合的趋势，交叉学科、边缘学科不断涌现，科学家、专家之间的跨行业、跨学科的合作已成为现代科学研究的显著特点，传统的具有单一知识的人已难满足未来科技发展和社会发展的需要。因此，大学生除学好本专业的基本理论外，还必须不断扩大自己的知识领域，发展各方面的爱好和技能，做到知识广博、一专多能。

二、培养文明行为是实现远大理想的重要条件

在实现理想的过程中，要从培养文明行为做起。

1. 遵守国家法令

（1）增强法律意识，知法懂法。知法是守法的前提和基础。作为当代大学生，应当懂得什么是违法行为。每位大学生都应奉公守法、洁身自爱，绝不应有任何损害国家和人民利益的行为。同时，还要不断增强法律意识，用法律保护自己的合法权益不受侵犯，进一步增强法制观念。

（2）模范遵守宪法和法律。《宪法》第五十三条规定："中华人民共和国公民必须遵守宪法和法律，保守国家秘密，爱护公共财物，遵守劳动纪律，遵守公共秩序，尊重社会公德。"这是宪法对公民义务的规定。义务和权利是对等的，宪法既然规定了公民的合法权利和合法权益，对等地也必然规定了公民应尽的义务。作为一名大学生，只有模范地遵守宪法和法律，才能更好享有宪法所赋予的权利。

（3）要敢于同违法犯罪行为作斗争。在我国，人民群众不仅要自觉遵守法纪，还要监督社会主义法纪的遵守和执行，坚决同一切违法乱纪行为作斗争，以保证社会主义的法纪尊严和权威。坚持原则，敢于同违法乱纪行为作斗争是每个公民应尽的义务，也是大学生应有的道德品质。应把坚持正义、扶持正义看作对祖国，对人民的一种责任。总之，增强法制观念、遵纪守法，是建设社会主义物质文明和精神文明的需要，也是思想品德修养的重要组成部分。

2. 遵守校规校纪

大学的校纪是保障教学任务顺利完成、加强学生日常管理、培养合格优秀人才的前提。《高等学校学生行为准则》是所有大学生都必须严格遵守、模范执行的行为准则。此外，各高校根据实际情况制定的各项规章制度都需要在校大学生自觉遵守。遵守校规校纪需要做到以下方面。

(1) 遵守学习纪律。上课不迟到、不早退。专心听讲做好笔记，不在教室里大吵大闹，不做和学习无关的事情，以免影响他人的学习。考试时认真答卷，不抄袭，不左顾右盼，不搞小动作，考出自己的真实成绩。

(2) 遵守公共场合的相关规定。不打架斗殴、不赌博、不酗酒、不吸烟，不观看反动、淫秽书刊和声像制品，不随地吐痰、不乱倒垃圾，不穿背心、裤头、拖鞋在校园内随意走动。

(3) 遵守宿舍管理规定。按时熄灯就寝，不喧哗、不打闹，不影响他人的正常休息和学习，不损坏和拆装宿舍设备，不乱接乱拉电源，不使用各种燃具在宿舍做饭，不私自调整宿舍。

(4) 爱护公共财物。珍惜教学、科研设备，不准私自拆装科研设备，不准滥用实验材料；保护公共设施，不人为破坏教室、阅览室的桌椅，不在公共设施上乱涂乱画；爱护花草树木，不人为践踏草坪、花木，破坏公物要赔偿，不应逃避责任。

3. 坚持集体主义，克服个人主义

集体主义是社会主义精神文明建设的核心。作为新一代大学生，要正处于实现中华民族伟大复兴的中国梦大潮中，要正确处理各种利益关系，就必须坚持集体主义，克服个人主义，为社会主义祖国这个美好集体贡献自己的青春。

(1) 在集体中锻炼成长。在大学里，校、系、班是三个不同层次的集体，集体是学生形成集体主义观念、全心全意为人民服务思想的直接源泉，是促进学生形成高尚道德的良好环境。

① 积极主动、自觉地参加集体活动。在丰富多彩的集体活动中体验集体的温暖及乐趣，能增加个体建立良好集体的愿望；在丰富多彩的集体活动中，个人比较容易意识到个人的努力或懈怠对集体产生的巨大影响，从而增强集体观念及服从集体的意识，集体主义思想就会油然而生。因此，大学生应积极参加集体的每项活动，努力培养集体主义观念。

②自觉接受集体监督。集体是每个人的集体,每个人都是集体的一部分。建立良好的集体是和每个人的努力分不开的,所以集体中的每个人都要自觉接受集体的监督。

(2) 维护集体荣誉。集体荣誉感是无产阶级的道德观念,是形成、巩固和发展集体主义的内在动力。那么,作为大学生,应该如何树立集体荣誉感,并以实际行动维护集体荣誉呢?

①要为形成正确的集体舆论而努力。所谓集体舆论,就是在集体中占优势的言论和意见。健康的舆论,是一种看不见的集体规范,它可以规范集体中的每个人的言行,具有弘扬正气、抑制不良行为习惯的作用。

②要努力多为集体作贡献。集体荣誉是集体中每个成员团结奋斗所创造功绩的集成,大学生生活在校、系、班的集体中,要牢固树立为集体争光、不为集体丢脸的观念,多承担集体工作,努力学习,争当三好学生,并积极创造先进集体,为培养良好的班风、学风、校风多作贡献。

(3) 向英雄模范人物学习。集体主义哺育了英雄模范,英雄模范的集体主义观念更鼓励我们把集体荣誉感体现在日常的生活、学习、工作中去,更好地建立良好的集体。

(4) 反对个人主义。个人主义就是一切以个人利益为根本出发点,是资本主义私有制形成的一种总价值观。其具体表现在:损人利己、损公肥私,把牺牲他人和社会利益作为实现自己目的的手段,把个人的幸福和美满建立在他人的痛苦和集体利益受损的基础上。个人主义与集体主义是两种根本对立的思想和世界观。

个人主义是社会的腐蚀剂,是集体主义的敌对意识。作为社会主义的大学生,必须树立坚定的集体主义思想,坚决反对个人主义。

4. 注重生活细节,讲文明、懂礼貌

大学生要成为身心健康、品学兼优的一代新人,不仅要掌握现

代科学文化知识，还要努力培养优秀的道德品质，从生活小节做起。

（1）孝敬父母，勤俭节约。

孝敬父母是做人的最基本品质，一般来说大学生没有赡养能力，但应当做到体贴、关心、尊敬、热爱父母。

勤俭节约，就是要求大学生尊重父母的劳动成果，不搞超前消费、不乱花钱、不攀比，根据家庭的实际经济水平合理安排生活。

（2）尊敬师长，团结和睦。

尊敬师长是中华民族的传统美德。大学生尊敬师长应做到：树立尊敬师长的概念，尊重教师的劳动；接受教师的教导，服从教师的管理，刻苦学习，以优异的成绩回报教师的辛勤劳作。

团结和睦是一种社会公德。大学生应该做到关心人、团结人、帮助人、尊重人、信任人、容忍人、原谅人。

（3）谦虚礼让，遵守诚信。

大学生在与人交往时要待人友好，在公共场合要举止文雅、文明礼貌，待人接物上要主动热情、落落大方。还要表里如一、言行一致、胸襟坦荡、光明磊落，不欺人、不自欺、不失信于人。

三、自我设计与实现，培养独立的人格

近年来，人们已普遍形成一种共识，影响大学生成才除了智力因素外，更主要的是非智力因素，或者说是"情商"。"情商"这个概念是美国心理学家丹尼尔·葛尔曼博士于1995年提出的，它包括五个方面：认识自身的情绪、妥善管理自己的情绪、自我激励、认识他人的情绪、人际关系的管理。情商包含了丰富的人格因素，如自信心、创造性、独立性及乐观、合作精神等。一些天资聪颖、才华横溢的人却一生碌碌无为、一事无成，很大程度上与其人格素质的欠缺有关。人格中的种种脆弱会使人缺乏适应外界环境的能力，而导致人生中的悲剧性结果。比如，在大学生人格结构中，如果缺乏必要的承受挫折的能力，一旦遭受挫折或失败，就会怨天尤

人、萎靡不振；如果缺乏"不到黄河心不死"的意志品质，即使设想再好，最终也只能是"竹篮打水一场空"。

相反，成熟健全及独立的人格能使大学生实现自己的人生价值。一个人的成功背后一定有其健全独立的人格做保障。比尔·盖茨，当今世界的一位传奇性人物，当他还是一个孩子的时候，就显示出了执着的性格和想成为人中豪杰的强烈欲望，他的进取精神是鼎鼎有名的，有人总结盖茨的成功主要依靠他坚韧、好胜和执着的性格品质以及其独立的人格。

青年大学生应该看到，要实现人生价值、获取事业成功，关键是要有健全独立的人格。有人说过："人"字的一撇是才能，一捺是人格，出色的才能加上健全独立的人格，便支撑起顶天立地的"人"字。孙云晓曾讲过这样一个案例：北京某外企招工，报酬丰厚，要求严格。一些高学历的年轻人过五关斩六将，几乎要如愿以偿了。最后一关是总经理面试，面试中总经理说："我有点急事，你们等我十分钟。"总经理走后，踌躇满志的年轻人围住了总经理的大办公桌，翻文件、看来信，没一个人闲着。十分钟后，总经理回来了，宣布："面试结束，很遗憾，你们都没有被录用。"年轻人大感意外："面试还没开始呢！"总经理说："我不在期间你们的表现就是面试。本公司不能录用随便翻阅领导人文件的人。"年轻人全傻眼了。可见，人格的健全与知识的掌握同样重要，或者说人格的健全独立比知识的掌握更为重要。

健全独立的人格是一个人的立身之本。人格健全独立与否，决定着人对事物的认知、行为、体验和情绪。对大学生来说，人格的健全独立才是其最完全的幸福。在某种意义上，人生的快乐与不快乐、顺利与不顺利，并不在于它实际上是什么，而在于你如何认识它。而这取决于你的人生观和价值观，与智力和外表无关。

此外，人总是带着很浓厚的内心体验和情感、情绪来认知和做出行为的，在处理人与人、人与社会的关系时更是如此。一个人格不完善的人，就不能正确地适应社会，他的行为会与社会观念发生矛盾，甚至出现反社会的行为。这对个人来说是不幸的，严重影响了个人的健康发展，同时也影响着其正常的人际交往，给别人带来困惑、痛苦，也使自己承受更大的压力和痛苦。坚持大学生人格塑造有利于促进大学生个体的身心健康，使大学生人格得到协调发展，从而促进大学生的全面发展。

培养大学生健全独立人格，是弥补大学生现有人格缺陷的迫切需要。从总体来看，当代大学生是健康向上的，是值得信赖的、很有作为的一代，但部分大学生的人格滑坡也是必须正视的事实，大学生们要引以为戒，为早日获得健全独立的人格而努力。

四、追求正确的人生价值

我们如何看待自然界？如何看待人类社会？如何看待人生？如何看待学习生活？这些问题都会涉及我们的价值观念。如何树立正确的价值观，对我们每一个人特别是大学生来说至关重要。大学生的价值观、世界观、人生观是相互联系、密不可分的。要树立正确的价值观，首先要树立正确的人生观，要树立正确的人生观就要首先树立马克思主义世界观。

在校大学生们正面临着人生发展的最为关键的时期。时代要求我们要在学习生活的各方面全方位地思考如何正确处理好个体与社会的关系等一系列重大问题。我们要学会生存、学会学习、学会创造、学会奉献，这些都是我们将来面向社会和生活所必须具有的最基本、最重要的品质。其中，最核心的就是学会如何做人：学会做一个符合国家繁荣富强与社会不断进步发展所需要的人格健全的人；学会做一个能正确处理人与人、人与社会、人与自然关系并使彼此间能协调发展的人；做一个有理想、有道德、有高尚情操的人。

那么如何追求正确的人生价值呢？

(1) 用马列主义、毛泽东思想、邓小平理论、"三个代表"重要思想、科学发展观和习近平新时代中国特色社会主义思想等经由实践检验而来的科学思想体系来构筑当代大学生的精神世界。这些理论是指引我们实现全面小康、实现现代化建设、实现中华民族伟大复兴的中国梦的强大思想武器和实现民族振兴的强大精神支柱。学习它们，提高自己的思想觉悟，武装自己，使自己有为建设中国特色社会主义而奋斗的政治方向和坚定信念，树立正确的人生价值观。

（2）加强爱国主义、社会主义、集体主义学习，大力弘扬和培育民族精神。爱国主义在中华民族传统美德中居于核心地位，它不仅在历史上发挥了维系亿万人心，激励中华民族自强不息、百折不挠、勇往直前、不怕牺牲的积极作用，而且对大学生爱国情感教育的建设，对大学生爱国主义觉悟的提高，对大学生正确的理想、信念和人生价值观的引导和树立也将起到巨大的推动作用。要通过爱国主义教育，使大学生了解我们民族的光辉历史和中华民族反帝反封建的革命传统，从而使他们更加热爱祖国、热爱社会主义，增强其民族自豪感和历史责任感，增强其抵制西方腐朽思想的免疫力。同时，我们还应该重视集体主义。集体主义是社会主义社会在思想道德领域中最基本的价值导向，只有以集体主义价值观作为精神支柱，我们才能形成强大的凝聚力和创造力，才能完成社会主义现代化建设和中华民族伟大复兴的艰巨事业。

（3）加强社会实践活动。在新的历史发展时期，青年大学生尤其不能忘记艰苦奋斗这一革命传统。大学生还要树立崇高理想和远大抱负，培养艰苦创业、勤俭节约、自力更生、发奋图强的精神。

心理篇

  创造一切非凡事物的那种神圣的爽朗精神,总是同青年时代和创造力相联系在一起!

——歌德

第十二章 大学生常见心理问题

一、什么是心理问题

作为具有较高智力水平、较高文化程度和较强自尊心的群体，大学生有着不同于一般青年的更大抱负和追求，面临更多的机遇和挑战，承受更大的心理压力，因而也更容易出现心理问题。那么，大学生中究竟有多少人有心理问题呢？这是当前社会，特别是教育界十分关心的问题。但是，要做到客观准确地回答这一问题是相当困难的。原因在于大家对心理问题的理解存在差异，采用的评估工具、方法和标准也不相同，以至于目前关于这一问题的回答不尽一致。为此，我们需要先来了解什么是心理问题。

1. 心理问题的概念

心理问题这一概念，一般很少在专业领域内使用，却是大众日常口语中较普遍使用的词语。在专业领域里，只有对如神经症、心理障碍、人格障碍、精神病等专业术语的相关定义及描述。

关于什么是心理问题，不同学者有着不同的理解和解释。有专家认为，心理问题是指各种心理及行为出现异常的情形。事实上，心理的"正常"和"异常"之间并没有绝对的、明确的界限，人的心理及行为是一个由"正常"逐渐趋向"异常"的过程，是由量变到质变、并相互依存和转化的连续谱。在该连续谱的两端，一端是正常心理，一端是严重的精神异常，多数时候人的心理都处于中间区域。因此，生活在现实社会中的每一个人，都不可能永远处于正常心理的端点上，也就是说，每个人都不可避免地在一定程度上存在心理问题,即人的心理问题是普遍存在的,只是在程度上、持续的时长上有所不同而已。所以,有心理问题并不可怕,因为有心理问题并不等于有精神病。

2. 心理问题的类型

根据其轻重程度的不同,心理问题一般可分为心理困扰、心理障碍和精神病三种类型。

(1)心理困扰。心理困扰主要是指人们经常遇到的因适应、应激、人际、学习、恋爱、情感等问题所引起的轻度心理失调,其强度一般都比较低,持续的时间也比较短,一般在1~2个月。这种轻度的心理失调虽然对人的生活效能和情绪状态会产生一定的负面影响,但情绪反应基本能在理智控制之下,不会严重影响正常的学习、工作和生活,所以这种心理困扰并不属于疾病的范畴,通常通过自我调整和适当的心理疏导,比较容易得到恢复和矫正。大学生常见的心理问题大部分均属于这一类。

(2)心理障碍。心理障碍是指心理功能紊乱,并达到影响人的社会功能或者使自我感到精神痛苦的心理问题,主要是指神经症、情感障碍、人格障碍及性心理障碍等轻度心理创伤或心理异常现象。主要是由于心理负担过重、心理长期处于紧张状态,或受到某种强烈的刺激所引起,初始情绪反应剧烈,甚至会短暂失去理性控制,持续时间一般在2~6个月,如不及时调整和解决,将会发展成重度心理问题,甚至会发展成精神病,因此特别需要引起高度重视。

(3)精神病。精神病是指人脑机能活动失调,丧失自知力,不能应付正常生活,不能与现实保持恰当接触的严重心理疾病。一般持续时间较长,如不及时治疗甚至会伴随终身,其形成原因较为复杂。

这里需要说明的是,学校心理咨询的主要对象,是那些具有心理困扰和心理障碍的人,这是心理健康教育工作者和心理咨询师的工作范畴。而那些有精神病的人则属于心理治疗的对象,这是专业医疗机构精神科医生的工作范畴。由此看来,高校心理健康教育和心理咨询是面向所有大学生群体的,帮助所有大学生解决成长中遇到的发展性心理困扰或轻度心理障碍,使其更好地发挥个人潜能,得到自我完善和良好发展,而不是治疗精神病。

二、大学生常见心理困扰

日常生活中,每个人都不可避免地会遇到心理困扰,大学生也不例外。大学生的心理困扰主要与其大学生活密切相关。概括来讲,大学生常见的心理困扰主要包括以下几个方面。

1. 大学生活适应问题

大学生从中学跨入大学,将会面临许多方面的不适应。适应大学生活,完成从"文化人"向"社会人"的角色转化,是大学生活的重要内容。但许多大学生进入大学之后,不能很好地适应大学新生活,不能较好地转换角色,从而产生较强的心理冲突,导致心理失调。大学生离开了熟悉的家庭、高中生活环境,进入一个全新的大学生活环境,无论是在气候、饮食习惯、住宿条件等方面,还是在学习环境、学习方法、人际交往、寝室关系等方面,都会导致和加重大学新生的生活不适应感。还有一些学生,因为没能考上自己理想的大学,来到大学后,理想和现实的差距让自己倍感失落。在面临以上许多的不适应时,不少学生产生了紧张、焦虑、孤独和抑郁的情绪,如果这些情绪不能得到及时地调整,则可能会严重影响自己的大学生活。

2. 学习适应问题

作为大学生,学习仍是首要任务,也是大学生活中最主要的内容,而学会学习则是学习的根本宗旨。然而,由中学升入大学后,由于角色和环境发生了变化,许多同学进校以后不能较快、较好地调整和适应，从而在学习方面产生了各种各样的问题，严重者导致无法毕业甚至退学。大学生的学习适应问题主要表现在五个方面。一是对学习目标的迷失。中学时，大家的学习目标非常明确，那就是考大学。而到了大学，一些同学不能及时找到符合现实的新目标，感到迷茫、困惑，因此对学习无兴趣、无期待、无动力。二是对所学专业的不认同。由于对自己所学专业不满意，一些学生学习目标不明确，学习缺少动力，从而放任自己。三是学习内容上的不适应。大学的学习内容广泛而深入，与高中所学知识之间有较大的跨度，导致部分同学无法适应。四是学习方法上的不适应。许多同学习惯了中学以老师教为主的学习方式，不适应大学以自主学习为主的学习方式。五是在学习成绩上的困惑。一些同学考试焦虑，成绩波动较大，因为自己考试失败、成绩不理想而一蹶不振，导致学习困难，成绩挂科，学习压力越来越大，继而产生心理危机。因此，大学生应及时正确认识大学的学习，端正学习态度，重新树立新的目标，尽快调整学习方法，以更好地适应大学的学习。

3. 人际适应问题

进入大学以后，面对新环境、新同学，如何与周围同学友好相处，建立和谐的人际关系，是大学生面临的一个重要课题。大学生来到大学，由于还一直留恋中学同学，再加上青春期心理固有的闭锁、羞怯、敏感，大学生在人际交往过程中不可避免地会遇到各种困难，表现为沟通不良，交往恐惧，人际关系失调，人际冲突，孤独无援，缺乏社交的基本态度和技能等。如在交往方面，有的同学因自负而不屑交往，因恐惧而不能交往，从而陷入孤寂封闭的境地。有的同学虽然主动交往，但对他人的认识常存有偏见、误解，过分苛求，对他人在情感上缺乏同情、理解和尊重，对他人的行为比较挑剔，难以为他人所接受，从而导致人际关系不协调，出现人际冲突、寝室矛盾等。大学生产生困惑、焦虑等心理反应，会影响其正常的学习和生活,进而影响其自身的健康成长。常常听到有学生发出"大学知音难觅"的感叹。

4. 恋爱与性心理问题

大学生多处于青年期,性发育成熟是其重要特征,有恋爱与性冲动是不可避免的。由于大学生以往接受的青春期性教育不够,对性发育成熟缺乏心理准备,对异性的神秘感、恐惧感和渴望交织在一起,由此产生了各种心理问题,表现为与异性交往困难、陷入多角关系中不能自拔、因单相思而苦恋、失恋的痛苦、对性冲动的不良心理反应、性自慰行为产生的焦虑自责等,严重的还会导致性心理障碍,如恋物癖、窥阴癖等。

5. 性格与情绪问题

大学生在性格发展过程中,由于受各种主客观因素的影响,会出现性格发展缺陷,严重的还会出现性格障碍。常见的不良情绪和性格特征有自卑、怯懦、依赖、悲观、孤僻、抑郁、冷漠、猜疑、急躁、偏激、敌对等。这些性格缺陷会给人蒙上一层消极的色彩,影响大学生的活动效率,妨碍其正常的人际关系,从而使大学生产生"郁闷"情绪。

6. 就业心理困扰

近年来,随着就业压力的增大,学生的就业心理问题也随之增多。就业压力是大学生寻求咨询的主要心理困扰之一。大学生存在的就业心理问题主要包括:自我定位不准确,自我期望过高,不了解与自己个性能力相匹配的职业领域;在求职过程中,缺乏选择的主动性,不会选择,不能应对招聘后的心理挫折;缺乏竞争意识,自我逃避等。不少毕业生在面对人才市场上五花八门的招聘单位及条件要求时,不知所措,难以抉择;有的学生不知道如何适当地自我推荐;也有的同学不能正确地去面对社会的种种现实,从而产生逃避社会的心理或过于担忧的心理。

三、大学生常见心理障碍

上文中我们已经提到,心理障碍主要是指神经症、情感障碍、人格障碍及性心理障碍等轻度心理创伤或心理异常现象。大学生中常见的心理障碍主要表现在以下几个方面。

1. 神经症

神经症,旧称神经官能症,是一组大脑神经机能轻度失调的心理障碍,属于功能性而非器质性障碍,具有精神和躯体两方面的症状,有一定的人格特质基础,但并不属于人格障碍。神经症是大学生中最多见的一种心理障碍,主要有焦虑症、强迫症、神经衰弱、恐惧症和疑病症等。

(1)焦虑症。焦虑症是一种以焦虑情绪为主的神经症,其主要特征是发作性或持续性的情绪焦虑、紧张,包括惊恐性障碍和广泛性焦虑障碍两种。惊恐性障碍的基本症状是反复的惊恐发作,表现为突发性的紧张性焦虑、害怕或恐惧,常伴有即将大祸临头的感觉。广泛性焦虑障碍则表现为持续的紧张不安,并趋向慢性过程。

(2)强迫症。强迫症是以强迫症状为特征的神经症。它是指患者主观上感到有某种不可抗拒的和被迫无奈的观念、情绪、意向或行为的存在,虽然患者能够清醒地认识到这些观念、情绪、意向或行为都是毫无意义的和没有必要的,但仍无法控制。强迫症主要表现为强迫观念、强迫意向和强迫行为。

(3)神经衰弱。神经衰弱是指在某些长期存在的精神因素的作用下,脑机能活动过度紧张,从而使神经精神活动能力减弱。如由于学业负担过重,有些学生长期用脑过度,就容易导致神经衰弱。神经衰弱的症状主要有情感控制能力差、情绪反应强烈、注意力涣散、记忆力下降、工作效率低、睡眠困难、心悸、多汗、易疲劳等。

（4）恐惧症。恐惧症是指对某些事物或特殊情境产生十分强烈的恐惧感，这种恐惧感与引起恐惧的情境通常极不相称，患者自己也十分清楚自己的恐惧不切实际，但仍不能自我控制。常见的恐惧症有社交恐惧、旷野恐惧和动物恐惧等。

（5）疑病症。疑病症是指患者在没有任何证据的情况下确信自己有病，并使自己处于想象出来的疾病的强烈恐惧之中。患者反复就医，虽然经反复医学检查没发现任何问题，但医生的解释仍不能打消病人的顾虑，常伴有焦虑、恐惧或抑郁情绪。

2. 心境障碍

心境障碍又称为情感性精神障碍，是以明显而持久的心境高涨或心境低落为主的一组精神障碍。常伴有相应的认知和行为改变，严重者可有幻觉、妄想等精神病性症状。大多数有反复发作倾向，治疗缓解后或发作间期精神状态基本正常，但部分患者有残留症状或转为慢性。心境障碍主要有躁狂症、抑郁症、双相情感性障碍（躁郁症）等。

（1）躁狂症。躁狂症的主要表现为心境高涨，自我感觉极好，与所处环境不相称，可能兴高采烈，容易激怒，严重者可能会发生意识障碍，出现幻觉、妄想等精神症状。

（2）抑郁症。抑郁症的主要症状为心境低落，与其处境不相称，可以从闷闷不乐到悲痛欲绝，甚至发生木僵，严重者可能会出现幻觉、妄想等精神症状。

（3）双相情感性障碍。双相情感性障碍的主要症状是反复出现心境和活动水平明显紊乱，紊乱有时表现为心境高涨，精力充沛，活动量增加，有时表现为心境低落、精力降低和活动量减少。大学生中最常见的心境障碍是抑郁症。

3. 人格障碍

人格障碍是指人格特征明显偏离正常，形成了一贯的反映个人生活风格和人际关系的异常行为模式。这种模式明显影响其社会功能和职业功能，可造成对社会环境的适应不良，患者为此感到痛苦。虽然患者无智能障碍，但适应不良的行为模式难以矫正，仅少数患者成年后在程度上可有所改善。人格障碍通常开始于童年期或青少年期，并长期持续发展至成年或终生。一般认为，紊乱不定的心理特点和难以相处的人际关系是各类人格障碍的突出特征。

大学生中常见的人格障碍有偏执型人格障碍、强迫型人格障碍、反社会型人格障碍、自恋型人格障碍、依赖型人格障碍等。

（1）偏执型人格障碍。偏执型人格障碍是指极其固执己见的一类变态人格，表现为对自己过分关心，自我评价过高，常把挫折的原因归咎于他人或客观条件。思想行为固执死板，极度敏感多疑，心胸狭隘。

（2）强迫型人格障碍。强迫型人格障碍的主要特征表现为追求完美，容易将冲突理智化，具有强烈的自制心理和自控行为。他们大多数时候都处于焦虑、紧张、悔恨的状态中，很少体验到轻松、愉快、满意的状态，难以平易近人和热情待人，缺乏幽默感。

（3）反社会型人格障。反社会型人格障碍的主要特征表现为极其自私自利、冷酷无情，容易冲动和受偶然动机驱使，经常违反道德法纪而不后悔。在日常生活中，表现为经常旷课逃学，反复挑起斗殴，不遵守社会规范和法律约束等言行。

（4）自恋型人格障碍。自恋型人格障碍的主要特征是夸大自我价值，缺乏对他人的共情和理解。在实际生活中，他们会夸大自己的成就和才干，认为自己的想法是独特的，只有特殊人物才能理解。稍不如意时，他们就会觉得自我毫无价值。他们的自尊很脆弱，会过分关心别人的评价，要求别人持续的注意和赞美，对批评则感到内心愤怒和羞耻。

（5）依赖型人格障碍。依赖型人格障碍的最大特点是对亲近和归属有过分的渴求，时刻想得到别人的温情。他们脆弱、依赖他人，缺乏自主性和创造性，处处委曲求全。

4. 性心理障碍

性心理障碍也称为性变态，是指性行为的心理和行为明显偏离正常，并以这种偏离作为性兴奋、性满足的主要或唯一方式的一组精神障碍。主要有性身份障碍（如易性症），性偏好障碍（如恋物症、异装症、露阴症、窥阴症、摩擦症、性施虐与性受虐症）等。

5. 心理生理障碍

心理生理障碍是指与心理因素有关、以生理活动异常为表现形式的精神障碍。主要有进食障碍、睡眠障碍（失眠症、嗜睡症等）、性功能障碍。

6. 应激障碍

应激障碍旧称反应性精神障碍或心因性精神障碍，是指一组主要由心理、社会（环境）因素引起异常心理反应而导致的精神障碍。主要有适应障碍、急性应激障碍、创伤后应激障碍等。

大学生的心理健康问题，小而言之关系到大学生本人的生活、学习、工作、身心健康和全面发展，大而言之关系到民族的素质和祖国的发展。因此，增强大学生的心理健康，应成为全社会关注的问题，成为高等教育的重要目标，成为每个大学生努力的方向。调查显示，多数大学生都具有良好的心理品质，具有自我调节和处理成长中遇到的各种压力和问题的能力，但也有一部分学生单单依靠自己的力量不能有效地解决所面临的压力和问题，这时就需要借助外界的帮助和指导，否则，这些问题有可能会进一步发展，甚至导致心理障碍。因此，大学生要树立科学的健康观，充分认识心理健康在全面提高自身素质和发挥自身潜能过程中的重要作用，自觉维护和增进自身的心理健康，增强"每个人都是自己心理健康的第一责任人"意识，践行"勤于自助，善于求助，乐于互助"的心理健康理念。

第十三章　大学生心理健康调适

一、什么是心理健康

1. 什么是心理健康

1946年的第三届国际心理卫生大会将心理健康定义为：在身体、智能及情感上与他人的心理健康不相矛盾的范围内，将个人的心境发展成最佳的状态。心理健康是一个相对的概念，它既是一种状态，也指一个过程。从显性表现而言，心理健康是指个体与环境的一种最佳适应状态，一种良好的、持续高效的心理状态，表现为个人具有生命的活力、积极的内心体验、良好的社会适应，能够有效地发挥个人的身心潜力以及作为社会一员的积极的社会功能。但是，即使是一个健康的人，也可能有突发性的、暂时性的心理异常。心理健康并不是一种固定的状态，因此从隐性机制而言，心理健康是个体心理机能不断调整、发展的适应过程，在此过程中个体表现出积极而能动的反应倾向。实质上，心理健康就是个体心理适应机制的建立和完善。

2. 大学生心理健康的标准

大学生心理健康的标准既要符合一般人心理健康的标准，又要能体现大学生的心理发展规律、特点和特定社会角色的要求。综合来说，大学生心理健康标准有以下七项。

（1）能保持较浓厚的学习兴趣和求知欲望。智力是人的观察力、记忆力、想象力、思考力等的综合，智力正常是人正常生活的最基本的心理条件，能够从千军万马中突破高考这座"独木桥"，可见大学生的智力条件一般是比较优秀的。学习是大学生活的主要内容，心理健康的学生能够有效地运用自己的智力，较好地完成学习任务，同时能够保持强烈的求知欲望和学习动力，在学习中能够体验到满足和快乐。

（2）能保持正确的自我意识，接纳自我。自我意识是指人对自己以及自己与周围世界关系的认识和体验。大学生正处于形成统一、协调的自我意识的关键时期。心理健康的大学生能够清晰地认识自己，对自己的能力、性格、优缺点都能做到恰当、客观评价。同时，对自己总是满意的，能够为自己制定合理的生活目标和理想，积极努力地发展自身的潜能。

（3）能协调与控制情绪，保持良好的心境。心理健康的大学生能够经常保持愉快、乐观、满意等积极的情绪状态，消极的情绪状态在他们身上不会长久。同时，能够适度表达和调节自身的情绪。

（4）能保持和谐的人际关系，乐于交往。心理健康的大学生乐于与人交往，能够理解他人并且被他人所接受。既能和陌生人较好地沟通，又有深入的知心朋友；既能融入集体，又能在独处之时无孤独之感。

（5）能保持完整统一的人格品质。人格完整是指人格构成要素的气质、能力、性格和理想、信念、人生观等各方面平衡发展。心理健康的大学生对外界刺激能够保持较稳定、协调一致的情绪和行为反应。

（6）能保持良好的环境适应能力。心理健康的大学生能够对周围事物和环境作出客观的认识和评价，并能与现实环境保持良好的接触，既有高于现实的理想，又不会沉湎于不切实际的幻想与奢望中。能够面对现实、接受现实，并能够主动地去适应现实，进一步地改造现实。

（7）心理行为符合年龄特征。人的生命发展的不同年龄阶段，都有相对应的不同的心理行为表现，从而形成不同年龄阶段独特的心理行为模式，心理健康的人应具有与同年龄段大多数人相符合的心理行为特征。心理健康的大学生应该是精力充沛、反应敏捷、喜欢探索的，过于老成或过于幼稚都是心理不健康的表现。

二、影响大学生心理健康的因素

近年来，大学生心理健康问题有越来越突出的趋势，很多研究都报告了很高比例的心理健康问题，突出表现在抑郁、焦虑、强迫、缺乏自信和人际关系敏感等方面。大学生的心理问题是其人格与环境交互作用的结果。从环境来看，影响因素主要有社会和家庭。此外，大学生群体所处的特殊发展阶段和面临的独特发展任务，也是其心理健康的重要影响因素。从大学生个体来看，其心理问题往往与他们不良的人格倾向有很大关系，主要的影响因素有应对方式、自我概念、归因方式、社会比较方式、社会支持以及人际关系等。

1. 社会因素

当前我国正处于深化改革、社会转型的时期，在社会物质文明不断发展、精神文明稍显滞后的情况下，大学生们面领着各种冲击和考验。一方面，社会日益开放，多元化价值观不断冲击，新的规范或标准一时还没有完全建立起来，当代大学生对于什么是对的、什么是好的、什么样才是成功的等充满迷惑，现阶段存在的一系列诸如贫富分化加剧、金钱至上、道德失范等问题也需要他们去回答，这些都可能导致大学生社会适应不良；另一方面，在毕业自主择业、双向选择、社会机构改革、下岗人数居高不下的背景下，社会又向大学生提出了日益苛刻的用人标准，大学生们感受到了巨大的就业压力。

2. 家庭因素

家庭是影响大学生行为和心理发展的基础，家庭生活环境中父母间的关系、亲子关系等都是影响大学生心理健康的重要因素。父母关系不良、经常吵架甚至相互敌视、家庭气氛紧张，尤其是父母离异，往往会使子女形成冷漠、孤僻、自卑、多疑等不良性格特征，这些不良性格特征会使大学生在人际交往中表现出自私、敌视等问题。父母对孩子不同的教养方式也会直接或间接地影响子女的心理健康水平，肯定的、积极的教养方式对子女的个性特征、社会交往、自我评价都会起到积极的作用。

3. 大学生群体心理因素

大学生是一个独特的群体，为建立自我同一性而进行自我探索活动是这一阶段的重要任务。在这个过程中，大学生必须仔细思考全部积累起来的有关他们自己及社会的知识去回答"我已经是什么""我想成为什么"和"我应该成为什么"等问题，并借此做出种种尝试性的选择，最后确立属于自己的理想和价值观，并为未来的发展而努力。这种自我探索的过程往往是和困惑甚至痛苦联系在一起的，给大学生们带来了很大的压力。

4. 个体心理因素

从个体心理的角度看，大学生的心理问题往往与他们不良人格倾向有很密切的关系。遇到困难后采取回避、否认、压抑等不良应对方式，对自己消极地认识与评价，会导致自卑、焦虑、人际关系敏感等心理问题。亲友支持较多、主观上对获得的支持较满意、对社会支持利用度高的大学生，能保持较好的心理健康状况，社会支持差的大学生，其心理健康状况也较差。

此外，人际关系是大学生必然会碰到、必须面对的根本问题之一。人际关系处理不好，会成为影响大学生活持久而顽固的因素。同学关系中有一种非常特殊、也十分容易出现障碍的关系——寝室关系。有研究表明，引发大学生心理适应障碍的原因中有35％涉及寝室关系。恋爱也是引发大学生心理问题的一个重要因素。

三、大学生心理健康的调适方法

良好的心理素质，完善的人格，是大学生成才的基础。大学生应当通过多种途径和方式主动增强自身的心理素质，完善自身的人格。这包括积极自助和主动求助等方式。

1. 积极自助

大学生要学习做自己的主人，首先要学习的就是如何调整自己的消极心理状态，如何保持积极乐观的心理状态。

（1）养成科学健康的生活方式。

身和心是相互联系的，科学健康的生活方式不仅能够帮助大学生强身健体，还能帮助大学生保持心情轻松、愉悦。科学地安排每天的学习、锻炼、休息时间，使自己的生活有规律，能够形成一种安全稳定的心理环境。

（2）积极进行人际交往。

大学生应当积极参加各类学生社团，培养多种兴趣爱好，丰富自身的业务活动。通过这些业余活动，大学生可以扩大自身的人际交往圈，实现思想交流、信息资源共享，还能在人际交往过程中更加清晰地认识自己，促进自身的成长。阅读心理健康相关的书籍，参加心理健康讲座、团体辅导活动等，也是不错的选择。

（3）学会管理和调节情绪。

良好的情绪能够帮助个体更好地发挥自身的能力，更好地适应社会，更好地与人交往；而负面情绪则会起到相反的作用。因此，为了从正面情绪中受益，大学生需要学习如何调整自身不健康的情绪。通过散步和深呼吸，可以消除紧张的情绪；通过唱歌、写日记，可以发泄不便向他人提及的委屈和愤恨；通过记录生活中的点滴美好，可以帮助维持积极情绪、建立信心。

（4）增强挫折承受力。

"人生逆境，十有八九"，由于大学生涯正处于人生发展的动荡期、矛盾期,大学生可能会遇到很多的挫折和磨难。但是,"危机"就是危险和机遇的结合,是转变的契机。正如美国著名心理学家马斯洛所说:一个人面临危机的时候,如果你把握住这个机会,你就成长;如果你放弃了这个机会,你就退化。因此,从认识上,大学生需要转变"挫折很可怕"这个认知,面对困难不惊慌失措,而应该积极、乐观地迎难而上,紧紧抓住成功的契机。

2. 主动求助

(1) 关注自身心理健康,主动寻求社会支持。

当在学习和生活中倍感压力时,当四、六级考试不通过感到失望、伤心时,当失恋后感到孤独、自我怨恨并且难以自拔时,当与室友、同学关系处理不佳时,大学生们都可以积极地向外寻求心理支持。朋友的倾听、父母或老师的指引,对身处困境的大学生而言都是非常有力的支持。

(2) 正确理解心理咨询,积极寻求专业帮助。

很多大学生由于对心理咨询认识不够,因而对心理咨询有一定的误解,认为去心理咨询室的都是心理有病的。实际上,学校的心理咨询主要是发展性咨询,目的是帮助学生解决成长发展中的困惑,协助学生更好地适应和发展,最终完善人格。心理咨询老师具备较雄厚的理论功底和生活实践经验,对学生所面临的心理问题具有良好的处理技巧。因此,大学生可以在有心理困扰的时候主动寻求心理咨询的专业帮助。

附 揭开心理咨询的神秘面纱

1. 走出心理咨询的误区

很多学子是在进入大学之后才真正意义上接触到"心理咨询"这个概念,以往他们所了解的心理咨询不是跟"变态"有关,就是像电视剧、电影中描写的一样神奇。就是因为他们对心理咨询不了解，所以他们才会对心理咨询产生各种各样认识上的误区，主要表现为以下几个方面。

误区一：接受心理咨询的人都是心理有问题的人。

有些人会认为，接受心理咨询的人通常是患有严重精神疾病的人，恰恰相反，如何帮助精神疾病患者是精神科医生的职责，并不是心理咨询师的职责。能够受惠于心理咨询的人，其本身的心理功能不能太差，他至少得具有一定程度的说话能力、理解能力、人际交往能力等。

在校大学生正处于人生发展和变化的关键时期，会遇到学习压力、就业压力、人际关系困扰、失恋等各种各样的发展性问题。面对自己的困扰，有些同学选择求助于身边的朋友和同学，而有些同学则采取求助于专业的心理咨询的方式。这些同学都选择了积极的方式来应对自己的困扰，这两种方式实质上是一致的，目的都是更好地发展和完善自我。

如同运动场所很难看到体弱多病的人，而更多的是健美匀称的身形一样，心理咨询室也很难看到真正的精神疾病，而更多的是勇于成长的心灵。

误区二：心理咨询会影响老师、同学对我的看法。

心理咨询师会严格遵守保密原则，尊重当事人的个人权利，为当事人保守个人秘密（包括谈话内容和心理测验结果），在未经当事人同意的情况下，心理咨询师不会将当事人的谈话内容告诉其他人。因此，除心理咨询师与当事人之外，不会有其他人知道谈话内容。由于"生命为大"的原则，为了保护当事人及公众的安全，以下情况心理咨询师通常无法继续保密：① 威胁到当事人的生命时；② 威胁到他人的生命和财产时；③ 当司法机关询问时。但心理咨询师会将有关信息的暴露程度限制在最小范围之内，一切以最大限度帮助当事人成长为依据。

误区三：心理咨询就是帮助解决问题的。

许多同学在心理咨询前会很自然地抱着这样的想法：我有一个

问题，我需要求助，需要咨询师对问题提出解决意见，至少给我一个主意；或者我有一个烦恼，我希望咨询师能帮助我化解，看过心理医生后，烦恼就应该不再存在了。但咨询师往往没有明确的观点，只是问你能做什么，你能承受多大的自我改变，或者如果问题不消失，你能忍耐它多长时间。如果你硬要医生给你一个明确的答案，他要不就是含糊其词，要不就是顾左右而言他。

其实，你的故事，咨询师在听，但他却是用眼睛"听"。他观察你的表情、情绪、无意识动作，分析你在如何说故事，故事里哪些内容是你的解释，哪些是你的判断，哪些是你的臆想。好的咨询师总是在激发你对自己的反思，使你从问题中看到自己，从感觉自己是一个无辜受害者，慢慢明白自己也可能是某个问题的"肇事者"。

事实上，无论咨询师给了你什么样的建议，那都是咨询师自己的观点，不一定真正适合你，而且他不能代替你做决定、采取行动，这些还是需要你自己努力。

误区四：好的心理咨询就是要一次有效。

心理咨询不同于一般的药物治疗，无法"喝一点药"就立竿见影，心理咨询很少看一次就会有效。一般人求助于心理咨询时，通常带着经年累月所形成的人际交往模式和心理习惯，因此，要有效改善这些累积多年的模式和习惯带来的问题，便要花较长的时间接受心理咨询。另外，心理咨询中受到的启发和鼓励需要运用到现实生活中，在运用的过程中不断地领悟和改进，这也是需要时间的。

一般而言，心理咨询的时间需要持续四到八周，一周一次，一次五十分钟。根据心理学家 Seligman（1995）年的研究，心理治疗的时间与疗效是成正比的。

误区五：心理咨询师就是救世主。

有些当事人把心理咨询师当作"救世主"，将自己的所有心理包袱丢给咨询师，以为自己无须思考、无须努力、无须承担责任。其实，心理咨询的成效30%取决于咨询师，70%取决于当事人。咨询师只起分析、引导、启发、支持、促进当事人人格成长的作用，他无权把自己的价值观和愿望强加给当事人，更不能代替当事人去思考、改变、做决定。因此，心理咨询需要当事人的积极参与，可谓"人必自助，而后人助之"。

2. 心理咨询是怎么回事

心理咨询就像一个很好的、善于倾听的朋友，是一把打开你沉重心情的钥匙。具体来说，心理咨询不是给你同情和安慰，不是训导，也不是给你答案和忠告，不是替你做决定；而是站在你的角度理解你的问题，与你一起分析，引导你自己做出决定，找到解决问题的方法，使你更好地了解自己、认识自己，更好地适应学习和生活。心理咨询师像一面清澈的镜子，可以帮助你更加客观地看到自己，帮助你更清晰地观照自我；心理咨询师像一根拐杖，在你无助时衷心陪伴和支持你，跟随你的脚步，而不会代替你决定人生的方向和行走人生的旅途，直到你重新体会到自身的完整和力量。

从概念上来说，心理咨询是指运用心理学的原理和方法，给来访者以帮助、启发和指导的过程，使来访者在认知、情感、行为模式上有所变化。通过咨询，一方面解决来访者在学习、工作、生活上出现的心理问题（包括发展心理问题和障碍性心理问题），另一方面挖掘来访者的潜力，优化其素质，使他更好地适应环境，发展人生。心理咨询就是要帮助人形成自己应对环境的方法和技能，它应该是既治标又治本的。心理咨询过程并非一般人理解的劝慰人或开导人，也非少数人理解的仅仅处理心理障碍。心理咨询过程，实际上是"人格重构"的过程，它所追求的目标是帮助你实现"心灵再度成长"。心理咨询人员不是简单地为你"打理心情"，而是交给你一把梳理心情的梳子。

心理健康咨询的范围也是很广泛的。如在学习方面，如何克服注意力分散、记忆力下降、思维迟钝、想象缺乏等学习障碍，以提高学习效率；在工作方面，怎样避免工作中的疲劳与厌倦现象；在人际关系和社会行为方面，如何克服交往中的胆怯、孤僻、自卑、自我封闭等现象,如何了解别人,如何赢得别人的信任和尊重;在生活方面,如何讲究睡眠健康与心理卫生,如何适应新的生活环境等。学会宣泄是调节心理平衡的重要方法,但由于个人自身因素、环境因素的不同,每个人的调节能力都有差异,当你凭自己的力量不能摆脱心理负担时,当你感到心理不适和精神困扰超过了个人可独立解决的程度时,心理咨询就是你应该选择的方式。

心理咨询的形式也是多种多样的。有一对一的个体心理咨询,也有由10名左右带有共同心理困扰的人组成的团体心理咨询。有面对面交谈的心理咨询,也有通过电话、电子信箱、发帖留言等方式进行的心理咨询。

3. 大胆走进心理咨询室

德国著名心理治疗大师 Nossrat Peseschkian 指出:那些自认为自己是心理健康的人不是真正的心理健康者,而心理健康者正是那些敢于面对心理问题的人。

一个懂得用心理咨询的方法来调整自我的人,一定不会把他的消极情绪转嫁到别人头上,更不会把别人当成情绪发泄对象。在当今美国社会,普通美国公民视接受一次心理咨询如同吃一顿麦当劳那样自然、简单。美国人一旦遇到情感挫折、人际不和、环境不适等问题,首先想到的就是心理工作者。大多数美国人都把接受心理咨询看成是自信与富有的象征。在美国,每一个中产阶级都有自己的心理顾问,有人这样形容说:美国成功人士的臂膀是由两个人扶持的,一个是法律顾问,一个是心理顾问。

所以,请大胆地走进心理咨询室,让心理咨询师陪你一起分析问题、探索自我,伴你一起摸索具有你个人特色的成长、发展之路。

第十四章 大学生生命教育与危机应对

一、大学生生命教育

生命是一切智慧、力量和美好情感的唯一载体，失去它一切都将不复存在。长期以来，由于对生命教育的重视不足，生命教育严重缺失，大学生缺乏对生命的充分尊重和珍惜，生活中遇到困境便以伤害生命、放弃生命这样极端的方式来应对。加强生命教育，引导大学生从人生的终极问题上思考生命、理解生命，从而尊重生命、珍爱生命、捍卫生命，是当前大学生教育中刻不容缓的任务。

1. 生命教育的内涵

1968年，美国教育学家第一次实践了"生命教育"课程。此后，英国、澳大利亚、日本等国家纷纷开设生命教育基础课程，探讨人的生长发育与生命健康等教育主题。我国台湾和香港地区也竭力倡导生命教育，各种学术团体纷纷建立。相较而言，我国大陆地区生命教育起步较晚，发展不全面，尤其在高校教育中，生命教育仍处于起步阶段。

生命教育是指直面生命和人的生死问题的教育，其目标在于使人们学会尊重生命，理解生命的意义以及生命与生命之间的关系，学会积极地生存、健康地生活与独立地发展，帮助人们认识并珍爱自身生命，同时尊重他人生命，并在此基础上找到自己存在的价值，提升自己生命的质量。

2. 生命的本质与特征

（1）生命的本质。

从生物学上来看，生命泛指有机物和水构成的一个或多个细胞组成的一类具有稳定的物质和能量代谢现象（能够稳定地从外界获取物质和能量，并将体内产生的废物和多余的热量排放到外界）、能回应刺激、能进行自我复制（繁殖）的半开放物质系统。生命个体通常都要经历出生、成长和死亡。而心理学意义的生命内涵比生物学意义的要丰富得多。动物的生存是为了繁衍，而人生存的目的和意义比繁衍后代要丰富得多，人有更多的心理需求。

生命的"生"，常表现为一种向上的力量，一种成长的渴望，就是这种力量和渴望，使每个生命体都能体验到自我的生长，并被这种生长的力量所激励，生命意识被唤醒，生命能量被激发，不断地克服困难、战胜种种障碍，在与自我、外界的奋力斗争中体验生命的伟大与美好，感受自我的尊严与自由。

（2）生命的特征。

生命的唯一性。世界上没有相同的两片叶子，也不可能找到两个完全一模一样的人。唯一性不仅指外表和遗传的独一无二，也包括个人心理的独特性和人生经历的独特性。在生活中，有人觉得自己就像茫茫大海里的一粒沙子，普通得不能再普通了，但是对每个生命来说，它都是唯一的、独特的，在整个宇宙世界里都是独一无二的。

生命的不可逆性。生命不可重复，如同流水，只能往前走，不可向后退。正如古希腊哲学家赫拉克利特所说：人不能两次踏入同一条河流。因为生命的不可逆性，所以生命非常宝贵。这提醒我们，不要在虚度中损耗生命，不沉湎于过去，过好当下的每一天。不要因为年轻浪费自己的生命，也不要因为年老而抱怨生命的短暂，重要的是珍惜当下。

生命的有限性。人的生命是有限的，最终不可避免会死亡。按照存在主义的观点，人类在潜意识中会有死亡的焦虑，正因为如此，人们才会进行生涯规划，让自己有限的生命过得更充实、更有价值。人不可能改变生命的长度，但可以改变生命的宽度。许多时候，人们在经历大的灾难后才意识到什么对自己最重要。比如经历过新冠肺炎疫情的人，都更加懂得珍惜生活和生命的美好。

生命的创造性。人的大脑功能是任何生物都不能比的，其他生命都是受制于本能，人的生命却具有选择性。人类最大的奇迹就在于，它可以对限制其潜能发展的外在因素采取反应，可以主动改变这个世界，可以让这个世界发生变化，展现出新的面貌，因而可以让个人有所成就，进而促进人类文明的进步和社会的发展。这也是人类生命最有价值之所在。

3. 生命价值的追寻

生命中最大的课题，是对生命价值的追寻与生命意义的探索。人的生命从孕育到死亡，经历着不同的人生阶段。生命宝贵，人来到这个世界上只是一种偶然，死神随时可能带走人的生命。我们能做的只有好好把握生命，珍惜生命。人的生命在浩渺的宇宙中虽只是一瞬间，但并不因其短暂而失去辉煌，人之生命的辉煌在于不断地进取、不断地奉献、不断地创造、不断地革新、不断地超越。

生命价值内在地包含了人的自我价值和社会价值两个方面。生命的社会价值是个体的生命活动对社会、他人所具有的意义。衡量生命的社会价值的标准，是个体对社会和他人所做的贡献。生命的自我价值是个体的生命活动对自己的生存和发展所具有的价值，主要表现为对自身物质和精神需要的满足程度。

生命的社会价值和自我价值是辩证的统一体。一方面，生命的自我价值是个体生存和发展的必要条件；另一方面，生命的社会价值是实现生命自我价值的基础，没有社会价值，自我价值就无法存在。这不仅意味着个体的物质和精神需要必须在社会中才能得到满足，还意味着个体以怎样的方式和多大程度上得到满足也是由社会决定的。

人的生命是有限与无限的结合，也是肉体与精神的统一。人的生命是有限的、短暂的，由于生命的有限，人才追求精神、信仰的无限，用对生命意义的追求来弥补自然生命的有限。与此同时，人又是灵与肉的结合体，人不仅是"饮食男女"的自然存在，更有一种精神的追求，表现为人对理想、感情、道德、精神、信仰、价值的追求。在有限的自然生命里追求无限的价值，最大意义地实现个体的自我价值和社会价值。

人本主义心理学家弗洛姆认为，人应该以生活创造力来使自己的生命富有意义，并运用理智与爱的力量使自己达到最完全的发展，即个人要充分认识自我，最大限度地发挥个人潜能，实现自我价值。意义治疗创始人弗兰克尔认为，人生的意义是每个人对待现实生活中各种境遇的态度，寻找和实践自己独一无二的生活使命，进而体验到生命的终极意义。

4. 生命质量的提升

在现代社会，随着人类科学和医学的进步，人类已经在很大程度上扩展了生命的长度。但是随着生命长度的扩展，人的生命质量是否得到了提高？是否能够过一个幸福而丰盈的人生，成了人们关注的问题。提升生命质量，获得人生幸福，有哪些秘诀呢？积极心理学家塞利格曼教授在《真实的幸福》一书中提出了幸福人生的五要素。

（1）积极情绪。

积极情绪也就是我们的感受——愉悦、狂喜、入迷、温暖和舒适等。塞利格曼将以此为目标的人生称为"愉悦的人生"。如何能够体验更多积极的情绪呢？关注生活中的"微小时刻"，可以提升我们的积极情绪。不幸福的人和幸福的人一样，身边都有许多积极的事情发生，但两者的区别是，幸福的人有意识地在美好事情发生时欢迎这些时刻，不让他们匆匆溜走。

（2）投入。

投入指的是完全沉浸在一项吸引人的活动中，这会使人产生一种"心流"的状态，觉得时间仿佛停止了。塞利格曼将以此为目标的人生称为"投入的人生"。检查自己是否投入，我们可以向自己提问，比如：有没有感觉到时间飞逝？你完全沉浸在任务中了吗？你忘了自我吗？虽然在投入的过程中并不一定会时刻体验到积极的情绪，但投入确实会让人感觉生活很充实。

（3）人际关系。

在对幸福的研究中，最有力的成果之一就是，如果没有与他人建立高质量的人际关系，便不能认为是具有丰盈生活的人。请回忆一下：你上一次开怀大笑是什么时候？上一次喜不自禁是什么时候？上一次感觉到深刻的意义和目的是什么时候？通常这些时候都有一个特点——与他人相关，比如我上一次开怀大笑是和好朋友一起爬山，发自内心地感觉到满足。好的人际关系意味着你在生活中真正关心别人，也有人真正关心你，这正是幸福感的重要来源。

（4）意义。

有意义的人生意味着归属于某些超越你自身的东西，并为之奋斗，比如一个人有理想，为理想而奋斗就是一种意义。人生的意义有很多种形式，它可能来自家人的爱、拥有一项他人需要的技能并为他人服务，或为他人带去希望。有意义的人生充满热情。坚毅地追求值得的人生目标，是使你的人生变得更加丰富多彩的重要途径。

（5）成就。

成就并不是关于胜利或者取得第一名的，相反，它来自实现有意义的、有使命感的目标。并非所有成就都能带给人幸福，当我们追求的是外在目标，或以别人梦想的目标作为自己的追求时，成就的实现并不会带来满足的幸福感。当我们发自内心地致力于实现明确而艰难的目标时，它会带来高水平的自尊感和自我效能感，从而促进幸福的产生。

二、心理危机应对

在追求幸福人生过程中，危机难以避免。危机应对是生命教育的重要环节。当危机来临时，我们能够正确并积极地面对，就可使危险转变为机遇，成为成长的契机。同学们在生活中如何提高自身的心理免疫力，预防危机的发生？自己面临危机时该如何处理？怎么识别他人产生心理危机的信号？周围的人产生危机该怎么帮助他们？我们一起来看一看。

1. 心理危机的含义

一般而言，危机有两个含义：一是指突发事件，出乎人们意料的事件，如汶川大地震、新冠肺炎疫情等；二是指人所处的一种紧急的身心状态，当个体遭遇重大问题或变故，且个体感到难以解决、难以把握时，自身平衡就会被打破，正常的生活受到干扰，内心紧张不断积蓄，继而出现无所适从甚至思维和行为紊乱，进入一种失衡状态，这就是危机状态。

心理危机干预理论的创始人开普兰，从 1954 年开始对心理危机进行系统研究。他认为，当一个人面临困难情境，而他先前处理危机的方式和惯常的支持系统不足以应对当前的处境时，即他面对的困难情境超过了他的应对能力时，这个人就会产生暂时的心理困扰，这种暂时性的心理失衡状态就是心理危机。每个人都在不断努力保持一种内心的稳定状态，保持自身与环境的平衡和协调。当危机来临时，平衡就会被打破，正常生活受到干扰甚至改变。心理危机标志着一个人正在经历生命中的剧变和动荡，它会暂时干扰或破坏一个人习以为常的生活模式。

2. 心理危机的特征

（1）连续性。

连续性是指心理危机的发生并不是一个点，而是一条连续的线，往往与之前的许多问题相关。通常情况下，人们认为危机是突发的，具有爆发性，似乎是由一件事带来的，而实际上心理危机的产生与之前的问题紧密相关。

（2）复杂性。

心理危机的另一个特点就是复杂性，不管是产生原因还是表现方式，都不是单一的。有的产生原因可能是家庭矛盾，有的可能是身体疾病，还有可能是关系丧失，更多时候心理危机是多个复杂原因综合作用的结果。另外，心理危机的表现方式也是多样的，有的危机表现为回避退缩，严重的危机可表现为自杀或伤害他人。

（3）破坏性。

心理危机的另一个重要特点是破坏性，不管是自伤、伤人，还是回避与他人交往，其引发的家人、师长和同伴的担心伤痛都是非常大的。据研究表明，一个人自杀，平均会对 6 个人产生影响，可见其影响之大。

3. 心理危机的分类

按心理危机产生的原因来划分，可将心理危机分为学业危机、经济危机、感情危机、家庭危机、社会环境危机、灾难危机和自然灾害危机等。按心理危机特征的差异来划分，可以把心理危机分为发展性危机、境遇性危机、存在性危机。

（1）发展性危机。

发展性危机是指在个体正常成长、发展过程中，由于面临重大事件或经历重要转折而产生的心理危机，升学、转学、离开父母亲人、结婚、生育等都有可能导致发展性危机。当事人现在所拥有的知识、能力以及所处的现实环境不完备，所以难以应对新的挑战和及时满足个体的心理发展需求，这时个体就会觉得无所适从，头脑处于混乱无序的状态，从而引发发展性危机。发展性危机多发于一些关键性时期，就大学生来讲，当前他们遭遇的主要就是"发展性危机"，因为他们正在经历成长过程中最重要的转型期。发展性危机被认为是正常的、可预见的危机。

（2）境遇性危机。

境遇性危机是由出现个人无法预测或控制的罕见或者异乎寻常事件而引起的心理危机，它具有突发性、强烈性、灾难性以及偶然性等特点，能引起当事人的强烈情绪反应。如发生地震、海啸、空难、车祸、突发重大疾病、亲人离世、绑架、强奸等悲剧事件时，当事人的心理会受到强烈的冲击继而引发心理危机。境遇性危机的显著特点在于它是偶然的、突发的，一旦发生就会让人突然产生强烈意外的震撼感，结果甚至带有一定的灾难性。境遇性的危机一旦发生，对人的心理影响非常明显。

（3）存在性危机。

存在性危机是指伴随着人生目的与意义、自由与生存的抉择，以及如何独立等一系列重要人生问题的思考而出现的内部冲突和焦虑。存在性危机一般是出于对现实生活的思考，但也可以是基于深层次的关于人生意义的思考。对大学生来说，存在性危机主要存在于大学生日常生活学习中，并伴随着一些重要的人生问题，如人生目标的确立、价值观念的抉择以及生活方式的选择等，出现内心疑虑和冲突。存在性危机常常是一种内在的、深层的危机状况，往往不具有突发性，但这些现实存在的危机也应引起我们足够的重视和注意。

4. 心理危机的识别

通常来说，处于严重心理危机中的人会留下一些线索，识别这些线索能够帮助我们及时地预防危机事件的发生。

（1）言语线索——直接和间接的表达。

直接的言语线索：

"我不想活下去了。"

"我想自杀。"

"我觉得活着没有任何意义了。"

间接的言语线索：

"我太痛苦了。"

"我的人生没有希望了。"

"没有我大家也许会更好。"

"我觉得没有人可以帮到我。"

（2）情感线索——感受。

最核心的感受是绝望，孤独、愤怒、内疚、难过、无望、无价值感、无助也都是产生心理危机时可能会有的感受。

（3）行为线索——行动。

学习成绩下降，注意力不集中。

疏远家人和朋友，在学校表现出退缩和逃避行为。

食欲减退。

分发财物，道别。

酗酒或者药物滥用。

不计后果的行为。

极端的行为改变。

冲动。

自我伤害。

严重抑郁后的突然平静。

（4）情境线索——重大压力事件。

突然被所爱的人拒绝、不情愿的分手等。

失去重要的目标或梦想，如考研失败、找工作失败等。

感到被所爱的人背叛。

所爱的人去世。

得了绝症。

与重要他人发生冲突。

遭遇重要的侵犯事件，如被抢劫、被强奸。

（5）生理线索——身体反应。

对很多事情失去兴趣。

睡眠障碍：失眠、多梦、早醒等。
食欲、体重的改变或减少。
身体健康问题：心悸、头痛等。
性欲改变、倒退。

总之，任何对未来感到特别痛苦、绝望、无望或想要结束生命的警示信号都值得被关注。如果发现自己身边有人透露出想自杀的各种信号，一定要引起注意，没有什么比生命更重要。

5. 心理危机的应对

（1）如何应对自身的心理危机。

培养积极认知：认知在人应对危机事件的过程中起着非常重要的作用。弗兰克尔在《追寻生命的意义》一书中描述了他在奥斯维辛集中营的生活，他看到了三类不同的人：一类人会主动寻求死亡，一类人会主动寻求生存，一类人被动地生存。这三类人面临的是同样的集中营生活：残酷、冷漠、随时都会有生命威胁。他们其实一直处于危机中，但是他们的反应却不一样，在这里面起作用的就是认知，有的人拥有更积极的认知。消极认知是：我做什么都没有用，在这里太痛苦了，我还不如主动结束自己的生命。而积极认知是：我要努力生存，就算环境再恶劣，我也要生存下去，这种日子总会结束的。

建立良好的应对方式：应对方式是个体在应激期间处理应激情境、保持心理平衡的一种手段，它会直接影响心理危机是否能够得到有效解决。通常情况下，人的应对方式主要有以下三种。① 解决问题—求助，即成熟型。这类人在面对应激事件或环境时，常能采取"解决问题"和"求助"等成熟的应对方式，而较少使用"退避""自责"和"幻想"等不成熟的应对方式，在生活中表现出一种成熟稳定的人格特征和行为方式。② 退避—自责，即不成熟型。这类人在生活中常以"退避""自责"和"幻想"等方式应对困难和挫折，而较少使用"解决问题"和"求助"这类积极的应对方式，表现出一种退缩的人格特点，其情绪和行为均缺乏稳定性。③合理化，即混合型。"合理化"应对方式既与"解决问题""求助"等成熟应对因子呈正相关，也与"退避""幻想"等不成熟应对因子呈正相关，反映出这类人集成熟与不成熟的应对方式于一体，在应对行为上表现出一种矛盾的心态和两面性的人格特点。需要记住的是，"求助是勇敢者的行为"，要认识到每个人都有自己的局限，也都有所长，求助并不是一件软弱的事。

构建社会支持系统：社会支持就是指人们感受到的来自他人的关心和支持。构建社会支持系统，就是要构建一个来自他人关心和支持的系统。遇到心理危机之后，可以寻求他人的帮助，而不是独自解决。

寻求专业帮助：当遭遇严重心理危机后，往往会出现一些应激症状，如失眠、情绪低落、胃口不好等，通常情况下这些应激反应会在一周左右减少或者消失。如果这些症状持续两周以上，那就说明需要寻求专业帮助了，比如找心理咨询师或者精神科医生。

（2）如何应对他人的心理危机。

一项对大学生求助行为的研究发现，大学生的第一求助对象通常是身边的同学，发生心理危机时，可能第一个会打电话给自己的同学和朋友。所以，一旦身边的同学向我们发出求救的信号，我们要懂得识别这些信号，同时也要知道该如何应对身边同学发生的危机。

如果你接到求救电话或信息，该怎么做？下面这些步骤也许可以帮到你。

第一步：保证安全。了解对方此刻在哪里，在做什么，是否安全。如果对方处在不安全的位置，比如窗台、大桥上，一定要将对方引导至安全的地方，比如先从窗台上下来，从大桥上走下来。用正向和具体的言语指导对方如何做，如：你现在能从窗台上下来吗？去客厅的沙发坐一会，我马上就过来陪你。不要说：你不要坐在窗台上，太危险了。

第二步：给予支持。这个时候最重要的是倾听对方，承认对方的想法和感受，不反驳对方。可以说：我知道你现在很痛苦，我明白你也不想这样。而不是否认对方的感受和劝说：你不应该这样，你这样太不值得。另外，在这个阶段告诉对方他对你的重要性，也是表达支持的一种方式。

第三步：寻求外界的帮助。遇到有危机情况发生时，不要害怕求助。有的同学可能会担心被老师知道，给别人带来麻烦。千万不要有这种想法，这个时候求助于外界是最好的选择，告诉老师有助于联合大家的力量一起帮助处在危机中的同学解决问题。

对于发生过心理危机的同学，我们可以做下面这些事。

（1）真诚表达关心。比如，对于因为危机情况离开学校又重新返校的同学：你回来了，你没在的这几天我们都很担心你；我想做点什么，但又不知道是不是你需要的，如果你需要什么帮助，请告诉我，我很愿意！

（2）给予支持。支持可以是生活上和学习上的实际支持，如早上叫对方起床一起上课，学习上帮助解答疑问，也可以是情感上的倾听和理解等。

（3）避免过度同情和劝说。首先避免过度同情对方，如：你男朋友那样对你，你好可怜。同时，也要避免劝说和责备对方，如：你太傻了，怎么就想放弃自己的生命呢，这是懦弱的选择；你太任性了，完全没有顾忌别人的感受，一点都不负责任。

交际篇

友谊总需要忠诚去播种,用热情去灌溉,用原则去培养,用谅解去护理!

——马克思

第十五章 大学生的人际交往

科学研究已经证明，如果一个人学会了如何与他人打交道，不管从事什么工作，不管担任什么职务，他都在通往成功的道路上走完了85%左右的行程，而在取得自己的幸福方面，已经有了99%的把握。

一、人际交往的含义及重要性

人际交往也称人际关系，是指人运用语言或非语言符号交换意见、交流思想，表达感情和需要的过程，是通过交往而形成的人与人之间的心理关系，反映的是人与人之间的心理距离。据统计，大学生每天除了睡眠外，其余时间中有70%用于人际交往。

处于青年期的大学生，思想活跃，精力充沛，兴趣广泛，人际交往的需求极为强烈。他们力图通过人际交往去认识世界，获得友谊，以满足自己物质和精神上的各种需要。因此，青年期的大学生尤其希望被人接受、理解。在人的一生中，没有任何时期像青年时期那样强烈地渴望被理解和需要，没有任何人会像青年那样处在孤独之中渴望被人接近，没有任何人会像青年那样站在遥远的地方呼唤。

然而对大学生而言，他们对人际关系的追求往往带有较多的理想化色彩，无论是对同龄朋友，还是对师长，往往是以理想的态度看待交往，希望交往不带任何杂质；同时他们也常常以理想的标准要求对方，一旦发现对方某些不好的品质，就深感失望。大学生渴望友谊和交往，有着人际交往的迫切需要，但有一些同学不愿意向周围同学说，而是深深埋在心底。长期的积郁，再加上学业负担的压力，使大学生的人际适应力下降。因此，和其他人群相比，大学生人际关系的挫折感更强，更容易由于交往受挫而引发心理障碍。有资料记录，某高校的某大学生，家住农村，很穷，在中学时与别的同学家庭情况差别不大，倒没什么。可到大学后，同寝室的同学家庭条件都比他好，这使他有了沉重的压力。有一次他去打篮球，穿了一双破布鞋，遭到别的同学的嘲笑，于是该同学产生了一种强烈的耻辱感，从那以后，他就再也没有勇气走进篮球场了。不仅不去打篮球了，连和同学的交往也少了。他总是担心同学们在背后议论他、嘲笑他，他感到自卑，但又无法改变这种局面，心中十分痛苦，甚至产生过绝望的自杀念头。这种情况是大学生交往中的典型问题。

实际上，在大学生的交往过程中，都会或多或少地出现这样那样的问题。每个成长中的大学生，都希望自己生活在良好人际关系的氛围中。如何营造和谐的人际关系，如何加强人际交往，大概是每个大学生迫切希望解决的问题。其实对大学生而言，人际交往对学习、生活和心理健康都有很大的意义。

二、大学生人际交往中经常出现的问题

大学生在校园生活中会碰到各种困扰，人际关系问题在所有困扰因素中处于十分突出的位置，是大学生校园生活的第一大问题。据某高校调查，大学生人际交往障碍的主要表现是自卑、胆小、害羞、内向、孤僻、不善于言谈、缺乏交际技巧、不喜欢参与社交活动、对人冷淡等。这些障碍出现的比例最高为80%，最低为35%。大学生同学之间的关系问题较师生关系问题更为突出。

第一，在人际交往上被动，自我封闭。在心理上有交往的渴望，但在行动上缺乏主动性，对人际交往存在畏惧心理，甚至会出现自我封闭的情况。

从中学到大学，大学生的人际交往经验较为缺乏，而自身在人际交往中的自卑等负面情绪又不利于提升自身的人际魅力，妨碍了

良好人际交往圈的形成。某高校对大学生人际交往水平进行调查后发现：30%的新生认为"没有朋友"，23%的学生感到"孤独、寂寞"；对于与人主动交往，45%的学生希望自己成为交流的对象而不是交流的直接发起者。与此同时，个体间正常的交往不够，又易引发猜疑、妒忌等情绪，不利于学生的健康成长。

第二，沉迷网络，交往范围过于狭窄。不仅与社会缺乏交往，有的甚至与跨学科同学的交往都十分有限，与老师的接触也仅限于课堂。

现今社会是个网络环境高度发达的社会，信息接收终端更智能、便携，信息传递速度更快捷、广泛。上网再也不受制于特定环境了，一部手机就能轻松解决一般的上网需求。同时，大学生看待网络的态度也发生了潜移默化的改变，以前只认为网络就是一个交流的平台，而现在网络已经融入他们的日常生活，甚至把网络当作他们生活的主要部分。这就使大学生忽视现实的人际关系，表现出逃避现实的心理现象。网络的虚拟交往一边是活生生的人，另一边却是符号，虽然这些符号可以传递思想和感情，但是却没有现实人际交流中的感情色彩，久而久之会使人退缩孤僻、自我封闭，人际关系出现淡漠与疏离。

大学生活在一定程度上给学生创造了一个"小社会"的环境，可以充分地展示自我，展示大学生的风采。部分学生缺乏在公众场合表达自己思想的能力与勇气，对各种各样的活动充满了兴趣，却又担心失败，只是羡慕，而积极参与的不多，久而久之，开始回避参与，感叹"外面的世界很精彩，外面的世界很无奈"。

第三，在交往认知方面存在障碍，过分关注自我。在交往中过多地考虑自己的需要，忽视他人的需要，矛盾和冲突就容易发生。

在校的大学生中，独生子女比例相当高，过分自我关注的倾向也更为突出。过分追求完美，对人际交往有意无意地寄予过高的期望，把想象和希望混同于现实，这样在实际的交往中遇到不如意或挫折时，就会产生困惑和苦闷。

第四，交往能力不适应新环境的要求。有的缺乏礼仪知识，使交往缺乏和谐的气氛；有的不懂得交往原则，在交往中或者违反法律、规章、道德规范，或者因交往方的过错而受到侵害；有的过于热衷交往活动，影响了正常的学习、工作和生活。尤其是互联网的发展，使有的人迷恋网上聊天或网上游戏，把宝贵的时间和精力消耗在虚拟世界之中，有人甚至把网络交往视为儿戏，违背道德与法律的事例时有发生。

进入大学，远离原来熟悉的生活环境与学习环境，面对新的人际群体，新生们多少有些不适应。部分学生对大学的师生关系、同学关系、异性之间的关系显得很不适应。一位新生感叹说：在大学，没有一个可以谈得来的朋友，心里真的感到好孤独。有的学生从未离开过家庭，在父母的呵护下成长，对于如何关心别人想得较少，而对于得到朋友的关心则想得较多，同时又希望得到别人的认可。"心里话儿对谁说"成为部分学生的心理困惑。

三、大学生人际交往的基本原则

人际关系归根结底是由生产关系及由之产生的经济关系、政治关系、思想关系所决定的。因此，建立良好的人际关系，不能脱离现实社会的基本原则和要求，它包括社会主义和共产主义的道德规范、民主与法制观念及政策观念等。与此同时，大学生在人际交往中还必须遵循下列基本原则。

1. 平等原则

这是一条最基本的原则。社会中的人年龄悬殊，分工不同，经历各异，他们交往的原则和方式相对较复杂。但就大学生而言，年龄、经历、文化水平等都大体相似，无论是来自城市还是农村，无论是学文还是学理，并无尊卑贵贱之别。大学生之间的人际交往应该是平等的。无论何时何地，无论年级高低，任何大学生都要自觉做到平等待人，绝不允许任何人自视特殊，居高临下，傲视他人，否则就会脱离集体,成为孤家寡人,造成心理上的孤独感。调查表明,那些优越感很强、喜欢显示个人特长或家庭背景的大学生,多数人缘关系较差,即使能力很强,也无法发挥,因为不坚持交往平等原则的人,是不会被他人欢迎和接纳的。

2. 尊重原则

生活中每个人都有自己的人格尊严,并期望在各种场合得到他人的尊重。生活的实践告诉人们,只有尊重别人的人,才能获得别人的尊重。所以,大学生首先必须学会尊重别人,包括尊重别人的人格、权利和劳动成果。古人说,"敬人者,人恒敬之"。俄国大作家屠格涅夫有一天走在街上,一个年迈体弱的乞丐向他伸出发抖的双手,大作家找遍所有的衣袋,分文没有,感到惶恐不安,只好上前握住乞丐那双脏手,深情地说道:"对不起,兄弟,我什么也没有,兄弟!"哪知,大作家这一声声"兄弟"却超过了钱币的作用,使老乞丐为之动容。老乞丐泪眼婆娑地说:"哪儿的话,这已经很感恩了,这也是恩惠啊!"这个故事说明,无论什么人,无论地位高低,渴求得到尊重的心情是一样的。所以大学生在人际交往中一定要学会尊重别人。

3. 真诚原则

真诚待人通常被认为是人际交往中最有价值、最重要的原则。美国一位心理学家曾于1948年设计了一种表格,列出555个描写人品的形容词,让大学生说出最喜欢哪些、最不喜欢哪些,结果学生评价最高的品质是真诚。在8个评价最高的形容词中,有5个和真诚有关,即诚实、忠诚、真实、信赖和可靠。而评价最低的品质中,虚伪居于首位。由此可见,真诚在人际交往中的意义和分量。大学生在人际交往中,一定要坚持做到真诚坦率,一是一,二是二,表里一致,言行一致,说老实话,办老实事,做老实人。古人说,"以诚感人者,人亦诚而应"。

4. 宽容原则

人际交往中难免会遇到一些不愉快的人和事，但不能因此豁出去"拼命"或从此就不与人交往了。从长计议，还是要学会宽容，学会克制和忍耐。苏轼说得好，"匹夫见辱，拔剑而起，挺身而斗，此不足为大勇也。天下有大勇者，猝然临之而不惊，无故加之而不怒，此其所挟持者甚大，而其志甚远也"。大学生在人际交往中，一定要心胸宽阔，姿态要高、气量要大，遇事要权衡利弊，切不可斤斤计较、苛求他人、固执己见，要尽量团结那些与自己有歧见的人，营造宽松的交际环境。

5. 谦虚原则

谦虚是一种美德。谦虚好学者，人们总是乐于与之交往，反之狂妄自负、目无他人者，人们往往避而远之。在人际交往中，大学生一定要有旷达的胸怀，谦虚谨慎，戒骄戒躁，虚心学习他人之长；切勿狂妄自大，傲视他人，更不能不懂装懂、知错不改。

6. 互相理解原则

人们常说，"金玉易得，知己难寻"。所谓知己，即是能够理解和关心自己的人。相互理解是人际沟通、促进交往的条件。理解也不等于知道和了解。就人际交往而言，不仅要细心了解他人的处境、心情、特性、好恶、需求等，还要根据彼此的情况，主动调整或约束自己的行为，尽量给他人以关心、帮助和方便，多为他人着想，处处体恤别人，自己不爱听的话别送给人，自己反感的行为别强加于人。古人说，"己欲立而立人，己欲达而达人"，"己所不欲勿施于人"。大学生在人际交往中，一定要耳聪目明、善解人意，处处理解和关心他人，这样别人也不会亏待你。

第十六章 大学生的人际交往技巧

良好的人际关系是在交往中形成和发展起来的。大学生从入校的第一天起,只要注意加强交往的实际锻炼,良好的交往能力就一定会形成。

刚入校门的大学生,在和一些不熟悉的人交往时,可以从一般的寒暄开始,之后转入中性话题。如来自哪个学校、姓名、有哪些业余爱好等,而后再转入双方感兴趣的触及个人利益的话题,如工作、学习、身体等,最后,即可随便交谈起来。这种交往能锻炼自己使对方开口的本领,以及寻找相互感兴趣话题的本领。同时,良好的人际关系也有赖于相互了解,相互了解有赖于彼此思想上的沟通。因此,要注意常与人交谈,交换看法,讨论感兴趣的事情。这样,可借以表达自己的喜怒哀乐,降低内心压力。在沟通中求得主观世界与客观世界的平衡,有益于身心健康。但在沟通时,语言表达要清楚、准确、简练、生动。要学会有效聆听,做到耐心、虚心、会心,把握谈话技巧,吸引和抓住对方。

一、大学生人际交往的技巧

1. 展示良好的精神面貌

精神面貌是大学生社交形象的基础,良好的精神面貌主要表现在两个方面,即良好的道德品质和热情、自信、大度的个性特征。待人接物、为人处世是否具有诚实、善良、勇敢、正直这些道德品质,是确立一个人有无良好形象的核心。热情、自信、大度这些个性特征会增加人际间的吸引力,赢得公众的好评,从而获得友谊。

2. 讲究得体的仪表举止

仪表举止包括着装打扮、言语谈笑、行为举止等方面。着装打扮含衣着、服饰以及其他装饰品。得体的打扮，能体现出交往主体的审美观和修养，增加交往中的重心和吸引力。言语谈笑作为社会交往的工具，在交往中起重要作用。交谈时，首先要做到言之有物，不论是发言还是交谈，都要学会用清楚、准确、简练、生动的语言表达自己的思想，切勿说空话、废话及哗众取宠。其次要做到言之有礼，谈吐文明，学会有效地聆听，耐心倾听对方的讲话。最后要把握谈话技巧，交谈中的话题内容和形式应适应对方的知识范围，合乎对方的心理需要和兴趣。行为举止主要是站、坐、行的姿态，这些日常生活中最常见、最基本的动作里，都包含着对一个社交形象的评估。

3. 学会交谈技巧

注意倾听是一项很重要的技巧。哲学家黑格尔说过，在有些场合，由于你说了好多话而没有注意倾听，你至少做了两件对你十分有害的事。第一，尤其在同行和比你强的人在场时，你暴露了你的浅薄与无知；第二，由于你的滔滔不绝，你失掉了向别人尤其是向专家学习的机会。

4. 克服社交恐惧症

常见的社交恐惧症主要表现为对人际交往特别敏感、害怕，极力回避与人接触，总是担心自己社交不成功，对一些集体活动避而远之。由于交往的范围越来越小，最后走进自我封闭的圈里。这类同学最重要的是增强自信心，克服交往心理障碍。充分认识到自己的不足，并乐于承认既成的事实，不要过于看重社交和自身形象的完美，不要在生活的细枝末节上左顾右盼，要学会泰然处之的生活方式。

5. 学会大胆说"不"

在人际交往中，经常需要承诺别人，有时也要接受别人的承诺。承诺并不简单，它既是神圣的义务，也是崇高的责任，或许还包含更大的奉献与牺牲。现实生活中，有的人出于某种私利，轻易许诺，一旦目的达到，便背信弃义，这种人属于品质恶劣之徒。还有些人则出于"哥儿们义气"，对毫无把握的事胸脯拍得山响，"行，包在我身上"。此类承诺痛快、爽气，其中也不乏真诚，但在多数情况下，这种承诺只是一种美丽的谎言，随着时间的流逝，这种承诺的兑现率是相当低的。大学生中轻诺寡信的人是少数，多数人是因为难以拒绝别人的请求，不得已而允诺了别人。但是，轻易许诺比不许诺更有害，言而无信的人是最不受欢迎的。对于办不到的事，不能办到的事，要勇敢说"不"。拒绝承诺肯定会得罪一些人，甚至被一些朋友疏远，但是大多数人肯定会理解并建立起更高层次的友谊。

二、学会与不同的人交往

大学生的人际活动有着十分丰富的内容，这也代表着大学生的人际交往活动中肯定要和不同的人打交道，比如室友、学长、老师，等等。这里就大学生在校期间男女同学之间的交往，以及如何处理与家长、教师的关系做些介绍。

1. 男女同学交往要有"度"

在校大学生年龄多在18～22岁，性心理的成熟，必然引起性心理的微妙变化。向往异性，喜欢结交异性朋友，这既是交往的需要，又是个性全面成熟和发展的需要。心理学研究表明，处在集体中的人，交往的范围越广泛，和周围生活的联系越多样，他深入到社会关系的各方面就越深刻，他的精神世界就越丰富，他的个性发展也就越全面。若只在同性的圈子里交往，人的气质、性格、情感方面的发展往往是狭隘的,这自然不利于个性的丰富和发展。因此,大学生在人际交往中,决不可忽视男女同学之间的交往。那么,男女同学之间怎样交往呢?

首先要建立广泛的友谊圈,使男女同学都处在一个融洽和来往自如的环境中。我国经历了几千年的封建社会,"男女授受不亲"还禁锢着一些青年学生的心;几十年的改革开放,也使西方一些腐朽思想侵蚀了青年学生的心。作为跨世纪的大学生,绝不能陷入"授受不亲"的困扰,也不要陷入"卿卿我我"不能自拔。男女同学之间要养成团结友爱、互敬互爱、互帮互学的良好习惯。养成这种习惯的最好方法,就是展开丰富多彩的集体生活,如学习小组、学生社团、文体活动等。在这些活动中,大家为共同关心的问题聚在一起,这样就可消除男女之间的神秘感,男女交往也就自如多了。

但要把握"度"。事情做过了头,好事也会变成坏事。那么,怎样才能把握好男女同学交往的"度"呢?

第一,热情但不失态。一个人不可能把所有事情都办好、办完,总会有求助他人或他人求助于你的事,大学生也是如此。男女同学之间的互帮互助要热情,但要以真诚为基础,不要给对方轻易的、空头的、超越自己能力的允诺,使热情这种可贵的品格真正成为加深双方友谊的添加剂。

第二,坦诚但不粗率。坦诚是做人的起码要求和应有品质,也是男女同学交往的基本要求。如果一个人处处心有芥蒂,不坦诚,那他很难交到知心朋友,在困难时也很少有人会伸出友谊援助之手。那种"见面只讲三分话,绝不全掏一片心"的做法,是绝对不可取的,只会把自己封闭起来,久而久之,会使自己成为一个虚伪、孤僻的人,也就失去了做人的乐趣。

第三,要正确处理好友谊与爱情的关系,严明友谊与爱情的界限。男女同学之间的友谊是爱情的先导,友谊进一步发展深化,便可产生爱情。从这个意义上说,友谊是爱情的桥梁。但友谊不一定都能发展成为爱情。友谊经过深化和发展,也可继续沿着与爱情并行的路径走下去。一个人可以有许多同性朋友和异性朋友,但爱情只允许在一对男女朋友间产生,友谊一旦踏上爱情之路,就只能单向发展。对每一个在校大学生来讲,在友谊与爱情面前,要严明界限,控制自己的情感和理智,做情感的主人,忠实于友谊。愿天下有情人都成眷属,更愿男女同学之间的友谊长存。

2. 如何与室友处理好人际关系

谁都渴望寝室如家一般和谐融洽,让学习之后劳累的自己有个可以休息的归宿。谁都希望与室友亲亲密密、情如一家,多少冲淡一些思家的煎熬。然而,事情有时偏偏不如愿,今天可能有两个人在争吵,明天又有人在赌气,全寝室的气氛也会紧张。与室友难以相处怎么办?

与室友难以相处一般有两种情况:一是寝室没有"归宿感",寝室甚至成了不敢回、不愿回、不想回的令人痛苦的地方;二是与寝室中的某个人合不来,产生"疑邻人偷斧"的心理,不喜欢谁的时候看他每个动作、听他每句话,都觉得心里不舒服。久居同一屋檐下,有这种感觉也是非常难受的。

那么,导致发生不愉快的事情的原因是什么呢?其实,大家没有什么根本的利益冲突,发生矛盾也全是源于一些鸡毛蒜皮的小事,或是大家有些不一致的习惯。比如,有的同学喜欢早起,可能在别人睡意正浓的时候他就起床,叮叮咣咣的声音吵醒别人,让人烦;有的人尤其是男孩子比较懒,臭袜子、臭鞋往床底一扔,把寝室的人熏得晕头转向,唯独他一个人悠然自得。住在一间屋子里几年,彼此会发现对方的缺点愈来愈多,如不懂得包容,是很难相处的。

如果与室友相处不好,会影响心情甚至影响学习。那么该怎么改善这种关系呢?

第一,要反省自己。如果你在寝室里受到孤立的话,那么就必须检讨自己了，不要一味地抱怨别人。为什么其他人都那么"齐心协力"地孤立你一个人呢？也许是你的行为太"以自我为中心"了——凡事很少为别人着想，自己想怎样就怎样，该休息的时候发出些声音影响别人，或对寝室的公共事情不关心，打扫卫生不积极，只顾及自己的那块小空间；甚至有东西从不与人分享，而分享别人的东西却毫不客气，等等。这些看似不大的事情，多了便会伤害室友，大家和你的感情也会日益变淡。要想与室友友好相处，就要改变自己，从小事做起，有好吃的主动与别人分享，手脚勤快一点。当然，做这些事情要表现出诚心，而且要坚持下去。凡事多为别人着想一点，自然会改善你与室友的关系，并结交更多的朋友。

第二，要学会大度、宽容。对于室友不良的生活习惯，不妨开诚布公地跟他谈谈，因为有的时候是自己没有意识到而妨碍了别人，有人给他提出来后他可能就会注意了。大家同室而居，勺子总有碰锅沿的时候，如果经常为这些小事不满、烦心的话，真的是彼此很难相处了。

第三，要正确看待每个人的长处和不足。人无完人，金无足赤。如果你发现室友出门后彬彬有礼而在寝室里却有点粗鲁，可能正说明他真的把寝室当作可以随便表现、无须设防的家了。不能因为谁有某种不足就讨厌他，如果这个缺点不是品质和道德问题的话。大家能够走到一起，本身就是一种缘分。当你们各自到更广阔的天地里去驰骋时，相信每一个人都不会忘记花季里同一个屋檐下的室友。

3. 如何处理好与家长、教师之间的关系

大学生经常遇到的人际关系主要是同家长、教师和同学的关系。与家长、教师的关系，将对每一个大学生的健康成长产生直接的影响。

第一，处理好与家长的关系。首先要尊重家长。一方面，作为家长，对子女常常会有不合理的偏爱，我们要理解父母对自己的所

第十六章 大学生的人际交往技巧

作所为;另一方面,每一个学生家长的社会地位、职业和能力会有差别,但他们为子女甘愿忍辱负重的精神是一样的。作为子女要尊重家长,没有任何理由轻视他们。其次要让家长放心。作为家长,都希望自己的子女珍惜学习机会,好好学习,遵守纪律,身心健康,以便将来有所作为。作为子女,不能让他们失望,更不能因自己不自重、自爱,让他们担忧。要经常同他们联系,交流自己的学习、生活情况,用实际行动让他们放心。最后要珍惜家长的劳动成果。大学生的日常消费主要依赖家庭。即使家庭经济条件比较好的学生,也应养成勤俭节约的习惯,要体谅家长的辛苦,发扬艰苦朴素的优良作风,每个大学生都应明白,任何条件下的浪费都是不应该的。

第二,处理好与教师的关系。教师为了培养人才而传授知识、启发智力、培养能力;学生为了成才而学习知识、开发智力、锻炼能力。从这个意义上讲,教师是在为学生的发展成才而开辟道路,燃烧自己。因此,每一个大学生都应该尊重教师,这是处理好与教师关系的核心。尊师,就是要尊重教师这个职业,包括学校中的所有工作人员的工作,因为他们都是为学生成长服务的;尊师,就是要尊重教师的劳动,虚心向教师学习,认真听课,及时完成学习任务;尊师,就是要对教师有礼貌。尊师还表现在对教学中的不足,要及时善意地提出,诚恳地帮助教师改进教学,以便提高教学质量,使师生共同提高。但这一点要切记注意分寸、场合。

三、大学生人际交往技巧的提高

1. 学校教育

通过系统的公共关系理论和相关理论的学习,系统地掌握人际交往的理论与技巧。此外,学生在学校应严格遵守大学生行为规范。如,爱国、爱校、爱专业;坐、立、行、读书、写字姿势正确;穿戴整洁、朴素大方;讲文明、讲礼貌、尊敬教师、团结同学；积极参加社团活动，遵守教室、宿舍、食堂制度，惜时守信、勤俭节约等。学校教育是提高公共素质不可缺少的环节。

2. 勇于实践

大学生要积极参与校内外活动，在实践中不断进行科学总结。同时，注意理论与实践的结合，在实践中拓宽自己的知识面，增加自己的智慧，努力提高自身的综合素质和品德修养。

一个品质好、能力强或具有某些特长的人更容易受到人们的喜爱。人们欣赏他的品格、才能，因而愿意与之接近，成为朋友。所以，若想要增强人际吸引力，更友好、融洽地与他人相处，就应充分健全自己的品格，施展自己的才华，表现自己的特长，使自己的品格、能力、才华不断提高。人们喜欢真诚、热情、友好的人，讨厌虚伪、自私、冷酷的人。在我国，大学生选择朋友，首先考虑的是个性品质，他们愿与成熟、热情、坦率、思想活跃、有责任感的人多交往。要有良好的人际关系，须注意情感的相悦性。一般说来，人们总是喜欢那些喜欢自己的人，对真诚评价自己的人具有好感。自己一旦受到别人赏识、喜爱，得到好的评价，就会由于受到称赞而使自尊心得到满足，对别人产生心理上的接近和好感，因而也就减少了相互的摩擦和人际冲突，达到了情感相悦，为良好的人际交往提供了心理条件。真诚地赞美他人，他人反过来也会对你抱有好感。有些人常常太注意自己，不能发现别人的可贵之处。如果你能仔细观察，多注意别人，就会发现任何人都有值得赞美的地方，并且肯定和表扬别人的长处将会给自身带来益处，久而久之，大学生就能够提高自己的交际技巧。

第十七章 大学生交际礼仪

我国素有文明古国、礼仪之邦的美称,自古至今,历来尚礼。孔子曰,"不学礼,无以立","礼之用,和为贵"。荀子曰,"人无礼则不生,事无礼则不成,国无礼则不宁"。这说明礼仪是一个人立足社会、成就事业、获得美好人生的基础。学习礼仪是为了能够与他人和谐相处,宣传、推广礼仪是为了社会的祥和、稳定。以下将介绍礼仪的概述、礼仪的原则、基本礼仪、礼仪文书,使大学生熟谙礼仪,获得交际成功,以文明的姿态走向社会。

一、交际礼仪概述

现代社会,人际壁垒正在瓦解,国际距离正在缩短,人们也更加认识到交际的重要性,成功交际必先熟谙礼仪。不仅要知道什么是礼仪,而且要了解它的特点和作用。

1. 礼仪的概念

礼仪属于道德范畴,是礼节与仪式的合称,是指在人与人交往的过程中,外在表现的行为规则和形式的总和。礼仪的形成和发展与原始宗教、统治手段、道德修养和社会条件等诸多因素分不开,并且随着社交实践的发展,其在理论上趋于系统化,制度上讲究规范化,内容上变得复杂化。在社交中,人们基本形成了共同遵守的社交程序、社交方式等。

2. 礼仪的特点

礼仪作为道德规范,它具有道德的一般特点,但又具有自身的特点。

1）共同性

礼仪是人类共同需要的，它不分国别、性别、年龄，只要人与人存在着交往，就需要通过礼仪来表达他们彼此的情感和相互的尊重。无论是在家庭生活、公共场所中，还是在职业生活中，人们都以礼相待。师生之间、男女同学之间，都需要遵循一定的礼仪规范，以有礼为荣，以无礼为耻。

2）时代性

礼仪既然是一种约束人们行为的规范，就不可避免地带有浓重的时代色彩。不同时代的社会风貌、政治背景、文化习俗等都会对礼仪的形成和发展产生不同影响。因此，礼仪也非一成不变的，它随着社会的前进、时代的发展而不断变化，并在实践中不断完善，赋予新的内容。

3）差异性

礼仪的实质是人类历史发展过程中，逐渐形成并积累下来的一种文化。受民族信仰、习俗、地理环境和交通、通信条件等因素的影响，不同国家、地区、民族有着不同的发展历史，使其礼仪表达有着特定的含义。因此，礼仪因团体、区域、民族的不同而呈现出形式上的差异性。

4）约束性

礼仪是在一定社会范围内，长期以来逐渐形成的一种被大多数社会成员认可并施行的思想行为规范。它可以调整人际关系，也是人们评价真、善、美的习惯标准。它虽不具有法律一般的强制力，但具有约定俗成的本质属性，往往迫使人们遵守它。

5）沿袭性

礼仪作为人类生活的一个有机组成部分，随着时代的发展而发展。但礼仪的变化又不是剧烈的、飞跃式的，而是在大量延续、继承的前提下缓慢更迭。因此，礼仪具有沿袭性。

6）通俗性

礼仪是由风俗习惯演变而形成的，因此大多没有明文规定，但又被社会生活中大多数人所接受。它不需要高深的理论，人人可以通过耳闻目睹，世代相传。然而在现代社会，各种礼仪在理论工作者的努力下，逐渐走向系统化和现代化。

3. 礼仪的作用

讲究礼仪是社会文明的一种体现。讲究礼仪，尊重他人，是一种精神状态、文化教养和道德水平的反映。古人云，"国尚礼则国昌，家尚礼则家大，身有礼则身修，心有礼则心泰"。当代也有人说过，交际礼仪也是生产力。可见，礼仪在社会生活中的地位和作用。

1）礼仪可以促进精神文明建设

礼仪属于文化，是构建社会精神文明的基本要素。讲究礼仪的行为是文明行为，而文明行为是人类历史发展的产物和要求，它反映了社会发展和进步。礼仪属于道德范畴，同时它又反作用于道德建设，形成一种具有约束力的道德力量。它要求人们按照社会的期望将自己的言行纳入符合时代之礼的轨道，也使人们自觉地按照社会的要求调整言行，使之符合社会行为，进而促进精神文明建设。

2）礼仪可以协调人际关系，塑造良好形象

礼仪是人们在交往中互相联系的纽带，是通往友好和尊重的桥梁。因为只有尊重别人、以礼相待，才能得到别人给予的方便和友谊，才能与他人友好相处，获得理解与帮助。同时，礼仪在社交中应用广泛，无论是个体交际场合，还是团体交际场合，都需要礼仪。良好的礼仪规范，有利于塑造良好的形象。

3) 礼仪具有教育作用

礼仪是一种高尚、美好的行为方式，在礼仪形式的熏陶下，人们可以在耳濡目染之中接受教育，陶冶情操，修正错误，提高品行。因此，礼仪具有很大的教育作用。

4) 礼仪能更好地表现个人价值

人生的实质就是人生价值的展示过程，即表现自我的过程。在人的一生中，不论从事什么职业，也不管其思想、信仰、观念有何不同，都在自觉或不自觉地表现着自己。礼仪能帮助人们成功地完成这一表现，找到实现自我价值的最优表现形式。

4. 传统礼仪的基本内容

中华民族有着数千年的历史，长久的历史生活积累了丰富的礼仪文化。传统的礼仪具有丰富的内容。

1) 尊老敬师

尊老敬师，既是现代社交的基本礼仪要求，也是中华民族的传统美德。尊老源于伦理观中对父母孝道的延伸，同时也是社会需要老人的智慧和经验的体现。敬师，则是因为教师向我们传授宝贵的知识和技艺。正如古人所说，"父子之亲，长幼之序，男女之别，非师不明，教人以礼者，师之功也"。因此，古人对老师也是非常尊敬的，有"举世不师，故道益离"之说。

2) 讲究礼让

古人云："夫让，美德也。"这种互谅互让的美德也是中华民族的优良传统。讲究礼仪不仅是一个人有修养的表现，也是社会生活中调节人际关系的重要准则。历史故事《将相和》，就生动说明了古人礼让的传统美德。

3) 待人以诚

待人以诚，就是对人要诚实中肯，襟怀坦荡，推心置腹，开诚布公。古人说得好,"诚于中而形于外"。只有自觉地做到了"诚于中"——思想上尊重对方,才能做到"形于外"——态度诚恳,语言文明。这既是社会交际的需要,也是我国的优良传统之一。历史上"萧何月下追韩信","刘备三顾茅庐"的故事也从侧面体现了古人待人以诚的美德。

4)相互理解

在社会生活中,古人也深知交友是不可缺少的,但最难得的是彼此理解。《诗经·伐木》中说,从天子到百姓,没有朋友的帮助就难以生存。在古代社会的"五伦"中,朋友为其中一"伦"。交朋友的关键是相互理解,难怪明代冯梦龙发出"相识满天下,知心能几人"的感叹。

5)礼貌待客

待客文明礼貌,是我国的优良传统。虽然在封建社会里,"贵贱"十分严格,善于待客的人却能置"贵贱"于不顾,很注意礼貌。在这方面也有不少故事流传千古。如三国时,曹操对张松以慢待之,刘备对张松以礼待之,结果张松献蜀图与刘备,为刘备入川建立蜀国奠定了基础。可见,一个人不论官拜何职,倘若倨傲粗暴,就会刺伤对方的心,贻误大事。古人在待客上的礼貌也是值得我们称道的。

6)维护民族的尊严

中华民族不仅素有好客的传统,而且历来都有维护民族尊严和国格尊严的优良传统。1948年,现代文学家朱自清教授贫病交加,依然拒绝领取"美援"面粉。临终前,他还特别嘱咐家人不要吃"嗟来之食",以高尚的人格维护了民族的尊严。

二、礼仪的实施原则

礼仪的实施原则贯穿于社交活动的全过程,并始终发挥着作用。

1. 尊重人格，平等待人

人格是一个人所具有的重要的、相当稳定的心理特征的总和，通常也是人的尊严、价值和品格的总称。在我国，人格都是平等的。一方面，人格的高低是个人在社会实践中通过自己的行为铸成的。因而，个人应当自尊，为他人和社会做出贡献，培养和提高自己的人格。因为人天生渴求他人重视，人人都有自尊心，人人都要争口气，尊重人格是人际交往礼仪中不可忽视的一项重要原则。此外，平等待人是建立良好关系的首要前提和必要条件。要实施这一原则，就必须注意以下方面。

（1）建立人人平等的观念，做到相互尊重。要互相尊重对方的人格、爱好和习惯，不应嘲笑和侮辱对方，特别是有生理缺陷的人。

（2）尊重他人，满足他人自尊的欲望。任何人都应意识到，无论何时何地，都必须承认自己之外还有他人存在。在社交中宁可把自尊放在第二位，也不可对人无理。

（3）平等交往，自尊而不自傲。尊重别人而不谄媚；帮助别人而不视作恩赐，受惠于人而不形成依赖；尊重他人的爱好、习惯，不以自己的好恶来评价他人，更不能要求他人按自己的爱好和习惯来生活。

2. 心理相容，宽宏大量

心理相容是团体或群体内成员之间的观点、信念及心理活动方面的协调一致，彼此心灵相通。要做到心理相容，就必须注意以下方面。

（1）善解人意，体谅别人。在社交中，要设身处地地对待和处理问题，即使交往对象有一些听不入耳、看不入眼的细节，也不必纠缠不放，个人爱好不同，不要强求，要将心比心，多多体谅对方。

第十七章　大学生交际礼仪

(2) 严于律己，宽以待人。在交往中，要严于律己，事事处处都要注意自己的语言、行为，做到严格要求；对待别人要尽量宽宏大量，即使别人有过错，也不要斤斤计较，"人非圣贤，孰能无过"。况且，过错的原因不一定就是他人主观意图不正。因此，应礼让三分，以宽厚之心给予谅解，这样于己有益，也于人有补。

(3) 去异存同，力避猜忌。在交往中，意见不一致的时候经常存在，要争取去异存同，取得一致，千万不要怀疑、猜忌。一方面，感情是双方面的，你对别人怀疑，不管怎样表达，终究要表现出来，这样就会挫伤他人的感情；另一方面，任何共性都寓于个性之中，如果计较过多，猜忌对方的态度，也会影响正常的交往。

3. 真诚相待，信誉至上

从社交角度看，真诚相待是非常重要的方面，是人与人建立真正友谊、树立信誉的基础。它要求每个人在交往的过程中树立真诚的信念，对交往以诚相待，不弄虚作假，更不能轻视或嘲笑对方。实施这一原则，要注意以下几个方面。

(1) 以真诚对待给予或索取。社交的实质是给予和索取。如果精神上的给予缺乏真诚，他人就不可能得到你的给予；如果物质上的给予缺乏诚意，对方只能视作恩赐，可能因迫于无奈而不得不收，但心理上会产生一种沮丧和侮辱的感觉，以后也很难再信任你，难以获得成功的交往。

(2) 以真诚求得平等。虽说平等是交往的基础，你若不真诚待人，就是实质上的不平等，因为对方只是你蒙骗的对象或手中的玩物。你对对方的肯定，也只是阿谀奉承，一旦对方认识到了这一点，一切将化为乌有。骗子与骗子的交往，其友谊信任是不存在的。

(3) 以真诚求得方法。真诚是待人之道，这并不等于不要技巧。就像我们为了帮助一个人克服缺点，需要考虑谈话的方式、方法一样。技巧与真诚相比，真诚更为重要。如对他人提出的要求应尽力而为，力不从心时应直言相告；当他人与你交换看法时，不要含糊其词，应尽力为他人排忧解难；对方对自己产生误会，应给予真诚的谅解。

4. 信息交流，互惠互利

互惠互利就是双方互相有利，互相给予好处。作为礼仪实施原则，互惠互利不应该看成仅仅是物质方面的互惠互利，高尚的道德观和人情、友情，特别是信息交流，同样是社交中的重要砝码。

三、社交的基本礼仪

在社交活动中，人们按照固定的程序，采取适当的行为方式，遵循共同的礼节和仪式，形成一系列社交的基本礼仪。这些礼仪不仅是各种人际沟通和社会交往的有效途径，而且也是多方显示人们修养、性格、种族和文化背景的窗口。作为高校学生，应该了解和掌握这些基本的东西，这是培养综合素质、适应未来社会的需要。

1. 握手与称呼

1）握手

握手是在社交活动中使用频率最高、适应范围最广的一种礼仪，有着一套完整的要求。

（1）握手要注意姿态。行握手礼时，通常距受礼者约一步，双足立正，上身稍向前倾，伸出右手，四指并齐，拇指张开与对方相握，微微抖动三四次后，与对方的手松开恢复原状。

（2）握手要先后有序。一般应由主人、长者、身份高者及女士先伸手。客人、年轻者应先问候，待对方伸手后再伸手。同级同辈见面时，双方伸手不分先后。

（3）握手要掌握力度。一般情况下，握一下即可，不必用力。久别重逢的朋友、熟人握手力度可大一些。男性与女性握手时，只要轻轻握一下女方手指部分即可。但如果用力太小，会使人感到你是一个拘谨、傲慢无礼或虚伪的人。

（4）握手要充满热情。握手时应双目注视对方，面带笑容，体现出主动、热情和真诚。如果漫不经心，东张西望，边握手边看他人他物，这既不符合握手礼仪，也是对对方的不尊和失礼。

（5）握手要讲究卫生。与人握手应注意双手的卫生，湿手或不干净的手与人相握，是失礼的行为。握手时，男性不可戴手套，女士所戴的薄手套可以不脱。男性实在来不及脱手套，要向对方表示歉意。

（6）握手要区别场合。握手看似平常，也要分清场合，区别对待。在一般情况下，熟人、老朋友相见，握手可随便些。如果重大场合握手的人比较多时，与每个人握手时间大致相等，力戒"薄此厚彼"。此外，不要几个人竞相交叉握手，或者跨门槛甚至隔着门槛握手。

2）称呼

在社交中，一个热情、友好、得体的称呼，既表示了对他人的尊重，使对方顿生亲切、温馨之感，同时也显示了自己的礼仪修养。

在我国，一直惯用的称呼是"同志"，前面冠以姓氏或姓名或职务。目前，西式称呼也渐渐成为一种得体而优雅的时尚。我国目前的称呼主要有：第一，根据年龄来确定，年龄大的可称"老伯伯""老先生"或"大爷""大娘"，对年龄小的可称"小弟弟""小妹妹""小朋友"等；第二，根据职业、职称来称呼，如"×老师、×医生、×教授、×总工"等；第三，根据身份来称呼，如对德高望重的老领导、老同志，可用"×老"称呼，称呼国家机关的公务人员可用"同志"，在业务交往中可用"先生""小姐"来称呼；第四，根据亲属关系来称呼，如"×叔叔""×阿姨"等。

在社交场合，人们对他人如何称呼自己是十分敏感的。称呼得当，能使双方产生心理上的相容，交际会变得顺利。在具体使用称呼时，还必须注意以下几方面。

（1）要多使用尊称，杜绝使用不恰当的称呼语。尊称是指对人尊敬的称呼，如"您"——您好、请您；"贵"——贵姓、贵公司；"大"——尊姓大名、大作；"老"——×老、您老等。不恰当的称呼主要有两种情况：一是"专称"用为"泛称"，如"师傅"本指向徒弟传授技艺或有手艺活的人，将专称"师傅"泛称所有有专门技艺的工匠；二是变"贬称"为"褒称"，这主要表现在称呼语的同义选择和语词结构两方面，如称年长者为"老头子"，而不尊称为"老人家""老先生"等。

（2）称呼有时不易马上搞清楚的，不妨有礼貌地问一下：请问我如何称呼您？千万不可凭自己的主观想象去称呼。如把一位年纪较大而又未成婚的女士称为"太太"，一定会令她大为恼火。

（3）不要随便称呼他人的外号或绰号，尤其不可称呼他人弱点或生理缺陷的外号。但外号若能显示他的优点，适当的称呼反而会显得活泼、友好而充满敬意。如称会唱歌的同学为"我们的百灵鸟"，对方听了一定会高兴。

2. 介绍与名片

1）介绍

在社交中结识新朋友，可通过"介绍"来实现。介绍，是指从中沟通，使双方建立关系的意思。介绍和被介绍是经常采用的社交方式。如果按照介绍者来区分，主要有以下方面。

（1）介绍他人。在介绍他人时，介绍者处于当事人之间。因此，在介绍之前，介绍者要了解双方各自的情况，同时要事先了解被介绍双方是否有结识的愿望，不要贸然行事。

（2）自我介绍。在交际场合，如果想结识某人，一个简单有效的方法就是自我介绍。自我介绍时应态度热情，将自己的姓名、身份、单位告知对方，如有名片递上，效果会更好。

（3）他人介绍。在社交场合要想结识某人，还可以通过他人介绍。做介绍的人一般是主人或你熟识的朋友。当别人为你做介绍时，要主动以礼貌的语言向对方问候或微笑点头致意。在未被介绍给对方时，不宜插嘴对方的谈话。

以上三种介绍方式都有一定的礼仪规范，介绍时应注意以下方面。

第一，介绍时，态度要热情，镇定自若，端庄有礼，目光正视对方，略带微笑。先说"请允许我介绍一下"，然后按地位高低，将有关人员依次介绍给来宾。

第二，为表示对客人、年长者、地位高者、女子的敬重，介绍时应先将主人介绍给客人，先将年轻的介绍给年长的，先介绍别人再介绍自己，先将男士介绍给女士，先将地位低的介绍给地位高的。

第三，介绍他人既不能夸张失实让人产生怀疑，也不必有意贬低，违背介绍意图，而应恰当地掌握分寸。介绍他人时，还应当伸手示意，手掌微向上翻，以示尊重。

第四，介绍时，除女士、年长者外，一般起立致意或点头微笑。待介绍结束，通常应先握一握手，并说"您好""幸会""久仰"之类的礼貌语。此外，介绍时要口齿流利，发言清楚。介绍他人时，一般不要称某人为"我的朋友"，因为这样显得很不友好，好像其他人不是你的朋友。

2）名片

名片是现代社交中广泛使用的交往工具之一，具有证明信和介绍信的某种功能，起着沟通和联络的作用。我国目前的习惯是将职务连同单位用较小的字体印在名片的左上角，姓名印在中间，名片右下方印有邮编、电话、地址等。现代名片，正面一般用中文书写，反面用英文书写。使用名片也有一定的礼仪，主要有以下方面。

（1）赠送名片。一般由本人当面递交。递交时，双手持名片上方左右两端，上身呈15°鞠躬状，面带微笑，郑重将名片正面递给对方。但必须掌握好赠送名片的时机，既不要错过加强联系的机会，又要注意分寸，不可滥发。

（2）收受名片。对方递来名片时，一般也应以上述姿势双手接回，并道声"谢谢"。接过名片后，应认真看一遍，轻轻地念一遍，并郑重放入上衣口袋或置于名片盒内，以示尊重。切忌随手放在一旁，看都不看，也不要在手中随意玩弄，更不要信手将名片放下甚至不慎落地。若自己有名片，也应回送一张。

（3）索取名片。有时你想得到对方的名片，可他没有给你，这时你不妨以请求的口气问："如果没有什么不便的话，能否请您留张名片给我？"若对方确实已没有名片，一般会婉言说明。

3. 电话与拜访

1）电话

电话通话具有传递迅速、使用方便、失真度小、效率高等优点。电话里，无论生人、熟人，应一视同仁地给予热情的态度，这不仅有利于彼此的感情沟通，也体现了通话人的文化素养。因此，掌握电话礼仪也很重要。

（1）选择适当的通话时间。通话时间包括：打电话时间和电话交谈所持续的时间。除有紧急要事外，打电话白天应在 8 点后，假日可在 9 点后，夜间可在 22 点前，以免影响受话人及家属休息。至于通话时间，一般以 3～5 分钟为宜。打公用电话要尽可能缩短通话时间，提高通话的效率。

（2）理清通话要点，即拿起话筒前，首先要明确通话后该说什么、怎么说。如果内容多、时间长，不妨先列个提纲，免得接通电话后结结巴巴，语无伦次。此外，对于比较复杂的谈话内容，应及时做些记录，以便以后查用。

（3）塑造开头的通话形象。电话接通后，打电话的人应首先问一声"您好"，然后再说出要找的人。如果对方不是你要找的人，应以请求的语气请求对方帮你传呼一下。切忌用命令的口气，招来对方的反感。接电话一方也应注意礼貌，拿起话筒先回一声"您好"，并报自己的单位、姓名，而不应先查问对方。对于对方的询问，应尽量给予详尽的回答。如果对方要找的是其他同事，应热情地帮助传呼。

（4）讲究礼貌的通话用语。在通话过程中，也应注意礼貌用语，保持和蔼的通话态度。如果要找的人不在，要先向接电话的人表示感谢。接电话的人不应不耐烦，可以说一声"请稍候"，让对方感受到礼遇。假如拨错了号码或串线了，错拨者应向对方道歉。接到打错电话的一方，应友好地告诉他重拨，而不应恶狠狠地将电话一放。当交谈结束，可询问对方"请问还有什么事""还有什么要求"之类的话语，这既是尊重对方，也是在提醒、关心对方。最后，双方可说"再见"。

2）拜访

拜访是人与人之间交流思想感情的一种方式。社交中互访，能够增进了解、密切关系、联系感情、加深友谊，是社交的一项重要内容。拜访的礼仪主要有以下几种。

（1）初次拜访，应事先通知对方，征得对方同意。拜访不宜逗留过久，以免没话可说而出现冷场。一般来说，初次拜访以半小时左右为宜，以后可视友谊的增长和需要适当延长。

（2）拜访时间最好不要在节假日的晚上，以免影响他人难得的闲暇之乐。此外，要尽量避开对方可能吃饭或午睡的时间，若晚上到家拜访则不宜太晚。若事先约定时间，应提前几分钟到，以免对方等候。

（3）进行专访，事先应预约，告诉对方自己何日、何时来拜访。并说清拜访的目的，问明对方是否方便或何时方便，以便对方妥善安排和有所准备。

（4）拜访进门时，别忘先敲门或按门铃，等主人开门或说"请进"后再进去，切忌擅自推门直闯，让主人措手不及。进门后也不应擅自坐下，除非是很熟的朋友。此外，不能目光游离，东张西望,对主人家的东西乱摸乱动。

(5) 拜访要注意自己的仪表和言谈举止,要衣冠整洁,不要跷着二郎腿、随地吐痰,交谈时不可高谈阔论,毫无节制地大叫、大笑等。

(6) 拜访时若有礼物,可在互相问候后或在道别时拿出来给主人。默不作声地送礼物是不礼貌的,会给人没有教养和诚意的感觉。如果主人请吃东西,不可过分推辞;如果你不想吃,也不要做过多解释,应该说"谢谢"。

4. 接待

随着社会交往的增加,接待是经常性的事务。对一个单位来说,一个初来乍到的客人对该单位的第一印象,就是接待人员给的。对大学生来说,接待可能是我们接触较少的一项活动,但有时也不可避免地要遇到。走上工作岗位后,自然就是在所难免的。因此,我们很有必要了解和掌握一些接待礼仪,以免真正遇到时手忙脚乱,无所适从。这里对车站、机场、码头接待及一般接待礼仪做些简单介绍。

(1) 车站、机场、码头接待客人的礼仪。

第一,接待人员必须在火车、汽车、飞机、轮船到达前15分钟到达。如果客人与你素不相识,事先要了解一下他的外貌特征,最好手举一块写着"欢迎您,×××先生/女士/小姐!"的牌子。这样,既可防止辨认不出,又能增添客人的自豪感。

第二,客人来之后,应先对他说"路上辛苦了"之类的问候话,接着就自报家门,有名片时应及时递上名片。介绍完毕后应随手接过客人的行李,但客人随身的公文包之类不必代提,因为里面可能有客人的贵重物品等。

第三,在公务接待中,接待客人后应马上向他介绍膳宿安排、交通情况、开饭时间及其他生活设施问题。然后递上一张事先准备好的活动日程表,让客人及早了解活动的过程,并据此安排自己的私人活动。

第四,为进一步活跃气氛,避免冷场,接待后还可以与客人做些简短交谈,介绍一些客人感兴趣的情况,但时间不宜过长,应让客人及时休息。告别时,别忘告诉客人与你联系的方法。

(2) 一般接待客人的礼仪。

第一,事先知道客人来访,要提前"洒扫门庭,以迎嘉宾",并准备好招待用品。客人在约定时间到来,接待人员应出门迎接,然后让客人安座。

第二,招待客人要笑脸相迎,要亲切、热诚;态度和蔼自然,从容不迫;言谈举止要大方得体,不要做作。让客人感到你是诚恳的,而不是敷衍的。

第三,接待客人服务要周到、亲切。如在炎热的夏天,可递给客人一块毛巾擦擦汗,房间内有空调或电扇的要打开;若在冬天,要捧上热茶。

第四,客人辞别时,应以礼相送。除说些道别的话外,还应注意礼节,与客人握手,亲切话别,送到门口;对初来的客人,应介绍返程的交通工具;客人远去时,可挥手致意,直至看不到客人。

四、社交中的礼仪类文书

礼仪类文书是社交行为和礼仪活动的重要组成部分,是礼仪在精神和意识方面的体现。大学生掌握礼仪类文书的书写方法,不仅是当前的需要,更重要的是为以后工作奠定基础。

1. 礼仪类文书写作的基本要求

礼仪类文书是社会组织与公众及公众之间加深了解、密切关系、沟通感情、交流信息的书面形式。它的书写,除了一般文书所应有的要求外,还有三方面的基本要求。

1) 感情要真挚

礼仪类文书无论是从交际目的来说,还是从交际的情境来说,感情真挚与否是至关重要的因素。那种俗套的、纯粹为了应付的礼仪类文书，是难以达到沟通双方情感的。为了达到塑造良好形象的目的，应注意以下几点。

(1) 热诚恳切，言语由衷。待人以诚，是一切社交之本；以诚相见，必须通过真挚的言辞抒发感情。无论哪一类礼仪文书，都必须尊敬对方，态度热诚，言辞恳切，言语由衷。在撰写礼仪类文书时，要善于发挥感情的积极作用，注意树立个体或组织的形象，达到"心心相印"的效果。

(2) 力戒俗套，写深写透。不少礼仪类文书虽说都有固定的格式，但其正文要力戒俗套，忌公式化；要力求写深写透，无丝毫矫揉造作；要以真挚的感情和质朴的风格为贵，不要一味追求文辞的华丽。

(3) 主题鲜明，态度明确。应该注意褒扬人们向往美好充实的人生、追求幸福光明的未来的思想感情和美德；切忌谈及人们的过失和不幸，也要避开引发人们联想缺点、遗憾的话语，这样才能和整个礼仪活动氛围协调。

2）语言要恰当

礼仪类文书在其语言方面有特殊的要求，即既要具备一般文书的共同特点，又要有与社交活动内容和表达方式相适应的个性特色。

(1) 简要鲜明。语言必须简明精练，惜墨如金，不拖泥带水、丢三落四，不含糊其词、模棱两可。为此，写礼仪文书时，首先要对文稿进行推敲，修改压缩，提倡写短文，要给他人以明确的概念；其次，要言简意赅，多选用简练的、表现力强的词语，在尽可能短的篇章里，提供尽可能多的信息，更好地表达情感。

(2) 朴实典雅。根据不同的礼仪内容和表达的需要，注意修辞，讲究辞章，做到笔下生辉、恰到好处、生动活泼、不滥不俗。而且，有些礼仪文书中还要用典雅的礼貌语言，如对人的尊称、祈使句中的敬辞、陈述句中祝颂语，以及一些文言词语的运用等，能使言语升华，取得更好的效果。

（3）措辞精当。要做到这一点，就必须在起草文书时，竭力将可有可无的字、句、段、空话、套话删去。汉语同义词较多，含义虽相同或相近，但在功能、风格等方面仍有一些差异，只有用词准确，才可避免产生误解。

3）格式要正确

写作礼仪文书和其他应用文体一样，也要注意一定的格式，这包括以下几点。

（1）要注意行文礼仪。首先，要注意标题的严肃性，不要任意省略，造成对方阅读困难；其次，行文要尽量把事实和背景交代清楚，为对方在阅读上提供方便；最后，要注意行文关系，如无特殊情况和紧急事宜，一般应按照直属的隶属关系行文，而不要越级行文，平行的部门之间应用平行的礼仪类文书，不可用上行或下行的礼仪类文书。

（2）要正确使用较为固定的礼仪用语，包括称谓语、经办语、引叙语、表态语、结束语等，这些专门用语本身都具有礼仪性质。因此，写作礼仪类文书，在使用专门语时应切实搞清楚其特定的含义和使用习惯，以免错用、滥用，闹出笑话。同时，我们也应注意吸收新的、富含生命力的用语，不断增强礼仪类文书的表现力和感染力。

2. 日常礼仪类文书

对大学生来说，应该掌握的与社交密切相关的文书有感谢信、慰问信、柬帖、聘请书等。

1）感谢信

感谢信是为了表达对对方邀请、问候、关心、帮助和支持的感谢而写的一种专用书信。它一般有两种形式：一种是写信人写给某人或某组织的不公开的感谢信，另一种是公开张贴的大篇幅的感谢信。它具有感谢和表扬的双重意思。撰写感谢信时应注意以下礼仪。

（1）要准确、清楚地叙述被感谢者的事迹，让对方能回忆起来或让他人了解清楚，并适当评价对方的思想和品德。

（2）应满怀感激之情去议论和评价事迹的深刻含义，并表示谢意和学习决心，篇幅要适中。

（3）语言要真诚、热情、精练、亲切，洋溢感激之情，做到情尽意畅。

2）慰问信

慰问信是以组织或个人名义，向有关单位或个人表示安慰、问候、鼓励及亲切关怀而写的专用书信。它体现了组织的温暖、社会的关怀、组织及公众之间的深厚情谊，给人以克服困难、继续前进的力量和勇气。撰写慰问信时应注意以下礼仪。

（1）感情要真挚、饱满，语言要真切，要表现出慰问的倾向性和赞扬功绩或表达同情的激励之情，给予对方以亲切感受。

（2）文字简洁朴素，内容充实。信中既要能激励对方的勇气，又要诚恳地询问对方有何困难，并尽力代为解决，但篇幅要适中。

3）柬帖

柬帖又叫请柬、请帖。它是邀请客人的通知。在社交中，有些较重要的或规格较高的会议、宴会、纪念典礼、奠基仪式等常用柬帖。这既是出于礼貌，也能对客人起提醒备忘的作用。用柬帖邀请客人，比别的方式显得更加郑重、热情和真诚。撰写和使用柬帖时应该注意的礼仪有以下四个方面。

（1）柬帖是具有特殊意义的书信，常常被受邀者当作纪念品来珍藏。因此，它的款式和装贴都讲究精致而有艺术性，使人一收到它就感到快乐、亲切。在书写时，还应注意字迹工整、漂亮、大方，充分体现一个组织的层次水平和礼貌风度。

（2）柬帖表明了组织对举办活动的郑重，也表示对客人的尊重。所以柬帖多以寄送为主。而且，要仔细核对书写的地点、时间、人名、内容是否清晰无误。

（3）文字要简洁、明快；措辞要典雅、得体；语气应婉转并带有协商、请求的口吻，表现出主人的热情、诚意，切忌使用生硬的命令口气。

（4）柬帖的发出时间以一周以前发出为宜。若柬帖发出后，由于始料未及的变化，不得已而取消或者推迟原定活动，必须在原发放柬帖的范围再发取消柬帖。不发、迟发或漏发都有失礼貌。

4）聘请书

聘请书简称聘书。它是邀请有关人员担任某项工作时使用的一种礼仪类文书。使用聘书，有利于增强受聘者的责任心和荣誉感，也是对受聘者的尊重。

现在一般都有印好的、精制的现成表格。只要填上受聘者的姓名称谓、聘请原则、担任职务等即可。聘书通常以单位名义发出，加盖单位公章才生效。填写或撰写聘书时应注意的礼仪有以下两个方面。

（1）文字言简意赅，行文语气和善，态度诚恳亲切。

（2）慎重确定聘期和工作权限。

文体篇

凡是有生活的地方就有快乐和宝藏!

——何其芳

第十八章　如何培养个人业余爱好

随着信息时代的到来，当代大学生早已不再"两耳不闻窗外事，一心只读圣贤书"了，他们特立独行、思维活跃、渴望新知、勇于尝试；他们拥有自己的世界，并更加注重多方位的自我完善；他们容易接受新思想、新事物，兴趣爱好广泛。正因如此，大学生将更多的时间与精力放到了学习之外的课余生活中，培养与发展业余爱好成为大学生活中不可缺少的一部分。那么，如何正确对待业余爱好，如何培养和发展业余爱好，恐怕也需要大学生们认真思考、理性分析，以积极的心态和行动去对待生活。

一、业余爱好与成才的关系

大学生活假如只有吃、喝、睡，那将是毫无意义的；大学生活假如只有学习，那也是枯燥乏味的。大学生只有将个人的业余爱好与严谨的专业学习结合起来，才能使自己的大学生活丰富多彩、斑斓多姿，而充实的大学生活对大学生的成长成才有重要的推动作用。

兴趣，是一个人充满活力的身体表现，也是一个人能专注于某项或几项活动的心理表现。爱好，是一个人在兴趣的引导下，经常积极参与某项活动的行为倾向，它是兴趣持久发展的动力。业余爱好是与正常的工作、学习内容没有直接联系，在规定的工作、学习时间之外，对某些事物具有指向性、持续性的爱好，它以倾向性的选择表现出来。一个大学生的业余爱好可能只局限于一样，也可能多种多样，并且不同的业余爱好之间可能有关联，也可能没有关联。比如，一个同学只喜欢唱歌；一个同学喜欢边弹吉他边唱歌；

一个同学既喜欢唱歌，又喜欢下棋，还喜欢打网游。从心理倾向来说，业余爱好实际上反映了大学生的生活情趣。

兴趣爱好往往反映着一个人的内心世界，折射出一个人的某些特征，因而兴趣爱好也常因人而异，而且有高低、优劣之分。列宁经常利用休息日去滑雪或打猎，有一次他与同伴们到郊外打猎，走了半天，连只兔子都没见着，同伴们有些扫兴，列宁宽慰他们道："别发愁，小事情，难道我们是为了兔子么？也许碰到它们，我也不开枪，溜达溜达，呼吸新鲜空气，是一件快乐的事情，而兔子不会介意。"正是这种美好情趣所选择的积极休息方式，不仅帮助列宁驱赶了紧张工作后的疲劳，还丰富了生活，愉悦了精神。实际上，很多杰出的名人都有自己的业余爱好，比如爱因斯坦会拉小提琴，莫尔斯是职业画家，华罗庚喜欢写诗填词。

大学校园的氛围和环境为大学生们发展个人的业余爱好、展示自己的才华、实现美好的理想提供了广泛的可能性和基本的物质条件。同时，大学生的广泛兴趣爱好也促进了校园文化的形成与发展，并走向成熟。

当然，在大学校园里也存在一些同学不注重个人业余爱好的培养，甚至连基本的文化知识也十分匮乏的现象。正因如此，文华学院在 2009 年以个性化教育作为开展素质教育的切入点，从学生的实际情况出发，结合社会对高级人才的需求变化，有针对性地提高学生综合素质。素质的提高与兴趣爱好有密切的联系，学生对某方面感兴趣，自然会将更多的业余时间花费在这方面，随着时间的增加、知识的积累，学生在这方面的经验越来越丰富，技巧越来越娴熟，自然就具备了这方面的素质。健康有益的业余爱好与大学生成才有不可分割的关系。

1. 业余爱好有利于大学生完善知识、能力结构

孔子曾经说过，"知之者不如好之者，好之者不如乐之者"。一个人要成功或想成才，必须对自己所从事的活动感兴趣，才能以积

极的热情全身心地投入，做出完美的成绩，这是成才的基本前提和保证之一。歌德也曾说过，"哪里没有兴趣，哪里便没有记忆"。当学生对某一事物发生兴趣，他们会积极钻研，主动地汲取相关知识，当他们把自己的全部认识活动集中到这一事物上时，就能达到对知识的深入理解与掌握；相反，如果学生对这一事物没有兴趣，即使强行向他们灌输相关知识，他们也只会形成机械记忆，不可能活学活用。当然，如果业余爱好能转化成未来的专业职业，在自己喜爱的领域内成才，自然最好。但现实中，绝大多数大学生所面临的是，如何把业余爱好与专业学习、立志成才结合起来，以促进专业学习、加快成才的步伐。

大学生要达到成才所需要的知识、能力水平，仅靠课堂教学和专业知识的学习是远远不够的，尤其是在当前信息爆炸的时代，知识的更新速度远远超出我们的想象，这对大学生的综合素质、综合知识、综合能力提出了更高的要求。课堂教学提供的只是本专业的基本知识体系，培养的只是基本的学习能力，如果大学生对某一领域的认识没有相当的广度和深度，又不具备基本的能力结构和某些特别的能力，就很难在这一领域内有所成就。如果大学生注意将自己的业余爱好与专业学习结合起来，并纳入成才的整体结构之中，利用一些业余时间发展一些业余爱好，将有助于综合知识的获得和综合素质的培养，有助于早日成才。比如经常打篮球可以增强体质，提高球技，培养团队协作精神；爱好书画、摄影可以增强技艺、策划能力，还可以修身养性，提高审美水平；爱好舞蹈可以提高表演水平，锻炼胆识，培养自我表现能力；爱好电脑可以提高电脑操作和应用水平。不同的业余爱好能够培养不同的技能，如果有多种业余爱好，就可以培养多种能力。

2. 业余爱好有利于大学生提高社会适应能力

随着我国科技的进步、经济的发展，社会对高校毕业生的期望越来越高，高等教育的大众化也促使社会对人才的界定标准逐步提升,高校毕业生面临更残酷的社会竞争、更恶劣的就业环境。而大学相对轻松、自由的学习生活氛围,易使大学生缺乏紧迫感和危机意识。如果学生不利用相对宽裕的课余时间培养和发展一种或几种兴趣爱好,自身的竞争力会大大削弱。一旦步入社会,复杂的人际关系、快节奏的生活方式、高强度的工作压力都会使大学生产生强烈的不适感,这也是当前高校毕业生频繁跳槽的主要原因之一。而业余爱好不仅能使大学生的观察力、思维力、想象力、创造力和实践力得到锻炼,还能帮助他们更全面地认识自我、开发潜能。同时,除专业知识外,大学生如能掌握一技之长,也会使他们更加自信,意志力更加坚定。当他们遇到困难的时候,也不会轻易放弃,而能以积极的情绪面对,最终克服困难,朝着既定的目标奋勇前进。此外,有了业余爱好,自然也会拥有更多表现或比赛的机会。表现出色和取得好成绩,自然能激发大学生的竞争心理,促使他们努力拼搏。大学生只有保持较强的竞争意识和竞争能力,才能提高适应社会的能力。

3. 业余爱好有利于大学生培养高尚情操

一个人能否成才,不仅取决于智商的高低,而且取决于思想、情感、道德等潜在因素。古今中外的名人,除了在事业上为人类做出巨大的贡献之外,都是兴趣广泛、博学多才的。毛泽东是举世闻名的政治家、军事家、无产阶级革命家,他的书法独成一派,古体诗更是令人叫绝,他还喜欢读书、游泳。爱因斯坦一生酷爱音乐,他不仅常常兴致勃勃地听莫扎特或贝多芬奏鸣曲,还喜欢自己拉小提琴,乐在其中。音乐也为爱因斯坦卓越的思维能力提供了特别滋补的"营养"。所以,大学生的一些业余爱好,从表面看同专业、成才没有任何直接关系,但是通过参加一些有益的课外活动,有目的、有节制地发展健康有益的业余爱好,可以陶冶性情、培养情操、塑造完美心灵,久而久之,能够不知不觉地改变人的精神面貌,影响人的心理状态,潜移默化地作用于大学生的专业学习,助其成才。当然,我们不可能把每个学生都培养成像伟人那样的全才,但我们应该把学生尽可能地培养成性情高洁、道德良好和精神丰富的人。博学多才会使人热爱生活、珍惜人生,而孤陋寡闻则会导致精神空虚、思想堕落。

二、正确对待业余爱好

如果说学习专业知识是大学生活的主色,那么培养业余爱好无疑是不可缺少的辅色。提到业余爱好,大学生首先想到的可能是琴棋书画等技术性较强的高雅艺术,因此有些大学生会因为家庭条件、生活环境的限制而放弃对个人兴趣爱好的追求。诚然,对个体而言,无论是喜欢草木虫鱼,还是热衷体育网络,都需要一定的物质保证,要有一定的财力投入,尤其是摄影、旅游、收藏等活动,对一个家庭收入来源较少而日常开支负担较重的人肯定是可望而不可即的。但大学生除了可以借助政府提供的公共设施、免费休闲场所开展自己感兴趣的活动外,还可以依靠学校组织的各种社团、协会以及开设的各类选修课发展自己的业余爱好。站在这个角度上,我们也可以说,学校的物质条件越完备,对完善大学生的个性品格就越有益处,青春活力的激发也能使大学生的生活情趣更丰富、更高尚。

虽然物质匮乏会在一定程度上影响生活的情趣,但是物质充足了,却没有充实的精神生活,缺乏坚定的生活目标和高尚的人生理想,那么,优越的物质生活条件就可能成为发展低劣、腐朽情趣的温床。比如,有些大学生整天沉溺于网游、内容低俗的小说、"带彩"扑克麻将之中。即便他们乐此不疲,将大量的时间精力花费在这些活动上,我们也不可能将其作为业余爱好来培养,因为这些活动不能开阔学生的眼界,使他们胸襟豁达、朝气蓬勃,也不能让他们体会到生命的可贵可爱,得到精神上的愉悦。这一点,可以从西方社会出现的种种畸形社会现象、深刻的精神危机中看得一清二楚。与此相反,只要心中理想之光不灭,对生活充满挚爱,照样能从有限的物质条件中找到无限的生活乐趣。比如，有些大学生自发组织"英语角"加强口语交流，收集日用废弃物做建筑设计模型，利用网络平台进行文学创作等。大凡胸怀大志者，生活清贫却充满丰富的乐趣。所以，大学生应该树立远大的理想，摆脱物欲的追求，培养高尚的生活情趣和有益的业余爱好，促进自身德、智、体、美的全面发展。文华学院正在探索开展立志教育行之有效的途径、方法，帮助学生根据自身的优势、潜能、专业和社会发展，确立自己未来的发展方向和志愿。业余爱好有有益身心发展和无益身心发展之分，我们要积极培养与发展有益的业余爱好，但也必须注意把握度，不能放纵而玩物丧志。

  对大学生而言，学习是本职，应将专业学习放在第一位，个人爱好只能利用课余时间进行。然而，有些同学却没有摆正业余爱好同专业学习的关系，将主要的时间与精力都投放到业余爱好之中，业余成了专业，专业成了业余。更极端的是，有的同学干脆放弃专业学习，基本上不上课、不交作业，整天忙于个人的兴趣爱好，临到考试，为了不挂科就在考场上耍小聪明，结果受到了纪律处分。这类例子在民办院校中不足为奇。另外，有些同学整天沉溺在网络游戏中，晚上宿舍断网，他们就跑到网吧夜以继日。扑克牌也是大学生比较喜欢的业余爱好，有些同学经常是"夏战三伏、冬战三九"，大战不已，非要较个高低不可，甚至带上赌资，其结果可想而知了。还有一部分同学，在上大学之前就有自己的某些业余爱好或特长。但进入独立学院后，因为担心未来的就业压力，他们会极力压抑自己继续发展业余爱好的愿望，一心一意要学好专业，考上研究生或者找到一份满意的工作，因而很少参加校内外各项文化活动，更不用说发展新的业余爱好了。这种对待业余爱好的态度显然也是不合适的。因此，培养和发展有益的业余爱好，合理分配业余爱好与专业学习的时间与精力，是大学生对业余爱好应有的正确态度。只有正确对待业余爱好，将业余爱好纳入人才成长的整体结构中，使业余爱好与专业学习有机结合，融为一体，学娱相长，才能早日成才。

三、培养有益的业余爱好

有人说,一个人成不成功,关键看他业余时间在干什么。从这句话中我们也可以看出,人与人的天赋几乎是相当的,即便有差距,也不会很大,通过一定的努力是可以弥补的,正所谓"笨鸟先飞"。所以,利用业余时间开展正当、有益、适度的兴趣爱好,不仅能开阔人的眼界,丰富人的知识,还能焕发人的精神,增进人的健康。业余爱好与学业、事业也是相辅相成、相得益彰的。因此,对于有益的业余爱好,我们应当去努力培养、积极发展。

那么,如何培养有益的业余爱好呢?这里有几种好的方法供大家参考。

(1)坚持进行一项活动。

大学生可结合自己的专业、工作、身体等条件,选择一项个人擅长的活动稳定持久地进行下去,将其作为爱好来培养。对于精力充沛、时间充足、经济条件许可的同学,还可以适当扩大兴趣爱好的范围,比如有同学擅长羽毛球,那么他还能尝试跆拳道、瑜伽等类似的活动。但要注意的是,不论兴趣爱好范围有多广,都应有一两项稳定、持久的核心兴趣,不能朝三暮四、三天打鱼两天晒网。

(2)多尝试、勤练习。

有不少大学生常常感叹自己没有兴趣爱好和特长,也不知道自己喜欢干什么,究其原因,主要是没有尝试和练习。通常,如果某人对自己的某种能力缺乏自信,就不会去尝试需要这种能力的活动,害怕一旦做不好,惹人笑话。正因为有这样的担心,没有尝试的勇气,于是干脆回避,称自己没兴趣、不爱好。实际上,只要敢于尝试,并多加练习,从活动中获得成就感,自信心也会随之加强;有了自信,自然会愿意投入到这项活动中来,兴趣爱好也就产生了。

(3)加入相关组织。

大学里有各种学生自发组织的社团和协会,同学们可以根据自己的爱好，加入相应的组织。一方面，可以找志同道合的朋友相互切磋，将业余爱好向专业化方向发展；另一方面，可以借助这个平台走出去，参与一些校际竞赛活动，在更大的范围内与同行交流，提高自己的水平。此外，社团和协会能为大学生就业创造更多的机会，拓宽就业门路。

(4) 争得社会认同。

如果业余爱好仅仅停留在自我娱乐阶段，那对个人的发展是起不到太大作用的。只有将业余爱好向专业化的方向发展，才能使自己获得更多的能力和技能。大学生要多参加校内外的相关竞技比赛，不断磨炼自己，提高技能水平，争取好的成绩。获得社会认可后，不但能使自己敢于挑战，还能发现自己对社会的价值。让业余爱好获得社会认同，应该成为一个人生目标。

知道培养兴趣爱好的方法后，大学生应该培养哪些业余爱好呢？这恐怕要因人而异了。但不管怎样，有一点是相同的，那就是适度发展有益的业余爱好可以与学业长进相辅相成。

(1) 正确使用网络资源，合理安排游戏时间。

随着个人家用电脑的普及，大学生携带电脑上学已经司空见惯。网络在给同学们提供海量有用信息的同时，也会有无用甚至内容低俗的信息，这需要我们有较强的分辨力和自制力，远离不健康的网络信息。同时，大学生还应避免用网络代替自我思考来完成相关作业。比如现在很多网站都提供免费翻译软件，有些同学本来英语基础就不好，对英语学习没兴趣，但凡有英语作业，就会借助这些软件资源，长此以往就会对翻译软件产生依赖性，并彻底放弃英语学习。再如，现在有些学习论坛会提供某些课程的课后作业、习题答案，有的学生一旦从网络上查到相关资源，就直接下载抄袭，这种做法也显然不恰当。此外，"90后""00后"大学生普遍喜欢玩网络游戏，内容健康的网络游戏本身并没有问题，问题在于有些大学生沉溺其中，不分昼夜、不顾身体状况，整天泡在宿舍或网吧玩。这不仅对身心健康发展不利，也会影响到正常的学习生活和未来发展。所以,养成有规律的上网习惯,合理使用网络资源,防止玩物丧志是非常必要的。

(2) 积极参加文体活动,努力磨砺意志品质。

在总体培养目标的要求下,配合教学计划的需要,大学会定期组织不同类型的文体活动。大学生不应以自己是否有某方面的特长来决定是否参加文体活动,只有多参与、多尝试,才能发现自己的兴趣所在。同时,将兴趣作为业余爱好来培养时,能否持之以恒是最关键的,也是最考验人的忍耐力、毅力、心理承受力的。所以,在学校提供的活动平台上,大学生不应在意是否能施展以及如何表现个人特长,贵在参与,只有参与其中才能体会到活动的意义和妙趣,才能培养某方面的能力素质,才能锻炼意志品质,也才能培养与发展业余爱好,促其成才。

第十九章 怎样过好课余生活

　　大学是知识经验积累和个体自我发展的重要时期,也是人生观、价值观的形成时期。与中学时代相比,大学倡导自主学习、个性化教育,学生可自由支配的时间更多。所以,课余生活成了大学生活的重要组成部分。如果大学生能愉快充实地过好课余生活,不仅可以消除紧张学习带来的疲劳,激发各方面的灵感,还能培养多样化的兴趣,发展各方面的能力。如果大学生感到生活单调、无事可做,或不能按照自己的兴趣来选择活动,或无法表现自己的特长,他们就会产生苦恼、烦躁、迷茫、自暴自弃等复杂的负面情绪。这显然不利于大学生的身心健康发展。因此,如何合理安排自己的课余生活,是每个大学新生都需要面对的问题。

一、科学合理地安排课余时间

　　所谓课余时间,是指在学校培养计划规定的上课、实验、实习之外的所有时间。大学生摆脱了中学课堂的约束与限制,没有必须听课、做实验和进行课程设计的压力,经常处于无人控制、自我管理的放松状态中。他们从课堂中的强制学习角色转变为自由角色,可以在校园、教室、宿舍、食堂等场合自主分配自己的体力、精力,自主设计自己的生活模式。

　　所谓时间管理,是指为了提高时间的利用率和有效性,对时间进行合理计划与控制、有效安排与运用的管理过程。大学生应采用科学的原则和一定的策略,对自控时间进行合理分配、有效利用,让自己成为时间的主人。

　　大学生的课余时间相对较多,但课余时间不是多余时间。随着

第十九章　怎样过好课余生活

高校招生规模的扩大,大学生就业形势日趋严峻,"及格万岁"的田园般生活早已不复存在。在优胜劣汰的竞争中,在课堂时间利用率相同的条件下,谁利用好、开发好了课余时间,谁就可能占据优势,争得主动。合理安排课余时间可遵循以下原则。

1. 计划性

利用课余时间不能脚踩西瓜皮——滑到哪是哪,更不能将其等同于娱乐休闲时间,必须根据专业特点、自身爱好、时间长短、职业目标等内容,对课余时间做出合理的预先安排。一般来说,大学生应首先按课余时间的分散情况,决定哪块时间用来干什么。比如,上午有两节课的空余时间,既可以用来学习英语,也可以去图书馆看课外书,还可以到操场打球。如果晚上整晚时间空余,就可以去参加社团、听讲座、上自习或做兼职。所以,对于比较固定的课余时间,大学生应该制订相应的月计划、学期计划,平时按计划来安排课余时间,并定期总结自己近段时间的课余生活有哪些收获、哪些不足。

2. 灵活性

俗话说,计划赶不上变化,尤其在大学宽松、自由的环境中,大学生经常会在课余时间接到临时通知和临时安排,时间上的冲突使课余时间不能按计划进行。这就要求我们能灵活变通,利用其他时间弥补打乱的课余计划。此外,大学生在制订课余时间计划时,常常会出现两种极端的情况:一是将所有的课余时间用于学习;二是将所有的课余时间用于娱乐。不论是这两种中的哪种情况,都不利于大学生的全面发展。只有劳逸结合,才能使课余生活更充实、丰富,也才更有利于业余爱好的培养与发展,帮助我们早日成才。

3. 均衡性

大学生活虽然轻松自由,但也有一定的规律性,比如考试月内时间较紧,双休日、节假日、科技节、文化艺术节、运动会等期间时间较松;又如白天时间较紧,晚上时间较松。大学生可根据学院、学部、学生组织的工作计划适当调整,较均衡地安排课余时间。如果时间较紧,就多安排与主要任务相关的课余学习与活动内容,以完成主要任务为主,少安排需要付出大量时间与精力的自由任务;如果时间较宽松,就多安排能力训练方面的内容,以提高综合素质。这样就可以避免有时忙得焦头烂额有时又闲得发慌的极端情形。

了解了合理安排课余时间的原则,大学生还需要掌握科学运筹时间资源的方法,从而根据课余时间生活的性质、类型、节奏来设计多样化的课余生活方式。

(1) 集中运筹法。

大学生可以把每天比较集中的课余时间固定下来,用于完成比较重要而自己又感兴趣的事情。比如,你可以每天花 1 小时学习英语,那么 4 年下来你就有 440 小时在学习英语,英语水平想不提高都难。再如,你可以每周做 2 次兼职,4 年下来你就做了很多次兼职,这不仅可为你带来一笔可观的收入,改善日常生活,还为你今后走入社会提前做好了准备。所以,把课余时间积碎成块、积零为整、集中使用、长期坚持是开发时间资源的好办法。

(2) 交错运筹法。

为了将时间的利用效率发挥到极致,大学生必须保持良好的精神状态。长时间的紧张工作容易使大脑疲劳,长时间的放松休息容易使人反应迟钝,而如果在一段时间内变换课余活动内容,就可保持高效的脑力活动,达到更新脑力的目的。比如,有同学看一会儿书,再听一会儿歌,背一会儿单词,看一会儿杂志,这样不同的脑细胞轮流工作,既增强了记忆力,又协调了生活的节奏,可以说是一举两得。

(3) 并行运筹法。

随着生活节奏的加快,时间对现代人而言是相当宝贵的,如果我们能在同一时间做两样相互不干扰的事情,自然就提高了单位时间的利用效率。比如,我们可以边乘车边背英语单词,边查资料边听歌,边慢跑边听新闻。一旦掌握了并行运筹法,就能使自己在一定的时间内做更多的事情,从而争取到更多的竞争优势。

除了原则、方法外,大学生最关心的应该是课余时间应该干什么,这里有两条途径以供参考。

(1) 积极参加学校组织的各类文体活动。大学校园内定期会有不同类型的文化娱乐活动,这些活动大都有较强的知识性、娱乐性和时代性,意在丰富大学生的校园生活、活跃校园文化。同时,这些活动也是充分考虑了大学生的特点,根据大学生各方面的需求而举办的。为了扩大参与面,这些活动基本上都安排在课余时间,属于"第二课堂"教育的重要组成部分。对大学生而言,不论你是否具备某方面特长,你都可以参与其中,感受活动带来的乐趣。同时,只有不断地尝试,才能发现自己的兴趣所在,也才能借助外界提供的舞台,不断磨砺自己的意志,锻炼自己的胆量,获得某种特长或技能。因此,利用课余时间积极参加学校组织的各类文体活动,既能丰富我们的校园生活,培养我们的能力素质,也能提高我们对时间的管理能力,做好时间的主人。

(2) 广泛开展个人的业余爱好。在第十八章中,我们已谈到业余爱好对大学生成长成才的重要性。业余爱好的培养与发展,不仅需要人力、财力的投入,更需要时间的保障。兴趣爱好要成为业余爱好,必须经过系统的学习与刻苦的训练,这都需要花费一定的精力与时间。大学相对宽松自由的学习生活氛围,给大学生提供了大量的课余时间,这些课余时间是开展业余爱好的有利时机。在利用课余时间开展业余爱好活动时,大学生应注意脑力与体力的结合,努力在不同领域培养自己的兴趣爱好。这不仅有利于拓展我们的创造力和实践力,还有利于我们从不同的侧面认识事物。脑力类型与体力类型爱好相互补充、相互调节,也可达到协调我们自身发展的目的。

二、利用课余时间培养自己的特长，挖掘自身的潜能

所谓特长，是指个人特别擅长的技能或特有的经验。特长有专业特长与业余特长之分。专业特长是通过专业学习使自己获得某个领域内的一定专业技能，包括理论水平和实践能力，相对业余爱好而言，它更侧重专业技术水平；业余特长是在业余爱好的基础上，通过系统的学习与不断的实践使自己获得某方面的技能技巧，它更侧重于文化修养。不论是专业特长还是业余特长，对大学生的身心发展都是大有裨益的。所谓潜能，是指实际存在，但在正常情况下我们意识不到的体内的一种能力或能量。潜能是潜意识的外在表现，潜意识是潜能的内在诱因。潜能可分为创造潜能、社会潜能、感觉潜能、计算潜能和空间潜能。不论什么潜能的挖掘，都离不开高度的自信和坚定的意志。

对于特长的培养、潜能的发掘，当前大学生存在两种错误的认识。一是只重视特长培养而忽视专业学习。由于从小学到中学，我们经历的全是周而复始、枯燥乏味的理论学习，和千篇一律、乏善可陈的教育形式，所以到了大学后，对大学生活抱有很高的期望，同时也厌倦了传统的课堂学习，认为书本不能带给我们实用的东西，一技之长才是最重要的。但实际上，系统的专业学习有利于培养大学生的专业素养，决定大学生的就业方向，这应是大学生学习的主流。二是只重视专业学习而忽视特长培养。大学里面从来不缺少"书虫"，这些学生整日埋头苦学，"两耳不闻窗外事，一心只读圣贤书"。但凡学校组织集体活动，他们都避而远之，即便被迫参加，那也是应付了事。这类学生显然难以适应社会的要求。所以，新时期的大学生应端正认识，求得专业学习和特长培养的统一，坚信自己只要努力就会有所收获，只要舍得付出就能发现自身潜能，获得更多的发展可能。

第十九章　怎样过好课余生活

大学生在利用课余时间培养自己特长、挖掘自身潜能的时候，需要考虑以下因素。

1. 个人能力和兴趣

很多时候，大学生都会感到有些事情自己可以做但不想做，有些事情自己很想做却又做不好。出现这种现象的根本原因，是大学生没有将自己的能力与兴趣结合起来，在充分考虑现有能力的情况下，有选择、有意识地将某种兴趣爱好发展为特长。实际上，我们在培养特长的过程中，要善于发现自身的一些潜质，并通过有目的、有计划的训练和强化，进行巩固，使其内化成一种能力显现出来。同时，每个人的时间与精力都是有限的，大学生不能好高骛远，过分强求面面俱到，否则只可能广而不精。

2. 社会需要

21世纪公认的"四大通行证"是英语、计算机、汽车驾驶、法律。随着社会对人才素质要求的日益提高，缺少社会所需技能的大学生更可能面临就业危机。因此，大学生在校期间，就应充分利用课余时间，根据社会发展的客观要求和自身实际，有意识地培养某方面的兴趣和特长。比如，计算机特长不能只限于掌握书本知识或通过等级考试，还要熟悉不断更新的软件应用，能解决计算机使用过程中的常见问题，并能有效运用网络资源为个人发展、社会需要服务。再如，一个新闻类大学生，毕业后想从事新闻工作，那么除了具备应有的写作能力与技巧外，还需要有一定的思想深度、新闻直觉、视角广度，这就要求大学生在平时要注意积累，善于抓住一切训练机会，不断地发掘自身的潜能，让自己向德、智、体、美全面发展的方向前进。

3. 培养特长，挖掘潜能，切忌骄傲自满，三心二意

有的大学生在某方面具有一定的天赋，经过学习、训练，也具

备了较高的水平，但容易在小有成绩后骄傲自满，不思进取。长此以往，特长就会逐渐趋于平常。有的大学生什么都想学，容易见异思迁，结果也是一无所成。特长的培养需要一定的过程，需要不断积累和长期努力，需要有持久的恒心、毅力和热情，三天打鱼两天晒网是不可能成功的。即便具备了一定的特长，也需要不断磨炼、巩固、提高，使其保持一定的水准，具有明显的优势。

实践篇

> 不运用社会的力量，便是无能的教育；不了解社会的需求，便是盲目的教育！倘使我们认定社会就是一个伟大无比的学校，就会自然而然地运用社会的力量，以应济社会的需求！
>
> ——陶行知

第二十章　注重实践环节

高等教育是培养高级专门人才的一种社会活动，高等教育的目的是在高等教育系统中把受教育者培养成一定社会所需要的人。高等教育是培养人才的重要阶段，是人一生当中的重要转折点。高等教育实现对人才的培养有多种途径，课堂教学活动和引导学生参加社会实践则是最基本的两种。在早期的大学里，人才培养主要是通过课堂上系统的理论知识传授进行的。随着社会生产对教育要求的提高，这种传统的教学方式渐渐不能适应社会的要求。现代化的生产过程对人才的要求，已不仅仅是掌握大量的理论知识，还要有较强的动手能力和创造能力，具有科学的社会观和责任感，以及较强的政治素质和心理素质；毕业生到单位后，要能够马上运用自己的知识解决一些实际问题。这些方面的能力培养仅仅依靠课堂教学中所学到的知识是难以完成的，还要运用社会实践这个"第二课堂"来补充和完善课堂教学中所未能学到的知识。

一、大学生应积极投身社会实践活动

大学生社会实践活动是指按照高等教育培养目标，对在校大学生进行有组织、有计划、有目的、深入实际、深入社会的一种贯彻思想政治教育、培养综合素质的教育活动。几十年的实践证明，大学生社会实践活动对大学生的成长成才具有非常重要的意义。大学生社会实践活动可促使大学生与社会进行有机沟通和融合，有助于大学生树立科学的世界观、人生观和价值观，促进大学生素质的全面发展，加速大学生的社会化进程。概括起来，大学生社会实践活动在培养人才方面所起的作用，主要表现在以下几个方面。

1. 有利于促进大学生知识的转化和拓展

学生接受知识的主要方式是课堂学习,而课堂学习所获得的知识以间接的、系统的理论知识为主。这些知识对大学生来说固然是重要的,但是,在这些理论知识从现实向理论转化的过程中,许多丰富的内容被简化了,而且这些理论知识并不代表实际的技能,难以直接运用于现实生活之中。所以应该有一个实践的环节来弥补这种不足。社会实践可以使大学生接近社会和自然,获得大量的感性认识和许多有价值的新知识,学生头脑里、思想上的模糊认识得以澄清,校园里、课堂上争论不休的问题有了正确的答案。同时,社会实践促使他们将学到的理论知识与实践结合起来,掌握把抽象的理论知识转化为实际工作的方法。理论知识向实际能力的转化,对现实的工作和生活意义重大。实际生活的问题并不像课堂练习那样,单靠某一方面的知识就能解决,它需要把各方面的知识糅合在一起,对问题进行综合处理,这样课堂上所学到的知识才能发挥作用,才能向实践进行转化。同时,在社会实践的过程中,大学生还能够发现问题,并且通过再学习来解决新问题,这样就形成了一个"学习+实践+再学习"的循环往复、逐渐提高的过程,实现知识的转化和拓展。

2. 有利于增强大学生的社会意识和社会技能

教育的过程是帮助大学生完成社会化,使大学生树立基本的社会意识、掌握基本的社会技能的过程。社会实践活动在这方面有着不可替代的作用。大学生仅通过课堂学习对国情、社情的了解是很不够的,必须要深入到社会当中去,用活生生的场景激发他们的爱国热情和劳动创造意识,才能够使他们有动力为社会服务。也就是说,只有通过社会实践,大学生才能够从一个封闭的课堂教学中走出来,走向社会,与社会融为一体,让自己感到自己是社会的一分子,有义务为社会服务。在社会实践中,大学生不仅可以直观地了解国情、社情，还能学习人际交往，增强语言表达能力，掌握基本的待人接物的方法和社会规范，同时增强法治意识和社会公德意识。作为一名大学生，毕业后走向社会，必须有一定的社会技能。大学生的社会技能是其成功进行社会生活的基本能力，包括劳动的能力和技术、强健的身体和其他生活技能。社会实践是增长大学生社会技能的一个很好的途径，在社会实践中大学生不仅锻炼了体魄，还能学会一些专业知识的基本操作规范和操作技能。这些技能的增强，将有利于大学生尽早适应社会，充分发挥自己的特长为社会做贡献。

3. 有利于发展大学生的创造才能和组织才能

课堂教学的整个过程有较为固定的程序、对象和场地，同时还有教师的指导和帮助。而社会实践活动的环境比较开放，范围比较广，要面对各种各样的人和物，处理一些没有遇到过的事情，教师的帮助也显得比较弱。在社会实践活动中，大学生不再是一个被动的接受者，而是活动的主体、一个主动的参与者。在进行社会实践时，他们要自行组织，自行选择活动的方式，决定一些相应的措施。这样，大学生的积极性被调动起来，对现实的感受和认识会更加深刻，各种"招数"应运而生，创造性也就发挥出来了。那些有组织才能但在课堂教学中得不到施展的大学生也有了大显身手的机会，他们会想尽一切办法把活动办好，把能想到的各种因素都考虑到，组织能力和应变能力都会大大提高。当今的时代是变化发展的时代，许多人都很"庸碌"地在社会上生存着。没有创造力，虽可以生存，但无法优秀和杰出。社会实践给大学生提供了一个发挥其能动性的环境，在这个环境中，大学生的创造能力和组织能力得到拓展，能够为今后的工作奠定坚实的基础。

4. 有利于大学生提高修养，完善个性品质

在社会实践活动中，大学生同各种各样的人打交道，这些人既

包括活动的同伴、指导教师，也包括实践环境中的社会群众。面对这些关系，大学生要学会与同学分工合作，与教师、群众相互配合学习，学会如何处理人际关系、如何关心和尊重别人。这样既能陶冶情操，又能够与人和睦相处。实践活动现场成为提高大学生思想品德修养的好环境。社会实践活动并不是一帆风顺的，有时会面临一些难以克服的困难，甚至遇到危险，这要求大学生不仅要有吃苦耐劳的劲头，还要有勇往直前的品质。在这个过程中，大学生会逐渐养成坚韧、顽强、忍耐的优良品质，使自己的思想得到升华。

5. 有利于促使大学生积极投身社会现实，加速社会化进程

青年大学生都抱有"鸿鹄之志"，只要大家充分把握目标，热心参与祖国的现代化建设事业，积极投身改革开放的大潮，虚心学习，拜群众为师，扎扎实实，讲求实效，参与到社会生活的各个角落，就能为社会化进程注入新的活力。

二、大学生社会实践活动的类型

大学生开展社会实践活动的形式是多样化的，就整体情况来看，主要包括两大块：教学计划内的社会实践活动和教学计划外的社会实践活动。前者体现在专业设置、课程安排、教学内容、教学方法等全教学过程中，主要包括教学实践、专业实习、毕业论文（设计）、军事训练、生产见习、公益劳动及社会调查等。就后者而言，主要包括以下几种。

1. 社会考察型

这是大学生社会实践活动中最广泛、最普通的形式，是目前学生了解社会的主要途径。一般包括特色学生社团开展特色活动、暑期社会实践、"三下乡"社会调查、实地考察、走访参观、专题了解、综合调查等形式。在这类活动中，大学生直接与社会现实接触,用自己的眼睛观察研究,用自己的头脑去思考、分析问题,在感性认识的基础上进行归纳总结,借助社会现实,融社会教育与自我教育于一体,不断调整自己的思想行为,改变自己头脑中那些不切实际的幻想,积极投身改革开放之中,从而逐步把握自己成长的正确道路。

2. 科技文化服务型

这是以智力开发、科技输出、文化服务为主的较高层次的社会实践活动,主要包括专业实习、专业培训、技术咨询、科研开发、文化服务等。科技文化服务型社会实践活动具有综合性、效益性和自我教育性三大特点。

3. 勤工助学型

这是以劳务、智能输出为特征,以经济效益为目的的社会实践活动,包括做家教、校内勤工俭学、企事业单位兼职及假期实习等。勤工助学不仅可以帮助学生实现经济上部分自助,而且可以锻炼他们的管理能力,强化自我意识,在双向受益的过程中增强学生的群众观念、劳动观念、服务观念和自主意识,并内化为社会准则,健全社会性人格。

4. 社会事务活动型

大学生也可以主动参加社会运行、管理工作的活动。例如,在校园内组织大学生参与教学、科研、后勤及校园管理等,在一定区域内参加文化建设、文明卫生、发展规划等,既能锻炼自己的能力,也可得到一定的报酬。

5. 社团活动型

高等学校的学生社团、学习兴趣小组(创新团队)、专业工作室等学生团体,是校园文化建设的重要组成部分,是大学生认识社会、探究生活的桥梁。大学生们可以根据自己的兴趣、特长进行多向选择，有针对性地进行取舍。参加社团活动能够发挥大学生的自主性与创造性，对完善大学生的知识结构、引导他们养成现代化的思维方式具有一定的作用。

6. 义务劳动、志愿服务型

新时期的大学生肩负着建设社会主义的历史重任，这种以社会为根本、以奉献为取向的高贵品质，对大学生具有强烈的感染作用。在义务劳动或志愿服务活动中，大学生通过无私奉献，既为社会做出了个人的努力，同时也在劳动中使自己的意志得到磨炼。只有经常化、制度化、连续性地开展这种活动，才能收到更好的效果。

7. 假期社会实践活动型

利用假期进行社会实践活动，是近年来高校统一组织大学生社会实践活动的有效形式，目前正向着规范化、制度化、服务化的方向发展。它包括社会考察、红色寻访、参观访问、科技咨询、文化培训、社区挂职、"三下乡"、支教、社会调查等。本着"下基层、受教育、长才干、做贡献"的宗旨，各高校开展了丰富多彩的活动，取得了较大的人才效益、教育效益、经济效益和社会效益，为大学生认识、服务社会，了解、完善自我，成为社会主义现代化建设的合格人才开辟了新天地。

三、不同时期大学生社会实践活动的特点

1. 大学生适应期的社会实践

大学新生刚从中学跨入神圣的高等学府，面临的主要问题是如何适应新的学习、生活环境。这个阶段的实践活动应围绕如何促进大学生尽早进入大学正常生活而开展。所以，大学一年级的社会实

践活动主要包括军训、丰富的校园社团活动、勤工助学、培养自立能力的活动,以及与专业联系较紧密的"第二课堂"活动等。

2. 大学生发展期的社会实践

进入二年级的大学生,已接触了基本的专业知识。大学二年级是思想品德和理论知识充分发展的时期,大学生要积极主动地认识国情、社情,还要争取初级的实践机会,从而促进人格的正确发展。具体来说,一方面,要认真完成教学计划中安排的各类实习与实践活动,如安排一个月左右的专业实习活动和生产劳动,了解本专业发展状况,激发学习动力和专业热情;另一方面,也可以利用假期开展一些小型的社会调查、专题活动,或积极参加"第二课堂"的实践活动,如大学生科技文化节等。这样不仅可以巩固、扩大大学生的知识面,而且可以锻炼自身的实际运用能力和组织管理能力。

3. 大学生定格期的社会实践

三年级是大学生专业知识技能和社会参与意识形成的关键时期,对以后人格的发展具有决定性的影响。这一时期的社会实践活动应以社会调查、实地见习为主,辅之以科技服务、挂职服务、参与管理等活动。结合专业培养要求,一方面积极接触社会现实,向实践学习,并在力所能及的范围内运用自己所学的知识为社会服务,在实践中锻炼成才;另一方面在社会实践过程中加强对党的路线、方针、政策的认识,体察国情、社情,在感性体验中增强自身的责任感。

4. 大学生转折期的社会实践

进入四年级的大学生面临毕业出路的选择,自己选择工作,同时还要接受社会的挑选。步入社会后,又将面临一次社会角色、生活模式的转变。在这种情况下,大学生实践活动应以毕业实习、毕业论文（设计）为主，辅之以公益劳动、社会适应训练、角色培养、就业指导等。对于专科学生，这些活动应安排在三年级的最后一个学期，以便他们顺利走向工作岗位，缩短社会适应期。

5. 大学生完善期的社会实践

大学生经过三年或四年的学习，已掌握了基本的理论知识，拥有较强的专业技能和健全的社会人格，但所有这些还要根据社会主义市场经济的需要进行充实与发展。基层见习是社会实践教育系统工作的一部分，刚步入社会的大学生应重视基层见习期的社会实践。大学生的知识结构并不一定能适应社会要求，专业技能在实际工作中也有待提高。有些大学生由于种种原因，走向社会后其思维仍然很幼稚、单纯，而且常常以自我为中心，搞脱离社会的"自我设计"，这些都是心理素质不成熟造成的。所以，刚毕业的大学生要继续加强学习，努力提高专业水平，加强实用专业技能培训，以胜任本职工作。同时，参加一些有利于社会性人格和开放心态发展的活动，以在适应期内尽快找到社会定位和心理归宿。

四、合理利用学生社团，开展社会实践活动

1. 学生社团的特点

（1）组织形式的自发性。学生社团是在高校管理部门的许可下，以共同的观念、兴趣、爱好、追求、目标为基础而自发组成的、自愿参加活动的学生组织。

（2）群体目标的整合性。社团成员具有共同的兴趣爱好，志同道合，彼此能从交往和共处中受益。所以社团凝聚力强，大家都能为共同的社团目标努力。

（3）活动的灵活性。由于社团类型差异很大，社团成员多才多艺，社团活动规模大小不一、时间不定、形式自由、灵活多样，因而吸引了众多参与者。

(4)体制结构的松散性。作为一种群众组织形式,社团一般都有组织结构松散的特点,加入手续简单、退出自由,不管是组织形式、社团成员,还是活动主题等,都容易变动。

(5)成员的广泛性。不同年级、不同专业、不同学科、不同层次、不同性别、不同民族的学生都可以参加到社团活动中。有的大学里参加社团活动的学生高达60%,一些大型社团开展的活动在校内外产生了很大影响,吸引了众多的爱好者和热心者。

2. 学生社团的活动形式

目前,高校学生社团的活动形式主要有以下几种。
(1)举办讲座、学术报告会、讨论会、交流会、读书会等。
(2)出版刊物、论文集。
(3)举办各种展览、比赛。
(4)举办各种技术培训班,为师生提供各种服务。
(5)开展社会调查研究。
(6)为社会提供有偿或无偿服务。

3. 学生社团的成立及其权利义务

1) 学生社团的成立

志趣、爱好相同的大学生,自愿在一起定期或不定期讨论、研究所关心的共同话题,这是学生社团成立的先决条件。学生社团的自然领袖即发起人,在一段时间的群体活动中,因其自身的感召力脱颖而出。为了更好地组织活动,自然领袖召集大家讨论活动内容、活动形式等,这时社团组织已具雏形。为使其群体活动合法化、规范化和正规化,扩大影响面,自然领袖领导大家讨论制定组织的宗旨、章程、活动内容与形式、负责人等情况,并形成书面申请,报学校有关管理部门(目前,高校党政部门一般授权学校团委负责学生社团的管理工作)。待审批通过后,该社团就可宣告正式成立。

学生加入社团必须具备以下条件：① 思想健康，积极向上，对所要加入的社团有一定的了解；② 渴望加入社团，并希望通过社团活动提高能力或丰富自己。

满足社团规定条件的大学生，要加入某一社团组织，可以写书面申请递交社团组织，经负责人考察批准后，即成为正式成员。加入社团后，成员要遵守校、系及社团的规章制度，服从社团负责人的安排。

2）学生社团的权利和义务

学生社团在一定的范围内有独立开展各种活动的权利，在严格执行活动计划的基础上，可申请必要的活动经费。有权利参加社团部（学生社团联合会，下同）的评比和奖励，对社团部的工作可提出质疑和建议，有监督社团部工作的权利。

学生社团要维护和遵守社团章程，遵守有关纪律和制度，服从管理；学生社团要认真履行义务，扎实开展工作，积极开展交流，扬长避短，互相协作；学生社团对学校提供的基本设施和工具，有妥善保管、合理使用的义务。

4. 学生社团活动的开展

学生社团成员具有目标的一致性、兴趣的共同性。这种动机与爱好的一致性，不仅可以满足成员的精神需要，而且可以成为其内在动力和奋进源泉。但由于社团组织的松散性等特点，社团组织中有许多不稳定性因素，加上大学生思想活跃但缺乏足够的分辨能力，社团组织可能具有方向上的盲目性和偏激性。因此，开展学生社团活动要做到以下几点。

1）要有坚定正确的政治方向

学生社团开展活动必须坚持四项基本原则。通过开展积极的、有益的、健康的活动，提高成员的思想政治素质，陶冶学生情操。社团组织应该起到积极健康的作用，这是保证社团组织生存和发展的关键。学生社团开展活动,还必须有利于安定团结,有利于保证学校稳定的学习和生活秩序。

2) 学生社团开展活动必须有利于学生的学习

社团成员要注意处理好社团活动与专业学习的关系,做到活动与学习互相补充、互相促进。

3) 学生社团要定期开展活动

学生社团需要定期开展活动,活动要围绕学校培养目标来进行,以活跃校园文化、激励广大学生培养综合素质为目的,活动要有计划、有措施、有落实、有总结。日常活动要坚持经常化,涉及全校范围的活动或校外活动,必须报经学校批准。除此之外,各类社团还应体现出自己的特色。

(1) 政治理论型社团要切实加强学习马列主义、毛泽东思想、邓小平理论、"三个代表"重要思想、科学发展观、习近平新时代中国特色社会主义思想,认真学习党和国家的方针、路线、政策,领会其精神,把握其实质。要深入实际,多做调查研究,经常进行交流探讨,注意培养典型人物,使其在全校范围内起到模范带头作用。

(2) 学科专业型社团应本着巩固专业知识、提高专业技能的原则,采取灵活多样的方式开展活动,以达到拓宽专业知识面、提高自己实践应用能力的目的。活动经学校批准后,也可以采取"走出去"或"请进来"的方式,扩大影响,提高效果。

(3) 文娱体育型社团要以培养自己的综合能力、丰富业余生活为目的,保证内容健康、积极向上,形式灵活多样。活动还必须做到适时适用,量力而行。不能不分时间、地点、场合,不能占用学习时间开展活动。同时,还要善于发现和培养有文艺、体育专长的新人。

(4) 实践服务型社团应本着方便大家、服务人民的宗旨,紧紧围绕学校培养目标进行,要有利于广大学生成才,不能影响正常的专业学习。校外服务项目，必须报经学校有关部门考察批准，严格协议手续。社团成员要严格履行与被服务方所签的协议。对学校所提供的场所、工具要妥善使用和保管。特别要强调的是，大学生进行有偿服务活动，不能把多挣钱作为唯一目的，唯利是图，见利忘义，为了一己之利不惜损害国家、集体和他人的利益，甚至做出一些违反国家法律的事情来。应以为社会做贡献、锻炼自己、培养技能为主，严防陷入拜金主义的泥沼而不能自拔。无偿服务型社团应做到活动善始善终，落到实处。洒一片汗水，献满腔热忱，真正体现出当代大学生热爱人民、无私奉献的风采。力戒活动浮于表面，搞形式主义。

第二十一章　当好学生干部

在大学生从事的社会实践活动中，时间最长、涉及面最广、最能提高大学生能力素质的，莫过于做学生干部了。

在高等学校，学生干部作为校园内的一个特殊群体，有着其不可替代的作用。学生干部既是受教育者，又是教育者的得力助手，起着上情下达、下情上达的"桥梁"作用，发挥着联系教与学、师与生的纽带作用。他们在高等学校整体工作中占有重要地位，是参与并推动教育事业发展的一支重要力量。他们的素质高低、能力大小，将直接影响高校的思想教育、学生管理、教学秩序、学风与校风建设等诸多方面。提高学生干部的整体素质、增强其工作能力，是学生干部的自觉行动，也是学校应该和必须做好的一项工作。

学生干部应该自觉地、有意识地加强实践环节的锻炼；学校教育管理者应想方设法为他们创造条件，提供机会，引导他们积极主动地从事实践锻炼，以提高素质、培养能力。相对学生而言，学生干部是一个新的校园角色，每个学生干部都要对所扮演的这个角色及其与其他角色的关系有个明确的认识。

一、学生干部的素质要求

素质是指事物固有的性质和特点。素质有广义和狭义之分。狭义的素质是指人的生理上先天形成的特点，又称为遗传素质。广义的素质，除了遗传素质之外，还包括人的身体素质、文化素质、道德素质、政治素质、能力素质和心理素质等。它体现了一个人的整体面貌，是发展自己、实现自身价值的基本条件。同时，它又具有很强的可塑性，总是随着社会实践的发展而发生变化。不少同学进入大学后都希望担任学生干部，因为这是全面培养和锻炼自己能力的极好机会。事实证明，在大学期间担任过学生干部的同学，踏上工作岗位后往往具有较强的适应能力、社会活动能力、组织能力和管理能力。大学学生干部要配合学校各方面力量教育和引导大学生，使其成为德智体美劳全面发展的社会主义建设者和接班人。这是一项十分艰巨的任务。当代大学生思想活跃、兴趣广泛、信息接收快、知识面宽，因此学生干部必须具备多方面的优良素质。

1. 政治思想素质

学生干部作为学生基层组织活动和工作的组织者和领导者，必须具有较高的政治觉悟和思想品质。我国正处在进一步改革开放的年代，改革开放为我们的社会注入了新的活力，也给各种社会思潮和思想文化的引进提供了条件，传统的社会意识和思想观念面临着挑战。在这种情况下，学生干部更要自觉地坚持四项基本原则，坚定不移地宣传和贯彻执行党的路线、方针和政策；学生干部更应以身作则，为人楷模，将同学紧紧地吸引和团结在自己周围。同时，学生干部要注意培养自己的事业心，自觉认识自己所从事的学生工作的重要意义，明确自己所肩负的重托，增强责任意识，保持旺盛的工作热情，兢兢业业，积极工作。

2. 业务素质

大学生都具有一定的专业知识和理论水平，而且求知欲强，喜欢探索，这就要求学生干部有较高的业务素质和合理的知识结构。一般来说，学习成绩好的干部更容易赢得同学的尊敬和爱戴，更容易建立起自己的威信，对同学实行有效的领导。业务素质不仅体现在本专业学科的学习成绩方面，还包括一定的马克思主义基本原理，以及与本职工作有关的自然、社会科学知识。这些知识对学生干部提高分析问题和解决问题的实际能力，增强自身的吸引力和感染力，为同学们提供多方面的指导与服务，从而提高领导行为的有效性，具有十分重要的作用。

3. 能力素质

学生干部要想出色地完成各项工作任务，就应不断增强领导才能，提高能力素质。大学学生干部的能力素质包括很多内容，其中最主要的有以下几个方面。

（1）交往能力。学生干部要熟悉交往艺术，善于同各种类型的同学交朋友，学会与各种群体和组织打交道。只有这样，学生干部才能和同学以及其他组织和群体建立密切的联系，各种信息也会源源不断地向自己传来，为开展各项工作创造一个宽松的外部环境，同时扩大视野、拓展思路，做好各项工作。

（2）分析、判断能力。学生干部面临的工作往往是纷繁复杂的，这就需要提高自己分析、判断社会现象、社会思潮和客观事物等各种信息的能力。没有正确的分析和判断，就没有正确的决策，也就没有正确的领导行为。

（3）决策能力。决策是领导行为的基本功能，领导行为的效果依赖于决策的性质。学生干部应根据学校和教师布置的中心工作，结合本系、本班、本部门的特点和具体工作的实际情况，找出关键问题所在，权衡利弊，及时做出有效可行的决策。

（4）组织能力。学生干部要把性格各异、素质不同的同学组织起来，合理安排，充分调动每个人的积极性，团结互助，为共同目标的实现而努力，保证决策的实现。这就需要有较强的组织能力。

（5）创新能力。学生干部能不能做出成绩，能不能超越自我、超越别人，根本上要看其有无创新能力，在工作中能不能提出新见解、新方案，能不能打开新局面。如果学生干部因循守旧、奉行"本本主义"，迷信书本和权威，一切按老规矩办事，那么就没有创新、没有发展，一切都可能是老样子。

4. 心理素质

良好的心理素质是学生干部对同学实现有效领导的又一重要因素。它包括广泛的兴趣、丰富的情感和坚定的意志等方面。一个人如果兴趣狭窄，情感贫乏，意志薄弱，性格孤僻，缺乏主动精神和自主能力，人际关系不协调，是很难有大作为的。相反，一个人有广泛的兴趣，多涉猎各方面的知识，能使自己更加接近和了解同伴，增加和同伴的共同语言，从而能够有效地激起和培养群体成员的集体主义观念。丰富的情感是联络和沟通同学之间关系的有效途径，它可以增强领导者的感染力和影响力，得到同学的信任和敬佩。坚定的意志就是要求学生干部自觉地确定目标，并为实现这一目标而努力奋斗，在工作中表现出主动精神和独立自主精神，勇于为自己的决定和行动承担责任；要求学生干部对工作中出现的挫折和干扰有坚强的自制力，善于控制自己的情绪，保持高度的自信心。只有这样，才能带领同学完成预定任务。

5. 集体素质

学生干部的个体素质固然十分重要，但如果集体素质不平衡，就会导致群体领导层的内耗。对大学生群体的干部来说，合理的集体素质构成应该具有互补性，即要求各位学生干部在性格、气质、能力上彼此取长补短、优化组合，并互相尊重，注意满足对方的需要。这种心理及能力上的互补，有利于学生干部集体的团结，有利于形成集体的合力。

加入学生会的时候，也许你是怀着一颗对工作认真负责的赤诚之心的，也许你认为当学生干部可以为入党奠定基础，为以后找工作提供方便。不论是哪种动机和心态，对一名学生干部来说，最重要的是你是不是将工作放在第一位，是不是对你的工作热爱、负责。热爱自己的工作是当学生干部的首要条件。学生干部必须要有一颗极度负责的工作心,从内心出发的才是真实的。学生干部要从"六热爱"做起,"六热爱"是对学生干部的政治要求,是学生干部献身事业的思想基础。法国艺术大师罗丹说过:希望所有的人都变成艺术家。因为他认为,艺术家是对自己的职业感到愉快的人。所以,只要你爱国、爱党、爱社会、爱学校、爱班级、爱同学,又怎么会不爱你的工作呢?

以上是作为一名学生干部应该了解和具备的一些基础知识和基本条件。但作为一名优秀的学生干部,只了解这些是远远不够的,还应该具备以下特点:腿勤、嘴勤、手勤、脑勤,即所谓的"四勤"。"腿勤"就是多跑,尽可能地与同学谈心、交朋友,多与上级联系,及时反映情况,汇报工作。"嘴勤"就是要多做说服教育、宣传鼓动工作。"手勤"就是要多动笔,开会时记录会议的主要精神,以及时向同学们传达会议精神,还要记录一些同学的思想反映,摘抄一些有关学生工作的资料,以扩大视野,指导、推动学生工作。"脑勤"就是要多思多想,脑子不用会生锈,而思考可以磨砺思想、开发智力。同时,经常对工作中遇到的工作问题加以分析,总结经验,这对于提高自身的思维能力、工作能力等有极大的帮助。

二、树立良好的工作作风

工作作风是学生干部对工作的态度,以及对个人与他人关系的认识。它具体体现在工作的各个环节和活动中,具有一种无形的力量,能产生不可忽视的作用。

1. 严于律己的作风

学生干部不是学生贵族,不能成为游离于学校纪律和角色规定之外的特殊分子。严于律己、以身作则,这既是干好工作的前提条件,也是一个人应当具备的人品素质。只有时时处处率先垂范,你才有对同学进行教育和管理的人格资本,才有"说三道四"的发言权。在工作中，学生干部经常会遇到工作与学习、工作与纪律的诸多矛盾。学生干部要做勤奋学习的表率、遵守校纪的模范，不能以工作为由耽误学习、违反校纪。学生干部还要注意小节，特别是在与同学的交往中，言行举止要有礼有节、适度得体，不拘小节而使威信尽失的例子在学生干部中并不少见。

2. 民主务实的作风

学生干部没有民主的作风是很难做好工作的。学生干部要做同学的知心朋友，勿染官僚习气。遇事多和同学商量，集思广益，群策群力，批评同学也要抱着与人为善的态度。讲民主还要有一定的程序。在工作中，学生干部要制定必要的议事规则和操作规程，以制度保障民主。特别是在评选、选举等民主性较强的活动中，学生干部一定要充分尊重同学的意愿，按程序办事。学生干部还要有务实作风。务实作风要求学生干部实事求是，理论联系实际，深入基层，调查研究，勤奋工作，讲求实效。学生干部在工作中要切忌想当然，从主观出发，不尊重学生的实际需要和客观情况；切忌只摆花架子，做表面文章，追求轰轰烈烈的形式；切忌只唯上，不唯下，别有所图，不真心实意为同学服务；切忌只有"说功"，没有"做功"，只当指挥员发号施令，不当战斗员冲锋陷阵。

三、具备较强的工作能力

能力是指完成某种活动所必需的并直接影响活动效率的个性心理特征。能力与知识密切相关，知识是能力的基础，能力是在知识的基础上升华而成的。学生干部要想胜任本职工作，必须具备以下基本能力。

1. 组织协调能力

学生工作的对象不仅是个体，也是生活在多种关系中的群体,需要多方面的相互配合,因此组织协调能力对学生干部而言十分重要。善于组织协调,首先要求学生干部树立威信,增强号召力。要争取有一技之长,要严于律己、宽以待人,以本领和人格征服他人。其次要善于处理和协调人际关系。在工作中,学生干部会遇到各种矛盾,如何与持不同见解的人打交道,如何团结力量去实现既定的目标,需要学生干部想方设法化解矛盾,减少阻力。

2. 表达能力

学生干部要传达信息、发表意见、介绍情况,需具有宣讲、说服、答辩的能力。同时,学生工作离不开订计划、写总结、做决议、发通报等,这些都需要有一定的文字表达功底。表达能力是学生干部的基本功。大学生知识面宽、信息量大、思辨力和鉴赏力强,学生干部若缺乏表达能力或者表达能力不强,将难以吸引同学、征服同学,难以顺利地开展工作、组织活动。

3. 分析研究能力

搞好工作,离不开对工作环境、工作对象以及工作规律的本质深入的理解与把握。那种闭门造车、随心所欲式的做法是毫无价值的。特别是当前条件下,社会在进步,学校在发展,学生工作也在发生一系列的变化。如何看待这种变化,怎样适应这种变化,需要学生干部有分析研究的能力,用科学的理论、辩证的方法,由此及彼、由表及里,去粗取精、去伪存真,找出症结,发现规律,促使工作不断走上新台阶。

学生干部的基本能力素质不是天生具备的,学习尤其是实践学习,是获得能力素质的最佳途径。学生干部应珍惜当干部的机会,在工作中要肯投入、多动脑、勤动手,经过磨炼摔打,所有付出一定会换来丰硕的回报。

四、建立科学的工作方法

1. 调查

了解同学、理解同学，认识与把握工作环境以及面临的形势和困难，是学生干部做好工作的前提条件。否则工作就会缺乏目的性、针对性，易陷入被动盲目的状况，难以收到良好的效果。因此，学生干部应充分认识调查的重要性，并努力掌握和运用调查研究的工作方法。

1) 调查的步骤

调查是一项十分严肃认真而又艰苦的劳动，整个过程可分为三个阶段。

（1）准备阶段。调查研究的目的是掌握情况，透过现象找出本质，提出解决问题的办法。无目的的调查研究毫无价值。因此，要围绕目的，从重要性、科学性、针对性、可行性等方面确定调查课题。然后制定调查提纲，规定调查内容、方法、范围和具体操作程序，并设计有关的表格和问卷，必要时还要培训调查人员。

（2）操作阶段。这个阶段的主要任务是收集、整理、分析研究资料。资料的真实、完善程度，对后面的分析总结至关重要，所以在资料的收集、汇总、提炼等环节，调查者要严肃认真、深入细致，做到真实、具体、简洁、扼要。分析研究要实事求是，不唯上，不唯书，切忌报喜不报忧。要掌握一定的分析手段，科学地处理、消化掌握的资料，不想当然，不以偏概全。要把握好一般材料与典型材料的关系，做到点面结合、深度与广度结合。

（3）书面总结阶段。这个阶段的主要任务是把调查所得的资料、分析研究得出的结论、存在的问题、解决的方法等综合起来，写成完整的调查报告，作为指导实际工作的客观依据。书面报告要主题鲜明，证据充分，论证有理，行文准确。

2）调查的方法

调查的目的在于获取工作信息，调查、收集资料的方法很多，下面介绍学生干部常用的几种。

（1）直接观察法。通过感官直接感知被观察对象的外部表现进而获得信息的方法即为直接观察法。运用此法，要求学生干部做有心人，勤于观察、细心观察。处处留心皆学问，学生干部生活在学生当中，有着得天独厚的观察条件，只要时时处处留意身边的人和事，就可以获得有益的工作信息。还要坚持观察的客观性和全面性，不能从自己的主观愿望和印象出发，不能道听途说，听风就是雨，也不能一叶障目，不见泰山。

（2）问卷调查法。将所要了解的问题设计成不同类型的问卷，通过书面问卷形式获得信息的方法即为问卷调查法。问卷的设计有三种，即开放式、封闭式和混合式。开放式问卷由自由作答的问题组成，被调查者可以不受限制地自由表达意愿；封闭式问卷由两项或多项选择性问题组成，也可以进行意见或程度的排序，被调查者只用选择给定的选项或者排序就可表达意愿；混合式即两者的结合。

三种类型各有利弊，要根据实际需要选取。进行问卷调查，问卷设计是基础，问卷回收是关键。设计问卷要有科学性、隐蔽性，防止措辞带有主观倾向，避免产生暗示；要简单明了，便于被调查者回答。问卷的回收率直接关系到调查结果的可靠性和普遍性，保证回收率的最好办法是当场分发、当场回收，回收率一般要超过70%。

（3）谈话调查法。调查者与被调查者面对面交谈从而获得有关信息的方法即为谈话调查法。其中，召开会议是常见的形式。谈话调查不是一件易事，它要求调查者做好充分准备，包括确定谈话提纲、谈话对象、谈话方式。调查的主要内容要事先告知调查对象，使之有所准备；调查过程中要讲究方式技巧，要善于调动调查对象的积极性，注意引导那些答非所问以及冗长而不得要领的话，使整个谈话不偏离主题。

使用这些调查方法,要注意它们各自的优点和缺点。考虑到我们所处的环境和需要,有时为了更全面深入地了解情况,可同时采用几种方法。

2. 研究

调查获取大量工作信息和有关资料后,要对其进行研究。研究的方法有很多,下面仅介绍几种。

(1) 定性、定量分析法。任何事物都有其质和量的规定性,定性分析即从质的规定性方面分析事物,定量分析即从量的规定性方面分析事物。进行定性分析,可以通过类型确定、比较鉴别的方式进行;在定量分析中,具体方法有统计分析法、模式分析法和相关分析法等。由于定量分析大量使用度量表和数学计算方法,所以使用此法需要掌握数学方面的知识。定性和定量分析可单独使用,也可一起使用。

(2) 辩证分析法。辩证分析法,即用唯物辩证的观点分析问题、认识问题的方法。运用辩证分析法,要求用全面而非片面的、发展而非静止的观点看待事物;要坚持"两点论",而非"一点论",一分为二地分析问题,分清主次矛盾,看主流、看本质;要具体问题具体分析,善于抓矛盾的特殊性,找事物的差异性,从而认识到问题复杂的本质。

(3) 因果分析法。因果联系是万物的一种普遍关系,这种联系具有复杂性,一因一果的现象在事物发展中很少存在。所以使用因果分析法,要善于从多方面综合考察:既要看主观原因,也要看客观原因;既要看直接原因,又要看间接原因;既要看主要原因,还要看次要原因。进行因果分析,要与具体问题具体分析的辩证分析法相结合,才能找出各方的因果联系。

3. 思想工作

思想工作难度大,对于学生干部是个挑战,同时思想工作也是一门艺术，但遵循一定的原则，讲求工作方法，做好思想工作也不难。

1）思想工作的原则

（1）实事求是的原则。理论和实践相结合，也就是实事求是，是中国共产党的三大优良作风之一，也是思想工作要遵循的首要原则。坚持实事求是的原则，要求学生干部重视并尊重客观实际情况，把握矛盾的层次和特点，按客观规律办事，防止工作中的主观臆想和以偏概全。要掌握科学的理论，并善于结合实际指导工作。

（2）民主平等的原则。学生干部要摆正与同学的关系，这是做好思想工作的基本前提。摆正关系，就是要求学生干部平等待人，民主工作。学生干部要理解同学，尊重同学，相信同学，做同学的知心朋友，切忌态度生硬、蛮横；要与人为善，真诚地帮助同学解决实际问题和困难，做到严爱结合，切忌无原则地讨好与放纵；要有民主作风、程序意识，善于听取同学的意见，调动同学的积极性，正确处理好民主与集中的关系。

（3）正面激励的原则。正面激励符合人的思想发展规律和唯物辩证法，是达到思想工作目的的本质要求。坚持正面激励的原则，就是要用全面的、辩证的、一分为二的观点对待同学，看本质，抓主流，善于发掘同学身上的积极因素；要允许同学犯错误，也允许同学改正错误，引导他们看到自己前进的希望和方向，善于调动同学自我教育的自觉性。

（4）预防为主的原则。思想工作要做在平时，防患于未然，这就要求学生干部旗帜鲜明地宣传马克思列宁主义、毛泽东思想、邓小平理论、"三个代表"重要思想、科学发展观、习近平新时代中国特色社会主义思想，帮助学生树立科学的世界观、人生观和价值观，掌握辩证的思想方法，解决深层次的思想问题，增强自身的"免疫力"。学生干部要注意发现同学思想问题的苗头，争取把它消灭在萌芽状态。

2) 思想工作的方法

思想工作的方法很多，常用的有以下几种。

(1) 说理教育法。即摆事实，讲道理，启迪、开导教育对象。使用此法，首先要了解教育对象，把准脉搏，做到对症下药；其次要掌握科学理论，提高理论修养，做到药到病除；最后要讲求说理技巧，即善于说理，使听者乐于接受"治疗"。其中，平等相待的态度、情理交融的形式、因人而异的"疗法"是非常重要的。

(2) 榜样教育法。即树立典型，并以典型所体现出的精神风貌影响受教育对象。青年学生具有模仿倾向，可塑性强，运用好榜样教育法往往会使思想工作卓有成效。以榜样进行教育，榜样的选取和树立是前提。自古迄今，值得青年学生学习的榜样很多，要善于挖掘榜样身上的闪光点和时代特性，将榜样的精神与青年学生的内在追求结合起来，更要注意发现身边可亲可近的榜样。要指导和组织好榜样学习过程，把一般号召和活动落实结合起来，利用有形的载体创造出良好的氛围，防止出现"听听很感动，想想很激动，实际没行动"的状况。同时，学生干部要注意以身示范。

(3) 活动教育法。即通过确定目的，有计划地组织活动对学生进行教育。朱熹说："论先后，知为先；论轻重，行为重。"实践活动是实现知与行统一的有效途径。以活动进行教育，要适应青年学生的年龄特征，结合学生的知识层次、专业和年级特点，调动学生参与活动的积极性；要充分利用已有的一些行之有效的活动形式，如青年志愿者活动、假期社会实践等，并进行大胆创新；要重视日常学习生活，引导学生从我做起、从小事做起、从现在做起，同时加强活动教育的制度建设，不断把活动教育引向持久与深入。

(4) 个别教育法。即针对学生个体的教育。"人上一百，形形色色"，青年学生的思想表现具有普遍性，也有差异性，并且这种差异性更加突出。思想工作必须关注个性。个性特征的多样性和思想问题产生原因的复杂性，要求学生干部进行个别教育时要细心，把准每个个体的思想脉搏，切准思想症结，不能胡子眉毛一把抓；

要有耐心，舍得花费时间和精力，允许思想有反复，转变是要有过程的，那种"毕其功于一役"的想法和做法是不现实的。

4. 学生管理

学生管理是学校工作的重要内容，在高等学校培养有理想、有道德、有文化、有纪律的"四有"人才的过程中发挥着难以替代的作用。在学生管理工作中，学生干部既是管理的对象，又是管理可依靠的重要力量。当前，学校在加强学生管理时，不应忽视而必须重视调动学生干部的积极性，充分发挥学生干部在管理中的独特作用。而学生干部个人，也应该清醒地认识到自身独立的管理责任，自觉地学习、掌握科学的管理方法，增强管理的能力，为学校的育人工作做出积极的贡献。与其他管理者相比，学生干部在发挥作用的层次、范围和影响力方面具有独特性，这种独特性取决于学生管理内容的丰富多彩和学生干部非专职管理者的特性。据此，可以把学生干部的管理方法，分为参与管理的方法和自我管理的方法。

1) 参与管理的方法

学生管理包括思想教育管理、行政管理、学习科研管理、生活管理等诸多系统，每项子系统的管理又有具体的原则、内容、途径和方法。在许多环节上，学生干部只是管理的协助者，而非管理的主导者，他们只以参与的形式去发挥作用。

（1）管理制度的模范执行者。管理工作离不开制度建设，订立一系列规章制度并逐步使之科学化、规范化，是保障管理工作有效运行的基础。学生干部参与管理，首先要知"法"懂"法"，自觉地掌握国家、学校和管理职能部门制定的规章制度，清楚这些规章制度提倡学生做什么、允许学生做什么、禁止学生做什么。其次要积极宣传。可采取读报、板报等形式，强化学生对管理制度的认识，利用考试、评比、活动等途径，实现规章制度的内化，使执行规章制度成为学生的自觉行为。最后要以身示范，做到制度面前人人平等，学生干部不能成为凌驾于校规校纪之上的特殊学生。

(2) 沟通学生管理的有效渠道。要实现学生管理工作的正常运转，必须建立反馈机制，而学生干部是反馈机制中的重要一环。学生干部既是管理对象又是管理参与者的双重身份，使其对管理制度的优与劣，对管理的感受、意见和建议有着切身体会和深入了解，这些信息对发现并及时填补管理中的漏洞，逐步完善学校管理制度都很有价值。学生干部有责任架起管理者与被管理者之间联系的桥梁，及时反映学生的意见和呼声，传达学校及有关部门的决策和措施。

学生干部参与管理应注意以下问题。学生干部参与管理要有积极的态度，同时要明确参与的目的，采取正确的参与方式。学生干部应作为一支积极的力量，促进、推动学生管理工作的健康运行，偏离这个目的，学生干部的参与就毫无意义，甚至是有害的。这就要求学生干部必须具有全局观念和稳定意识，正确认识自己的管理职责。学生在教学、学习、生活、文化娱乐等方面的意见，特别是较为突出的问题，学生干部要及时地了解，准确地反映。要相信"正常渠道"的作用，任何偏激的行为都无助于问题的解决。目前，各学校结合自身特色建立了诸如信息发布会制度，院校长、书记接访日制度，民主信箱制度等，这些方式都是学生干部参与管理的有效方式。

2) 自我管理的方法

自我管理，顾名思义就是学生自己管理自己，是学生根据教育目的和培养目标的要求，运用现代科学管理的方法，对自己的思想和行为进行自我调节和自我控制的过程。它是学生管理的重要补充，在学生管理中有着突出的作用。加强自我管理，体现了社会主义学校的根本性质，也符合学校教育的内在规律。在自我管理中，学生干部是主体、是骨干，他们的主观能动性和管理能力对自我管理影响很大。为了做好自我管理工作，学生干部可以从以下两个方面入手。

(1) 健全机构，明确职责。学生自我管理必须依托一定的组织形式。其中，学生会是学生自我管理的主要形式。另外，以共同特长和兴趣爱好为纽带，以自愿为基础，经学校有关部门批准认可的学生社团，也是自我管理的重要形式。目前，社会实践和勤工助学等活动也日益受到学生的关注。随着社会和学校的发展，学生自我管理的范围会逐渐变大。不论什么形式、什么活动，建立健全组织机构、明确工作职责都是必需的。否则，自我管理就只能是纸上谈兵，难以落实。建立健全组织机构、明确工作职责，要根据客观实际情况，明确学生干部的个人特点，同时辅以一定的民主程序。比如，学生会的内部机构设置，各校比较一致的部室有办公室、宣传部、文艺部、体育部、女生部等。有的学校还设有社团部、社会实践部、勤工助学部、外联部等。虽然岗位不同、职责不同，但学生干部要履行好自己的岗位职责，并与其他干部互相配合，把部门工作有机地融入整体工作中，做到分工不分家。

（2）设立规章，制订计划。"没有规矩，不成方圆"，规章制度对于管理工作尤为重要。在自我管理中，学生干部要处理各层机构的关系、个人与组织的关系、个人与个人的关系，这都需要有章可循。比如，对于学生会，为体现民主集中制原则，可建立主席例会制、部长例会制；为协调不同层次学生会组织之间的关系，可建立年度奖惩制；为促进学生会干部工作，可建立学期或学年的考核档案制。

第二十二章　大学生择业准备

随着市场经济的不断发展和分配制度的进一步改革，大学毕业生作为一种"特殊的商品"，要想在人才市场中占据一席之地，在职业社会中找到合适的位置，就必须学会根据人才市场的需求调整自己，学会在人才市场中推销自己。在进入人才市场之前，大学生要做好各种准备，包括对个人全面客观的认识、对职业的了解和对机会的把握、就业的心理准备和材料准备等，这些都是成功择业的前提和基础。只有做好充分准备，找准人生定位，才能"有备无患"，走向择业的成功。

一、认识自己，了解职业

一个人能否在事业上获得成功，在职业生涯中取得成就，关键就在于能否找到一个最适合自己的发展、能最大限度发挥自己才能的工作岗位。择业并不只是意味着简单地找个工作、混碗饭吃，而是要主动地寻找适合自己发展的工作岗位。所以，认识自己、了解职业是成功择业的一个重要前提。

不同人的兴趣、气质、性格和能力都是不同的，人的品质特征与自己的职业生活有着密切的关系，对个人职业活动起着促进或制约作用。另外，不同的职业岗位对个人品质的要求也具有选择性。因此，大学生择业时必须对自己的个人品质特征以及业务知识和技能进行全面的衡量和评价，然后结合不同职业的特点，进行对比和综合分析，确定出合理的择业方向。

择业前对自己和职业的认识主要包括以下几个方面。

1. 价值观和职业

价值观是人们认识和评价客观事物和现象时所持有的内在标准。价值观涉及一个人行动的信仰和情感，能够表达出一个人真实的想法，在职业规划中起着决定性作用。因此，价值观被我们放在了职业自我构成金字塔的顶端。价值观看起来很抽象，其实每个人对每一件事物都有自己的价值观，小到对面走过来的人是否喜欢，大到人生道路如何选择，价值观随时地影响着我们个体的认识和行为。工作符合自己的价值观，在职业中就能体会到使命感，工作起来自然会积极主动，否则便会心情沮丧，找不到工作的意义。

2. 兴趣和职业

兴趣是择业的一个动因，不同的人往往有不同的职业兴趣，不同的职业又需要职业人员有不同的兴趣特征。如一个喜欢技能操作的人，在具体的操作领域里会得心应手。如果让他从事理论研究，他一定会感到枯燥无味，也做不出什么成绩。个人兴趣与自己的职业相匹配，才会使一个人全身心地投入工作，激发个体潜能，最大限度地发挥自己的能力及才智，个人也将体会到满足感和成就感。

3. 气质和职业

气质是一个人典型的、稳定的心理特点，气质和职业有着明显的适应性和对应关系，如让林黛玉卖肉、张飞绣花，显然是不合适的。一方面，不同的气质特点适应于不同的职业类型。如抑郁质的人可以很好地胜任检查、化验、登录、保管、文秘等需长时间安坐、环境相对稳定的工作，而胆汁质的人则很难胜任。另一方面，不同的职业对人的气质特点有特定的要求。如医务工作要求反应灵敏、耐心、细致、热情等，而公关工作则要求思维敏捷、活泼大方、能言善辩、感染力强等。

4. 性格和职业

性格是一个人对现实的稳定态度和习惯化了的行为方式所表现出来的个性心理特征。择业要尽可能考虑性格与职业的匹配，尽量选择适合自己性格特点的工作，因为几乎每一种工作都对性格品质有特定的要求，要适应某一种职业，就必须具备该职业要求的性格特征。如作为工程技术人员，必须具备创新精神、合作精神、坚韧不拔的毅力和严谨的工作作风；而作为管理人员，则要求必须有关心集体、关心他人的精神，以及密切联系群众的民主作风。性格和职业的匹配是我们每个人在职业选择时必须考虑的因素，当两者相匹配时个体会感到顺心如意，反之，则会感觉不顺畅和厌烦。

5. 能力和职业

按照兴趣能将个体导向自己喜欢的职业领域，按照气质和性格能避免自己不匹配的职业，但是这并不能保证个体在职业工作中得心应手。每个人的能力不尽相同，每份职业需求的能力也不同，无论从事何种职业，都要有相应的能力做保证。受专业学习的限制，大学毕业生的专业知识和业务能力是相对比较稳定的，所以一般情况下，大学生的择业是以自己所学的专业为导向。因此在择业时，要尽可能考虑自己的专业特点，优先考虑与自己的业务知识和技能相适应的职业，以便能更快地适应和熟悉自己的工作岗位，更好地胜任工作。

二、广泛联系，寻找机会

要想成功地推销自己，就必须掌握一定的招聘信息，争取应聘的机会。如果耳目闭塞、信息缺乏，在推销自己的时候就会无所适从，只好凭运气和感觉随意胡碰乱撞，往往颇费周折却收效甚微，甚至到处吃"闭门羹"。

那么怎样去收集招聘信息呢？主要是靠自己主动地寻找，机会在于争取，坐等机会无异于守株待兔。面临择业的大学生们，绝对不能把自己封闭在一个小天地里，要积极行动起来，多方面广泛联系，利用各种渠道收集招聘信息。

一般地，大学生收集招聘信息的渠道主要有以下几种。

1. 学校毕业生就业工作办公室和其他社会就业机构

毕业生要主动与学校毕业生就业工作办公室、省市人才交流中心、劳动人事部门等取得联系，这些部门对国家宏观就业形势和地方就业政策非常了解，发布的内容针对性强、准确可靠、具体全面，有较强的指导性。

其中，尤其应关注学校以下就业信息发布渠道，及时从中获得毕业生就业信息网、就业信息发布栏、校内大型招聘会、用人单位的专场招聘会、就业信息简报等招聘信息。

2. 各级各类招聘会和就业洽谈会

积极参加人才市场的各类招聘会、人才交流会、毕业生供需见面会，了解举办的时间、地点、参加单位、招聘人才的类型。尤其是毕业生供需见面会，它与平时招聘会的最大区别就是面向应届毕业生，参加的毕业生和用人单位都有较强的针对性，而且就业信息丰富有效，从中可得到意想不到的收获。

3. 互联网

网络招聘现在越来越受到招聘单位的青睐，这个新兴的渠道为用人单位和求职者提供了一个相互了解的平台。毕业生可以通过专业的招聘网站、用人单位网站、门户网站的招聘频道来收集就业信息，也要多留心各省市毕业生就业部门的网站、各大专业人才招聘网站，以及地方性人才网站。

4. 广播、电视、报纸、杂志等媒体

由于这类媒体有广泛的关注人群，用人单位也会通过这类途径发布招聘信息。毕业生要多留心广播、电视、报刊和其他招聘广告的招聘信息，尤其是发行量大的日报、晚报、都市报等。通过这种途径获得信息要注意时效性和真实性，争取先下手为强的同时，也要考虑发布渠道是否正规，避免上当受骗。

5. 社会关系网络

借助亲戚、朋友、同学、教师、熟人及其他关系的帮助，扩大交往范围，建立广泛联系，是获得信息和发现工作机会的一个好途径。每个毕业生都要充分利用社会关系网络获取就业机会。

6. 积极参加社会实践

社会实践是大学生在读期间接触社会、挑战自我的一项活动。在社会实践中，大学生要注意和接触单位建立联系，赢得用人单位的好感和信任。一旦用人单位有招聘需求时，就能通过这种联系争取机会。

7. 其他途径

毕业生可以主动通过电话、信函和拜访等方式，与有关部门或用人单位建立联系，从中得到招聘信息。也可以通过在媒体上发布自己的求职信息，反向获取就业机会。

收集到信息后，要结合自己的实际情况对这些信息进行必要的分析和处理，并考虑其可靠性与可行性，精选出自己要去的单位。然后，对自己确定要去的单位再进行进一步的了解，掌握更多的材料，从而在择业中知己知彼，有备而来，提高择业的成功率。

三、择业成功的心理准备

对毕业生来说,了解毕业就业政策,调整好择业心态,做好充分的心理准备,勇敢地迎接挑战,在择业过程中是非常重要的。

求职择业不同于学习期间的社会实践,它是要找到一个适合自己的工作岗位,并在这个岗位上充分发挥自己的作用。毕业生在求职前,必须从宏观上了解国家的有关政策,了解正在实施的改革措施及存在的问题。从微观上要了解自己专业就业的基本情况和改革趋势,以及劳动人事管理办法和动态、用人数量和标准,同时还应尽可能地了解有关的政策和法规。了解的目的不是研究、评判,而是接纳、适应。

当今社会发展快、变动大,经过数年专业学习的学生毕业时,人才需求的数量和模式与当年入学时所做的预测一定会有很大的变化。许多大学生经过几年的学习,对专业和行业的认识和情感也发生了很大变化。一些专业由热变冷,由"短线"变成"长线";一些专业在不断的调整和改造后仍然跟不上形势的变化和需要。这些现象易导致大学生在毕业求职择业时感到灰心、无奈和迷茫。为了能够有所作为、走出无奈,毕业生要走出象牙塔,正确地认识自己的求职地位,不要把学校、社会、家庭、亲友所给予的尊重、爱护、关心当成社会给予的最终认可,而要全身心地投入社会、了解社会,积极主动地去适应社会的需要。因为求职择业不是凭理想按图索骥,而是自己与社会双向选择,优胜劣汰。

转换角色,适应社会的需要,要做到以下两点。

1. 客观评价自己,树立良好心态

每个人都有自己的优点和长处,也都有自己的缺点和短处,这就是人们常讲的"尺有所短,寸有所长"。所以,每个毕业生对自己和自身能力都应有客观和正确的认识,应该明了自己能干什么、不能干什么,这就是所谓的"知人者智,自知者明"。只有这样,

毕业生才能树立良好心态，在求职中抓住机遇，从而避免盲目，减少失败。

良好的择业心态主要表现在以下几个方面。

（1）确定适当的择业目标。一个人的择业目标和本人具备的实力相当或接近，有利于增强其自信心，使自己在择业中处于优势地位。目标是否适当，取决于是否知己知彼。研究目标、扬长避短是成功择业的钥匙。

（2）避免从众心理。毕业生处于择业洪流中，期望水平会受到其他择业者的影响。虚荣心、侥幸心理会使他们改变原有的自我期望，而采取不切实际的从众行为。学成从业，服务社会，实现自身价值，是每一位毕业生的美好愿望。但是有些毕业生在择业过程中，不是从自身的特点、能力和社会需要出发，而是在同学中盲目攀比，好像不到一个比别人更好的单位就不能实现自身价值。这样最多只能求得一时的心理平衡，却不利于自身价值的实现和长远发展。

（3）避免理想主义。近几年，毕业生择业期望值居高不下，已经影响到毕业生顺利就业。有些毕业生刻意追求最满意的结果，而错过了好的机会，甚至导致就业困难。尤其是有些条件好的毕业生，在择业过程中"脚踩几只船，这山望着那山高"，不能及时调整就业期望值，以致后来就业困难，悔之不及。

（4）克服依赖心理。有些毕业生在择业过程中缺乏自信，把希望寄托在拉关系、走后门之上，有的甚至让家长出面与用人单位洽谈。殊不知，这样做恰恰会让用人单位对毕业生产生缺乏开拓能力、独立生活能力和工作能力差的印象。当今社会，挑战与机遇并存，只有在择业之初就树立信心，敢于竞争，才能在众多的求职者中脱颖而出。

2. 正确认识社会，寻找最佳位置

选择职业，就是选择未来。正确地选择职业，就是为未来的成功奠定良好的基础。为此，毕业生要把握好机遇，迎接挑战，争取迈好走向社会的第一步。那么，如何迈好这第一步呢？首先需要对所处的社会环境进行比较全面的了解和认识，弄清当前毕业生面临的就业形势。

由于我国人口多、生产力发展水平较低，劳动力供给不断增大，而就业机会往往不能同步扩大，就业难仍是困扰政府、学校和毕业生的一大难题，加之国企改制、国家机关和企事业单位压缩编制，下岗人员日益增多，就业形势更趋紧张，而毕业生却在逐年增多。因此，面对以上情况，毕业生不能把就业期望值定得太高，即使是热门专业的毕业生，也要不断调整自我期望值，使自己的理想更加切合实际，这样才能在激烈的职业竞争中掌握主动权，从而求得理想的工作。

四、择业成功的材料准备

在择业竞争中，决定胜败的因素有很多，其中，求职前充分的材料准备是非常重要的一步。求职材料是大学生综合实力、综合素质最具说服力的证明。一方面，求职材料是找到一份好工作的敲门砖，求职材料制作得成功与否，将直接关系到能否获得面试资格，可见准备一份优秀的求职材料是毕业生走向成功的第一步。另一方面，求职材料是招聘者对毕业生进行进一步考察和印证的根据。

一般说来，择业前需要准备的材料主要包括：① 求职信；② 简历；③ 各类证书（获奖/外语/计算机/其他职业资格证书）；④ 学习成绩单/专家推荐信；⑤ 发表论文/科研成果/作品/其他；⑥ 实习、实践单位的鉴定。

在以上材料中，求职信和简历是两种非常重要的求职材料，很多情况下会影响求职的结果，其他的材料可以作为求职信和简历的补充，作为自己能力和成绩的证明，为求职信和简历的内容提供支撑。

1. 求职信

写求职信是目前毕业生求职择业时比较常用的也是非常重要的手段。许多用人单位出于节约人力、物力和时间的考虑，不采用大范围直接面试的形式，而是发布招聘信息要求求职者先寄送求职材料，比较筛选后，通知初选合格者参加笔试或直接参加面试，因此写好求职信非常重要。

求职信也叫自荐信，主要用来表达个人求职愿望及要求，有目的地自我介绍，带有明显的自我营销色彩。根据求职的前提不同，求职信可分为求聘信与应聘信两种。求聘信，即不知道对方单位是否要人以及用人的条件和要求而主动出击，投石问路，带有较强的主动性；应聘信，即通过广告或其他方法，已经知道用人单位的招聘条件而写信去应聘。写求职信的直接目的，就是使用人单位能对自己感兴趣，引起重视，最终被自己中意的岗位录用。那么，什么样的求职信才能够受到用人单位的青睐呢？如何让一个素不相识的人透过一封求职信而了解你、喜欢你，最终做出让你参加下一步笔试、面试或者初步录用的决定呢？实际上，好的求职信很难有统一的标准，但是一些基本要求还是要遵守的。

1) 求职信的格式和内容

自荐信也是书信的一种，但是比一般的书信更严肃、正规。格式一般分为标题、称呼、正文、附件和落款五部分。下面主要介绍前三个部分。

（1）标题。即自荐信的标志和称谓，要求醒目、简洁、庄雅。要用较大字体在用纸上方标注"自荐信"三个字，显得大方、美观。

（2）称呼。即对求职单位或收件人的呼语。如用人单位明确，可直接写上单位名称，加上"尊敬的"加以修饰，后以领导职务或统称"领导"落笔；如单位不明确，则统称"尊敬的贵单位（公司或学校）领导"，最好不要直接冠以最高领导职务，这样容易引起第一读者的反感,反而难以达到目的。

(3) 正文。正文部分一般包括简介、自荐目的、条件展示、愿望决心和结语五项内容。① 简介是自我概要的说明,包括自荐人姓名、性别、民族、年龄、籍贯、政治面貌、文化程度、校系专业、任职情况等要素,要针对自荐目的进行简单说明,无须冗长烦琐。② 自荐目的要写清信息来源、求职意向等项目,要写得明确具体,但要把握分寸,简明扼要,既不能要求过高,又不能模棱两可,给人以自负或自卑的不良印象。③ 条件展示是自荐信的关键内容,主要应写清自己的才能和特长。要针对所应聘工作的要求去写,充分展示求职的条件,从基本条件和特殊条件两个方面解决"凭什么求"的问题。基本条件应写清政治表现和学习活动两方面内容。④ 愿望决心部分要表示加盟对方的热切愿望,展望单位的美好前景,期望得到认可和接纳,言辞自然恳切、不卑不亢。⑤ 结语一般在正文之后按书信格式写上祝福语或"此致,敬礼""恭候佳音"之类。

在结束语和落款之间,最好留下求职者的通信地址、联系电话和 E-mail 等便捷的联络方式(也有写在署名和日期下面的)。

2) 写好自荐信需要注意的几点

(1) 突出自己的优势和特色。

(2) 言简意赅,不要阐述,切忌烦琐。

(3) 介绍专长时选择主要的一两项简单说明即可。

(4) 考虑自己有没有比别人更有利的条件,以便增加录用的机会。如有当地的户口,有住房,懂一两门外语或懂当地的方言等,有时这些小细节反而会成为你胜出的资本。

(5) 推销要适当,不卑不亢,材料应真实可靠。明明白白做人,认认真真做事,是大学生做人的品格,求职信应给用人单位留下真实可靠的第一印象。过于谦卑、自贬身价,会给对方以碌碌无能的不良感觉;过于高傲、狂妄自大,会给对方以轻佻浮夸的恶劣印象。

（6）语言符合规范，用词恰当。要用书面、书信语言，不能用方言。

（7）字迹工整、清洁、美观，让人感到愉快和舒服，是给人以良好印象的第一步。

总之，写好求职信要遵循其规律，做到语句通顺、重点突出，以提高求职信的针对性。

例：

自 荐 信

尊敬的领导：

您好！冒昧相扰，敬请原谅。

我叫×××，是××××学院外国语学院英语专业2019届本科毕业生。我有自信，但您翻看我的自荐书，才给我以期望。

站在大学生活的尽头，回首自己一步步走过的那些坚定的足迹，我无怨无悔，展望未来，我充满了接受挑战的信心和勇气。

大学四年，在学习上我时刻按照"宽专业、厚基础、强能力、高素质"的标准严格要求自己。顺利通过公共课、专业基础课和专业主干课等学习考核以及大学英语四、六级和专业英语四、八级考试，具有扎实的专业基础知识，认真学习，实践教育学、心理学和教材教法，通过了普通话二甲考试，具有较强的教育教学和教育管理能力，通过了××省计算机二级考试。具有一定的办公自动化和管理智能化的能力。另外，我还积极参加各种社会活动，锻炼自身能力素质，曾担任班长。2015级学生党支部书记以及2017级班主任助理，参加假期社会实践、社区志愿服务、各种外事翻译等社会实践活动，培养了一定的组织管理、活动策划和人际交往等能力，获得了学校

"三好学生""优秀团员""优秀学生干部"等荣誉称号。

尊敬的领导，我热爱并乐于从事教育事业，做一名优秀的人民教师是我毕生的追求。希望您能进一步了解我、考察我并给我一个实现自身价值的平台。

此致

崇高的敬礼！

自荐人：×××
2018 年 11 月

2. 简历

1) 简历的关键点

简历最重要的是要有针对性。这个针对性有两层含义：一是简历要针对你所应聘的公司和职位；二是简历要针对你自己，写出自己在大学的亮点。

写简历前，将自己在大学的学习、社会工作和生活仔细回想一遍，写下有亮点的事情。如成绩优秀、获得过奖学金或者获得过竞赛奖励等；如参加过学生会工作、学生社团工作，到哪些单位实习过，组织过什么活动，取得过什么业绩等；如自己在大学里做过什么有意义的事等。找出自己与众不同的地方，找出能反映自己良好素质的成绩或实践活动。

然后根据所应聘的岗位和公司进行一定的筛选和修改。如果是应聘技术型的工作，要重点突出你的专业成绩、实践能力、团队精神等。简历上应该体现你的专业成绩，曾经做过的与应聘岗位有关的项目及所取得的成绩，或在专业刊物上发表的论文；另外，也可以稍加一点你参加的社会活动，表现你的团队合作精神。如果是应聘销售类的工作，重点要突出你的沟通能力、人际交往能力和不服输的精神。简历上应体现你的社会活动业绩、曾经做过的兼职，以及因为坚持和毅力而取得的成绩。

2）简历的要素

人力资源（HR）在筛选简历时，一般会重点注意以下内容：应聘者的期望；公司招聘岗位所需素质相关的表现，如学习成绩、社会工作经历、体现个人优秀素质的独特经历；教育背景、学历、专业、毕业的大学。如果需要面试，应聘者的一些基本信息不可少，如姓名、联系方式等。

由此可见，一份简历至少要包括以下几个方面的内容：① 应聘的岗位或求职意愿；② 基本信息，如姓名、性别、联系方式（邮寄地址和邮编、联系电话、E-mail），最好留下手机号码并保持手机畅通；③ 教育背景，如最高学历、毕业院校、专业；④ 与应聘岗位需求素质有关的表现、经历和业绩等，最好主题突出，条理清晰。

3）简历的形式

简历要整洁、美观。简历一般不需要太长，关键是要突出重点。上述的前三项内容最多只能写 2 页 A4 纸。简历有没有封面没有关系，很多 HR 并不希望有封面和塑封的简历，因为要抽出其中的简历来看，比较费时间。

一般岗位的简历不需要太花哨，关键要有内容。对于一些特殊的岗位，如设计类、公关类、策划类的岗位，简历形式可以做得别出心裁，与众不同。

4）HR 最不愿看到的简历

（1）空洞，缺乏事实和数字支持。如写了很多长处：做事认真，能吃苦耐劳，具有团队精神、创新精神，适应能力强，沟通能力强……这些空洞的词句是 HR 比较反感的。与其写这些，还不如写你做过什么学生工作、组织了什么活动、取得了什么成绩、兼职销售过多少产品、拿过什么奖学金等一些事实和数据。

（2）花了很多笔墨介绍学校、专业，列出专业课而没有成绩，很少写到个人。这样的简历只适合从来没有录用过大学生的单位。

对于绝大多数企业的 HR，他们关心的是应聘者个人的特点和能力。

（3）散文式的简历。简历像一篇散文或记叙文，看起来很费力，找不出重点，诗情画意的词很多，表示态度的词很多，而事实和数字很少，条理不清楚。

（4）装帧精美但内容毫无新意。也许彩色打印、印刷精美可以让 HR 从一堆简历中拿出来看一眼，但如果内容不合要求，也会被扔到一边，并让人觉得应聘者名不副实。况且装帧精美的简历，成本也比较高。

（5）千篇一律、比较模糊的复印件。让人觉得对应聘企业和岗位并不重视，你的简历也很难得到 HR 的重视。

5）履历之外的卖点

（1）纸张。简历专用的纸张重量，最好选用 80 克或 100 克的纸张（许多打印店都用 60 克、70 克的纸，这类纸往往显得轻飘飘的，质感很差）。

（2）字体。字体应当简单、无装饰，而且容易阅读。对某些短语可以加粗或用下划线，但要让装饰程度降到最低。英文字体建议用 Times New Roman，而且不宜用两种以上（含两种）的字体。中文简历中的名字、学校名和公司名等可以用黑体，其他内容最好用宋体。

（3）字号一般最好用 10 磅字，即小五号，如果内容较少可以用五号。

（4）打印。喷墨打印比较便宜，但是效果不好，墨迹不好控制。激光打印价格适中，效果好。

（5）墨迹。简历上不要出现任何文字以外的墨迹。每次投寄或者递交简历的时候，最好都用电脑打印稿，尽量少用效果不佳的复印稿。

（6）注意查错。可以记住"简历查错歌"：简历首查错别字，语句通顺在其次。时间经历逻辑通，信息精准要三思。不做假账讲实事，前后标点要一致。行距统一外观美，对齐功夫有人知。

还有两点需要注意：一是在递交简历时与面试官简单而恰当的交谈，可以增大获得面试的机会，要重视与接收简历的面试官的简单交谈；二是即使简历没有被筛选上，对自己非常向往的岗位也可以去争取面试机会，尤其是销售类、公关类的岗位，可以估计 HR 举行面试的时间，打电话要求面试或直接上门寻找机会和面试官见面。

总之，简历的重点是自己的亮点与应聘岗位匹配，在写简历的时候不要忘记简历是展示自己特点、获得面试机会的重要工具。

3. 学历证明、获奖证明、论文、成果证明及名人推荐书

学历证明包括毕业证明书、学位证明书以及参加其他专门学习、培训的结业证书。获奖证明包括业务学习、思想表现、工作等方面所获奖励的证明。如果获奖很多，可挑选出主要的、奖励级别高的作为附加材料。论文或成果证明，包括发表的论文、科技成果、开发的新产品、设计的图纸等，如果有专家的评价材料，最好一并附上，它会加重你的成果在推销中的分量。推荐书指的是由社会名流、导师或有关专家针对某用人单位为你写的推荐信。

在准备以上材料的复印件时，需要注意以下几点。

（1）建议一张纸上复印 2~4 个证书，不提倡一张纸复印 1 个证书。

（2）重要的证书放在前面，次要的证书放在后面。

（3）对证书进行适当归类，如专业成绩和过级的一类、从业资格一类、社会工作一类等。

（4）严禁证书造假。

（5）禁止一切形式的学习成绩弄虚作假，补考和重修的课程可以登记补考和重修的成绩，但一定要注明是补考还是重修后的成绩。要知道，诚实比什么都重要！

第二十三章 大学生择业技巧

一、面试技巧

在大学生择业求职过程中，面试可以说是最重要也是压力最大的一个环节，许多毕业生求职失败，都是输在了面试上。面对这个环节，有些大学生感到不知所措，或者做得不好，使自己在求职中因小失大，功败垂成。相反，如果面试发挥出色，可以在一定程度上弥补先前笔试或其他条件（如学历、专业）的不足。面对面试官连珠炮似的提问，如何才能回答得从容不迫、简明扼要、恰当中肯，合乎面试官的需求呢？下面我们介绍一些面试中的基本礼仪和技巧，注意这些基本礼仪和技巧会事半功倍，增强面试的有效性。

1. 面试的基本礼仪

礼仪是一个人内在修养的外在表现，大方得体的礼仪能提升应聘者的自信，也会给面试官留下良好的第一印象，增加面试的成功率。

（1）一旦和用人单位约好面试时间，一定要提前5～10分钟到达面试地点，以表示求职者的诚意，给对方以信任感；同时也可以调整自己的心态，做一些简单的仪表准备，以免仓促上阵，手忙脚乱。为了做到这一点，一定要牢记面试的时间、地点，有条件的同学最好能提前去一趟，以免因一时找不到地方或途中延误而迟到。如果迟到了，肯定会给招聘者留下不好的印象，甚至会丧失面试机会。

（2）面试不要紧张。如门关着，应先敲门，得到允许后再进去。开关门的动作要轻,以从容、自然为好。见面时要向招聘者主动打招呼问好致意,称呼应当得体。在用人单位没有请你坐下时,切勿急于落座。用人单位请你坐下时,应道声"谢谢"。坐下后保持良好的体态,切忌大大咧咧、左顾右盼、满不在乎,以免引起反感。离去时应询问"还有什么要问的",得到允许后应微笑起立,道谢并说"再见"。

(3)用人单位的问题要逐一回答。对方给你介绍情况时,要认真聆听。为了表示你已听懂并感兴趣,可以在适当的时候点头或提问、答话。回答主试者的问题,口齿要清晰,声音要适度,答话要简练、完整。一般情况下不要打断用人单位的问话或抢问抢答,否则会给人急躁、鲁莽、不礼貌的印象。问话完毕,听不懂时可要求重复。当不能回答某一问题时,应如实告诉用人单位,含糊其词和胡吹乱侃会导致面试失败。对重复的问题也要有耐心,不要表现出不耐烦。

(4)在整个面试过程中,要保持举止文雅大方,谈吐谦虚谨慎,态度积极热情。如果用人单位有两位以上主试人时,回答谁的问题,你的目光就应注视谁,并应适时地环顾其他主试人,以表示你对他们的尊重。谈话时,眼睛要适时地注意对方,不要东张西望,显得漫不经心,也不要眼皮低望,显得缺乏自信。激动地与用人单位争辩某个问题也是不明智的举动,冷静地保持不卑不亢的风度是有益的。有的用人单位专门提一些无理的问题试探你的反应,如果处理不好,容易乱了分寸,面试的效果显然会不理想。

2. 面试的技巧

除了基本礼仪之外,大学生在求职过程中还应该学习一些面试的技巧。面试的基本技巧主要有以下几点。

1)事先三项准备

(1)对目标单位所在地、规模、近期主要的业务活动概况等,要事先有所了解,包括单位的成立时间、业绩表现、经营规模、发展前景，以及今后打算开展的业务等，若能得到业界的评价更好。如无法得到书面资料，也要设法从其他同业中获得信息。

（2）面试时自我介绍的内容应强调应聘的动机以及想应聘的岗位，因此应提前收集好相关岗位的信息，对应聘岗位职务及所需的专业知识和技能等要了解全面。这样自我介绍时才能胸有成竹，切合主题。

（3）准备好所有证书材料，譬如与专业能力相关的资格证书或参加培训的资料，以前参加类似的实习、实践的小结或单位鉴定，最好和应聘职务有直接关联，这不但可以证明自己在这一方面所做的努力，也表示自己具有较大的潜能。

2）谈吐"3P"原则

自我介绍时应该记住"3P"原则，"3P"即 positive（自信）、personal（个性）、pertinent（中肯）。谈吐自信，就是要积极地进行自我肯定，让面试人充分了解你的优势与潜能。突出个性，就是要把自己与众不同的特点发挥出来，强调自己的专业与能力。语气中肯，就是要实事求是，不要言过其实、夸夸其谈，也不要涉及和自己无关的事情。自我介绍和回答问题应简洁明了，给面试人留下思路清晰、反应快捷、逻辑性强的印象。

自我介绍时间不宜太长，话不宜太多，最好控制在5分钟之内。不要一谈起自己就口若悬河，滔滔不绝，以免言多语失。

在回答问题的过程中要有个人见解，有个人特色。面试人接待应试者若干名，相同的问题问若干遍，类似的回答也要听若干遍，难免会有乏味、枯燥之感。只有独到的个人见解和具有个人特色的回答，才会引起对方的兴趣和注意。

3）围绕三方面表现

回答问题时要口齿清晰，语调适中。要把握内容重点，简洁明了，条理清楚，有理有据，避免重复。介绍工作或实习、实践经历采用倒序，从最近一次谈起，着重强调有利于新工作的经历。最好能说明曾担任过何种职务、实际成绩、业绩等。凡和此次应聘不相关的内容，尽量避免提及。很多单位面试喜欢用事实说话，为了证明你的能力，你可以把过去的经历联系起来，说明你曾经解决过类似问题。总之，话题应紧扣能力、业绩、诚意三个方面来展现自己的优势。

4）回答问题的九条规则

（1）介绍自己的技能、工作经验、成功过程和原因，然后举例说明。

（2）你怎样适应时代的发展，你会给用人单位带来什么效益，并举例证明。

（3）介绍自己是什么样的人，处理问题的方法如何，怎样和不同的环境、人打交道，并举例说明。

（4）紧紧围绕自己的技能、经验和教育交谈。

（5）知道对面试者来说，哪些问题恰当，哪些问题不恰当。

（6）如果你听到不恰当的提问而又想继续面试，你可以问他这个问题与工作有何关系。

（7）回答问题始终保持高调。

（8）保持最佳状态，认真思考回答。

（9）回答完后适时保持沉默。

5）面试结束后的注意事项

（1）回顾总结。对自己面试时遇到的难题进行回顾，重新考虑一下，如果再一次向你提问，该如何更好地回答此类问题。尽量把你参加面试的所有细节记下，一定要记下面试时与你交谈的人的名字和职位。

（2）致谢。① 面试后的一两天内，你可以给负责人写一封短信，感谢他为你所花费的精力和时间，感谢他为你提供的各种信息。② 如果在一个星期内或依据他们做决策所需的一段合理时间内，没得到任何音信，你可以给负责人打电话问"是否已经做出决定"。这个电话可以显示出你的兴趣和热情。③ 每次打电话后,应该给对方寄封信,内容包括:你的优点;对应聘职位仍然十分感兴趣;你能为用人单位的发展做出的具体贡献;你希望早日听到用人单位的回信。

二、笔试技巧

笔试是用人单位对应试人员的一种考核办法,目的是考核应聘人员的文字能力、知识面和综合分析问题的能力。它通常用于一些专业技术要求很强和对录用人员素质要求很高的大型企事业单位,如一些涉外部门、技术要求很高的专业单位以及国家机关选聘公务员等。

1. 常见的笔试种类

1) 专业考试

这种考试主要是检验应聘者担任某一职务时是否能达到所要求的专业知识水平和相关的实际能力。例如,外资企业、外贸企业对应聘者要考外语,科研机构招聘人员要考动手能力,国家机关招聘公务员要考行政管理和法律知识。从笔试答卷中可以看出你的文字表达能力、分析问题能力和逻辑思维能力等。

2) 智商和心理测试

智商测试主要为一些著名跨国公司所采用,它们对毕业生所学专业一般没有特殊要求,但对毕业生的素质要求较高。在它们看来,毕业生有没有专业训练背景无关紧要,但是否具有不断接收新知识的能力是至关重要的。智商测试并不神秘,基本有两种:一种是图形识别题,比如一组 4 种图形,让应试者指出其相似点和不同点;另一类是算术题,主要测试毕业生对数字的敏感程度以及基本的计算能力。

心理测试是要求应试者完成事先编制好的标准化量表或问卷,

根据完成的数量和质量来判定其心理水平或个性差异。

3）综合能力测试

综合能力测试兼有智商测试的要求，但程度更高。比如，应试者要在规定的时间内对一组数据、一组资料进行分析，找出其合理的地方和存在的问题，并设计出解决问题的方案。这是对应试者的阅读理解能力、发现、分析和解决问题的能力，知识面等的全方位测试。有时问答用英语进行，相对来说难度更大一些。

2. 笔试的应对技巧

1）调理大脑思绪，提前进入考题情境

考前要摒弃杂念，排除干扰思绪，使大脑处于"空白"状态，创设考题情境，酝酿综合思维，提前进入"角色"。通过清点用具、暗示重要知识和方法、提醒常见解题误区和自己易出现的错误等，进行针对性的自我安慰，从而轻装上阵，增强信心，以平稳自信、积极主动的心态准备应考。

考前一晚不要看书，可以看看自己喜欢的电视节目，放松一下心情；也不要太早上床休息，按平时的作息时间休息，以免在床上翻来覆去地想自己还没把握的内容，增加了紧张感，休息质量肯定会受到很大影响。适当的时候可以安排一下自己考完以后的活动。

2）"内紧外松"，集中注意力，消除焦虑怯场

集中注意力是考试成功的保证，一定的神经亢奋和紧张能加速神经联系，有益于积极思维。使注意力高度集中，思维异常积极，这叫"内紧"。但紧张程度过重，则会走向反面，形成怯场，产生焦虑，抑制思维，所以要清醒愉快，放得开，这叫外松。不要把考试当成天大的事，就想着这是一场普通的测验就好。有的人总是给自己这样那样的压力，到考试的时候就会在潜意识里想万一考不好怎么办等问题，这就分散了注意力，当然会考不好。

3）沉着应战，确保旗开得胜，以利振奋精神

良好的开端是成功的一半，从考试的心理角度来说，这确实是很有道理的。拿到试题后，不要急于求成、立即下手解题，而应通览一遍整套试题，摸透题情，然后稳操一两个易题、熟题，让自己产生"旗开得胜"的快意。良好的开端可以振奋精神、鼓舞信心，使人很快进入最佳思维状态，即发挥心理学的"门槛效应"，之后做一题得一题，不断产生正向激励，稳拿中低，见机攀高。

先做自己喜欢的题，越做心情越好，难题跳过去放到最后做。一般情况下，题目读三遍后还是不能肯定答案的话，一定要跳过去做下一道题，等自己有把握拿到分的题目都做完了，再回头做觉得难的题目。这时候就要讲究质量而不是速度了，慢慢做，不在乎整张卷子的题目能不能都做完。

4）"五先五后"，因人因卷制宜

考生可依据自己的解题习惯和基本功，结合整套试题结构，选择执行"五先五后"的战术原则。

（1）先易后难。先做简单题，再做综合题，根据自己的实际，果断跳过啃不动的题目，从易到难。但要认真对待每一道题，力求有效，不能走马观花，有难就退，伤害解题情绪。

（2）先熟后生。通览全卷，可以得到许多有利的积极因素，也会看到一些不利之处。对后者，不要惊慌失措，应想到试题偏难对所有考生也难，通过这种暗示确保情绪稳定。对全卷有整体把握之后，就可实施先熟后生的策略，即先做那些内容掌握比较牢固、题型结构比较熟悉、解题思路比较清晰的题目。这样，在拿下熟题的同时，可以使思维流畅甚至超常发挥，达到拿下中高档题目的目的。

（3）先同后异。先做同科、同类型的题目，这样思考比较集中，知识和方法的沟通比较容易，有利于提高单位时间的效率。公考题一般要求较快地进行"兴奋灶"的转移，"先同后异"可以避

免"兴奋灶"过急、过频地跳跃，从而减轻大脑负担，保持有效精力。

（4）先小后大。小题一般信息量少、运算量小，易于把握，不要轻易放过，应争取在做大题之前尽快解决，从而为解决大题赢得时间，创造一个宽松的心理基础。

（5）先高后低。即在考试的后半段时间，要注重时间效率。如果估计两题都会做，则先做高分题；估计两题都不易，则先就高分题实施"分段得分"，以增加在时间不足情况下的得分。

5）一"慢"一"快"，相得益彰

有些考生在考场上只知道一味地求快，题意未清、条件未全，便急于解答，结果是思维受阻或进入死胡同，导致失败。审题要慢，解答要快。审题是整个解题过程的"基础工程"，题目本身是"怎样解题"的信息源，必须充分搞清题意，综合所有条件，提炼全部线索，形成整体认识，为形成解题思路提供全面可靠的依据。而思路一旦形成，则可快速完成解题。

有很多题目的选项一看就和题目里的句子差不多是一样的，那就千万不要选。有些考生大致一看，觉得是一样的，就仓促做了选择，殊不知已经掉进了出题者的圈套，越是看上去与题目相差甚远的选项，越有可能是正确的，不要怀疑自己。

6）确保运算准确，立足一次成功

公考题的容量是在120分钟内完成140题，时间很紧张，不允许做大量细致的解后检验，所以要尽量准确运算（关键步骤力求准确，宁慢勿快），立足一次成功。解题速度是建立在解题准确度基础上的，所以，在"以快为上"的前提下，要稳扎稳打，层层有据，步步准确，不能为追求速度而丢掉准确度，甚至丢掉重要的得分步骤。假如速度与准确不可兼得，就只好舍快求对了，因为解答不对，再快也无意义。

有把握做的题一定要保证不出错，在平时的复习中也要注意自己的做题质量，在强项上一定不能丢分，在弱项上要多花时间锻炼。实在把握不了的部分，就要有针对性地放弃，考试的时候看时间再慢慢做，反正有把握的部分都拿到分了，后面难的题能多拿一分就是胜利。

7）讲求规范书写，力争既对又全

考试的又一个特点是以卷面为唯一依据。表述不规范、字迹不工整是造成考试非智力因素失分的一大方面。因为字迹潦草，会使阅卷老师的第一印象不良，进而认为考生学习不认真、基本功不过硬，"感情分"也就相应低了，此所谓心理学上的"光环效应"。"书写要工整，卷面能得分"讲的正是这个道理。

8）以退求进，立足特殊，发散一般

对于一个较一般的问题，若一时没有思路，可以采取化一般为特殊（如用特殊法解选择题）、化抽象为具体，化整体为局部，化参量为常量，化较弱条件为较强条件等方法。总之，退到一个你能够解决的程度上，通过对"特殊"的思考与解决，启发思维，达到对"一般"的解决。

9）执果索因，逆向思考，正难则反

对一个问题的正面思考发生思维受阻时，用逆向思维的方法去探求新的解题途径，往往能得到突破性的进展。顺向推有困难就逆推，直接证有困难就反证。用分析法，从肯定结论或中间步骤入手，找充分条件；用反证法，从否定结论入手，找必要条件。

10）回避结论的肯定与否定，解决探索性问题

对于探索性问题，不必追求结论的"是"与"否"、"有"与"无"，可以一开始就综合所有条件，进行严格的推理与讨论，则步骤所至，结论自明。

一篇文章的头和尾最重要，阅卷老师第一眼看的就是开头，要是开头写得好，会给他一个不错的印象，从而在心理上把你的文章

归类到一个比较高的档次。即使后面写得不好，一般也是可以谅解的。结尾要好，申论可以参考党刊和新闻联播评论员的文章，他们的话都是相当专业的，考试的时候用上，会让老师眼睛一亮。

三、女大学生就业谋略

随着我国高等教育从"精英教育"向"大众教育"转变步伐的加快，大学生已不再是稀缺资源。大学生就业难的问题日益突出，女大学生就业弱势地位更加凸显。其原因是多方面的，也很复杂。教育部在毕业生就业的有关政策和文件中也多次强调，任何单位不得拒收符合条件的毕业生，尤其是女毕业生。虽然有政策保证，但少数单位仍以"双向选择"为借口，过分强调用人自主权，使部分女大学生面临就业难的问题。与此同时，女大学生也存在着一些心态与行为上的偏差与误区，需要进行认真剖析与正确引导，才能有针对性地解决当前的就业困境。

1. 女大学生就业困难的主要表现

随着市场经济的发展，就业体制向市场经济的"双向选择"转变，女大学生与同班或者同届男大学生相比，工作难找，即使找到了，收入方面通常亦有一定的差距。女大学生不能正常就业或就业不理想、不满意，主要表现在以下几个方面。

（1）女大学生择业过程艰难。2010年全国妇联发布的《女大学生就业创业状况调查报告》显示，91.9%的被访女大学生感到用人单位存在性别偏见。被访女生平均投出44份简历，才有可能得到1个意向协议；平均投出9份简历才可能得到1个面试或笔试的机会。厦门大学调查显示，在相同条件下，女生就业机会只有男生的87.7%；超过2/3的毕业生认为在就业中存在着对女生的性别歧视，其中女生赞同此观点的比例高达87.8%。就业机会不均等反映出女大学生择业过程的艰难。

（2）女大学生就业率低，遭受歧视。就业机会不均等造成女大学生就业率明显低于男大学生。《女大学生就业创业状况调查报告》显示，56.7%的被访女大学生在求职过程中感到"给女生的就业机会更少"。

2011年2月，陕西省妇联公布了《女大学生招聘中性别歧视调查研究报告》。调查数据显示，受访者中，36.3%的女性未就业，23.9%的男性未就业。受访女性就业率低于男性约12个百分点，同时约六成女性在求职时曾遭遇性别限制。

（3）女大学生就业质量不理想。女大学生的就业质量不高，首先表现在就业的层次不高，不少用人单位往往把层次较低、收入水平较低的岗位安排给女大学生。其次是晋升机会不足。调查表明，尽管各类机构中中层管理者的男女比例差别不大，但高层管理人员中女性很稀少。最后是以工资为主的各种物质待遇方面和男性有差距。2009—2011年的《中国大学生就业报告》显示，尽管性别影响起薪的差异不明显，但男性毕业半年后薪资普遍高于女性。

2. 女大学生就业心态的误区

女大学生受性别意识与社会大环境的影响，在就业心态上与男生相比有明显的区别，造成了一系列的误区。

（1）对就业形势的估计过于严峻，自卑心理与依赖思想严重，缺少竞争意识。女大学生在求学的过程中，往往比男生更加刻苦，学习成绩优秀，成为考场上的优胜者。但同时也存在着心理适应能力差、应变能力不足的缺点。面对严峻的就业形势，缺少充分的心理准备与调适能力，往往容易产生悲观失望的情绪，不能主动地适应形势与争取机会，因此在应对危机上比男生先输一步。

（2）受传统伦理思想影响，认为"干得好不如嫁得好"，有"急嫁"思想。数千年"男强女弱""男主外，女主内"的观念根深蒂固地存在于大部分人的头脑中，一些女大学生深受传统家庭文化观念的影响，把女性化与事业成就对立起来。把独立性、竞争意识、事业心等看成是男性化的品质，认为女人干得再好也不如嫁得好。这说明女大学生未能摆脱世俗的男女性别观念，局限在"女不如男"的自我意识之中。

(3) 就业中过分求稳，思路狭窄，人为限定就业地区与行业，追求稳定、轻松、待遇优厚的工作。近年来，受拜金主义、享乐主义、功利主义等不良社会思潮的影响，一些女大学生忽视所学专业特点，忽视自身特长，一心向往大城市、大机关、大单位，一味追求待遇好、收入高的"热门职业"，但她们在工作能力、社会经验和适应能力上与男生可能存在一定的差距。她们的就业期望值和实际社会需求之间存在着巨大反差，但她们不愿主动调整择业期望值，不愿从头做起、从基层做起，没有吃苦耐劳的思想准备，造成就业渠道狭窄，从而错失了许多就业机会。

3. 女大学生提高自身就业能力，走出就业困境

(1) 积极调整就业心态，自我调适，克服消极心理。在面临严峻的就业形势时，女大学生难免会存在一些不良心态，这需要进行积极的自我调整。女大学生不妨将就业过程看作是重新认识自我、认识社会并主动调整自我、适应社会的过程，通过求职的历练增强心理调节与承受能力。女大学生在就业过程中要有主动意识，主动分析客观形势，认清自我，主动向合适的企业和单位进行自我推荐。也可采取"先就业，后择业"的做法，先多积累社会经验，然后逐一实现自己的职业目标。

(2) 树立正确的就业观，科学规划职业生涯。在市场经济条件下，女大学生首先应解放思想，重新认识就业的含义，转变"等、靠、要"的思想，树立正确的就业观。就业观在就业过程中起着关键作用，对大学生就业行为有导向功能。这就要求女大学生把实现自我价值和社会价值结合起来，充分认识自己、认识社会，把握机会，展示自己，这样才能找到适合自己的岗位。其次，做好职业生涯规划。良好的生涯规划目标是大学乃至一生的前行动力。女大学生可以利用现在熟知的理论进行自我认知、职业认知，确立目标，

合理安排大学生活，全面提高自身素质，做好最佳生涯规划，科学择业，理性就业。再次，要树立自我创业意识。国家出台了许多鼓励大学生创业的信贷支持、税收减免等各项政策，女大学生要认真衡量自身条件，在国家政策扶持下，可以选择自主创业之路。

（3）女大学生要不断完善自我，注重综合素质的培养。在激烈的劳动力市场竞争中，女大学生一定要注重自身综合素质的培养与提高。首先要加强文化知识和专业技能的学习，形成自己的专业知识体系，同时要多涉猎所学专业的前沿知识，拓宽知识面。其次要注重提高自身的实践能力和创新能力。女大学生在校时，应积极参加学校组织的各项实践活动，在实践中检验知识技能，提高组织管理能力和开拓创新能力；参加各种技能培训班，取得各种能证明自己能力的证书，通过掌握额外的技能来增加自身求职砝码；利用寒暑期参加社会实践，在社会实践中认识自我、认识社会，增强就业取胜的信心。

（4）发挥女性优势，寻找新的就业方向与机会。女大学生应该充分认识自身的特点，清楚自己的长处和弱点，在择业的过程中扬长避短地展示自我。在职业发展中，女生有语言、思维、交往、忍耐四大能力优势。女大学生可以利用语言优势，选择从事文字整理、编辑、翻译、播音员以及教育、接待洽谈等工作；利用形象思维能力以及思考问题细致、周全的优势，选择形象设计等工作；利用交往优势，充分发挥和蔼、感情丰富且善于体谅别人的特点，选择从事行政管理、公关、推销等工作；利用忍耐优势，广泛听取各方面的意见，与他人合作共事，选择机关或企事业单位的管理工作。随着非智力因素在生产和社会生活中的作用越来越大，女性的这些优势在一定程度上也能为女大学生带来更多的就业机会。

总之，女大学生在面对就业难的形势时，大可不必悲观失望、妄自菲薄，而是要注重自身就业能力的培养，积极应对激烈的人才竞争。在就业和工作中，结合自己的具体情况，调整心态，积极应对，迎难而上，找到属于自己的那一片天空。

谋职篇

在选择职业时,我们应该遵循的主要指针是人类的幸福和我们自身的完美!

——马克思

第二十四章 以积极心态择业

随着大学生就业形势越来越严峻,很多大学生对就业问题产生了恐惧心理,害怕找工作,这种心理极大地影响了大学生们顺利就业。因此,大学生们在就业问题上必须要调整好自己的心态。那么,大学生在就业方面应该怎样调整自己的心态?

一、分析就业形势,合理定位自己

大学生就业时,首先要做的就是调整好自己的心态并且分析就业环境。其次,最主要是认识自己。怎样才算是认识自己呢?要客观地看待自己的个性,学会自我评价、合理定位,知道自己的能力有多大,有什么优点和缺点,明确自己的求职方向,知道自己适合什么行业和什么岗位,在求职的过程中占据主动地位。要用理性的心态来面对求职,大学生求职本来就是一个双向选择的过程,要拿出自己的优势,不要害怕、畏惧,自信地去求职。

二、面对就业挫折,保持积极心态

大学生们在求职的过程中,必然会遇到很多的挫折。在面对挫折的时候,要调整好自己的心态,积极地去面对。要想着不是自己不够优秀,而是优秀的人太多;不应该消极,而应该保持积极的心态,更加地努力。还要考虑客观因素。就业形势严峻、竞争激烈,求职失败在所难免,不能用一次两次的失败来评定自己,觉得自己不行。给自己鼓励,让自己保持自信心,坚持下去,这样一定会找到满意的工作。

三、接受竞争压力，降低求职期待

在严峻的就业形势下，大学毕业生们要正确认识我国大学生就业发展趋势，接受客观现实，面对压力，做好准备。并且要对自己的就业目标进行调整，不能抱有过高的期待，以免期望过高，最后失望很大，从而影响就业心理，不愿再去找工作。对于求职，大学生要接受压力，用自己的平常心对待。要转变就业观念，不要想着一次性就找个好工作，当然，能找到最好，找不到就先就业，再择业。降低自己对工作的要求，现在的大学生越来越多，用人单位的要求也越来越高，一味地保持自己的高期待，最终也只会让自己失望。还是要保持平常心，不要让自己因此失去就业的好机会。大学生们一定要调整好自己的心态，不能因为就业求职的压力而心态崩塌，要积极、自信地去面对求职、就业。

就业市场化、自主择业给大学生带来了机遇与实惠，但许多大学生对"市场"残酷的一面认识不足，对就业市场的客观实际了解不够。经过对就业市场、就业形势的客观了解与深刻体验，我们必须明白现实情况就是如此，抱怨、气愤都是没有用的，这种就业情况是不可能一时半会儿就能改变的。与其怨天尤人，浪费了时间、影响了自己心情，还不如勇敢地承认和接受当前所面临的现实，打破以往的美好想象，脚踏实地地寻求解决问题的好办法。就业市场上的用人单位找不到人，大量的毕业生无处可去的"错位"现象普遍存在，一个重要原因是大学生的就业期望普遍较高。因此，要顺利就业，就必须首先根据自己的实际情况和就业形势，调整自己的就业期望值。调整就业期望值不是对单位没有选择，或只要有单位就去，而是要在职业生涯规划和职业发展观念的基础上，重新确定自己的人生轨迹。这就是说，要树立长远的职业发展观念，放弃过去那种择业就是"一次到位"，要求绝对安稳的观念。要知道，在再好的单位，将来也有下岗的可能。因此，择业时要看得长远一些，学会规划整个人生的职业生涯。在当前获得一个理想职业的时机还不成熟时,应采取"先就业,后择业,再创业"的办法。也就是说,择业时不要期望太高,可以先选择一个职业,不断提高自己的社会生存能力,增加工作经验,然后再凭借自己的努力,通过正当的职业流动,来逐步实现自我价值。许多大学生不愿意去经济落后的西部地区工作,但随着西部大开发的进行,西部地区将成为经济发展的热点,也将给大学生们提供更多的发展机会,因此到这样的地区去工作可能会更有利于自己的职业发展,取得事业的成功。

四、充分认识职业价值,树立合理的职业价值观

对现代社会的人来说,职业对个体的意义远不是满足生存需求那么简单,职业可以满足人们从低层次到高层次的多方面需要。对职业价值结构的初步研究发现,交往、毅力、挑战、环境、权力、成就、创造、求新、归属、责任、自认等11个类别的因子构成了职业价值的内在结构。因此,职业的价值是丰富的,我们要充分认识到职业对个体发展、社会进步所起到的重要作用。

在择业时不能只考虑职业的经济收入、工作条件、地点等因素,更要考虑职业对自我一生发展的影响与作用,以及职业能否帮助实现自我价值。因此,要在考察社会需要的基础上,树立重自我职业发展才能事业成功的职业价值观。对于那些现在工作条件不怎么样,但发展空间大,能让自己充分发挥作用的单位要优先考虑;对于那些现在经济发展水平不太高,但发展潜力大、创业机会多的工作地点也要重视。盲目到一些表面上看来不错,但实际上不适合自己、才能得不到有效发挥的单位去工作,是不会让自己的满意的。与其将来后悔,不如现在就改变自己,建立适应我国当前市场经济发展、人才需求规律的合理的职业价值观,以指导自己正确择业。

五、认识与接受职业自我，主动捕捉机遇

大学生就业的许多心理困扰，都与大学生不能正确认识和接受职业自我有关。因此，正确地认识自我的职业心理特点并接受自我，是调节就业心理的重要途径，可以帮助大学生找到合适自己的职业方向。要知道自己喜欢什么样的职业、需要什么样的职业、自己的择业标准，以及依自己目前的能力能干什么样的工作，这样才能知道什么样的工作更适合自己。许多同学经过亲身的求职活动，发现自己的能力与水平并不像自己以前想象得那么高，出现各种失望、悲观、不满情绪。因此，在认识自我后还要接受自我，对自我当前存在的问题不能一味抱怨，也没有必要自卑。自己当前的特点是客观现实，在毕业期间要有大的改变是不可能的，因此，要承认自己的现状，学会扬长避短。另外，要用发展的观点来看待自己，要知道有些缺点并不可怕，可以先就业，然后在工作岗位上不断发展自己。

第二十五章 大学生择业应注意的问题

一、要给自己职业定位

在择业之前，必须要明确自己想干什么和最擅长做什么，整合自身的兴趣、特长、专业或经验，制定两个或两个以上比较适合自己的就业目标。在制定目标时，既不要好高骛远，也不要藐视自己，职位、工资待遇等均应循序渐进。如果感到无所适从，那就根据自身的兴趣或爱好先"拜师学艺"，或先从业无特殊要求的或作业简易的工作，如剪线工、装配工、送货员等，或请家人、亲朋好友参谋、定夺。古人云，"骏马能历险，犁田不如牛。坚车能载重，渡河不如舟"。职业无贵贱之分。事事皆要有人为，行行都有状元出。

二、多渠道捕捉就业信息

有了目标之后，要广泛收集相应的就业信息，尤其是招聘信息。从网络、报刊、广播电视，或从职业中介机构、劳动力和人才交流市场寻找招聘信息，也可托熟人、亲戚朋友、同学，多渠道获取谋职信息，拓宽就业门路。

三、分析对比，锁定岗位

从就业信息中选择自己理想的职位，然后将此职位的招聘要求与自己现有的能力条件进行比较，认真分析自己能否胜任。与此同时，还要通过网络、电话咨询等方式了解该单位的一些基本情况，如单位的性质、从事行业、工作方法和单位的价值观、经济效益、工资待遇等。"知己知彼,百战不殆",更能准确地锁定符合自己目标的且力所能及的岗位。

四、做好应聘前的必要准备

根据应征岗位写简历,力求语言通俗易懂,内容简明扼要,突出岗位相关的经历、技能和荣誉,以便顺利获得面试机会;有计划地向单位预约面试时间,不同单位约见时间间隔2~3天为宜;温习应聘职位有关的基础知识和基本技能,巩固专业技巧,避免面试或笔试时不知所措,给人留下滥竽充数的印象;通过上网搜索和实际观察来了解和加深应聘职位的形象,并以此强化自己。

五、规范面试的衣着和言行,塑造职业形象

面试时需根据应聘职位来修饰自己的容貌、衣着。俗话说,"做什么应该像什么"。注意自身的言行举止,把握每一个细节,它是综合素质的体现,也是塑造形象和表现自己的机遇。如进办公室要敲门,看到杂物挡道要移除,移开的椅子要归位,介绍情况和回答问题时要紧扣主题,发表意见和相互交谈时要措辞恰当、多用职业语,等等。要充满信心,设法通过自身的衣着打扮、知识能力等多种形式表现自己。

六、把单位当成学府,把工作视为深造

就业之后,要居安思危,要把单位当成学府,把工作视为深造,在工作中不断地培养自己、锻炼自己、提高自己,取同事之长补自己之短,学习多种知识、技能,有条件的还可以考取职业资格证书、职称证书,为晋级、转业和再就业夯实基础。

第二十六章　择业中的烦恼及解除方法

就业本身是我们认识和适应社会的一个过程，在求职过程中遇到困难，甚至经过几次挫折后才成功是正常的；在就业中遇到许多心理冲突、困惑，产生一些不良情绪也是正常的。遇到就业问题时，要学会调整自己的心态，使自己能从容、冷静地面对就业这一人生重大课题，做出正确、理智的选择。

一、社会方面

第一，我国经济发展存在区域不平衡，东部与西部经济的极大落差，造成毕业生择业时的人才流动不平衡。

第二，劳动力市场的需求变化阻碍了毕业生求职的脚步。在国际经济环境中，我国的消费需求整体上并不乐观，建筑和汽车等生产型企业的发展也出现了瓶颈，一般的公司会通过裁员来缓解企业入不敷出的压力，使得就业空间相对缩小，就业岗位减少。

第三，社会中的就业市场环境不太理想，对大学生的就业造成了不好的影响，找工作不如花钱工作的乱象已经出现。而且，大学毕业生的户籍问题也影响着他们找工作的进程，大学生的档案问题也给他们的就业造成影响。

二、大学生的自身问题

第一，大学毕业生的就业观念不合时宜，就业市场化意识薄弱。大学生作为社会的高知阶层，大多希望去大城市的好单位。很多大学毕业生会偏向寻找薪资较高而且比较轻松的工作，对于一些不上档次而且薪资较低的工作不看好，有机会也会错过，这样就导致尚未就业已经失业。

第二，大学生自身综合素质不高，适应社会的能力差，缺乏对自己的清晰定位，择业目的性不强。目前，许多大学毕业生在就业的过程中对社会职务认知不清晰，在求职时普遍没有正确地评估自己，使自己在面试时处于劣势。

第三，大学生的面试技巧、能力不足，许多大学毕业生没有经过求职技巧的训练。大学毕业生不能掌握营销的技术就会沦为众流之中的一瓢，不免被落下。对招聘单位而言，这样的大学生较多，自然不会对他们加以重视，大学生的真实能力就有可能被忽略。

三、高校的问题

第一，大学在专业设置上不能跟随时代的发展需求，在面对社会的真实需求时就会出现严重的人岗不符现象。首先，大多数大学在专业设置上目光过于短浅，导致培养的毕业生就业方向少，根本不能满足社会的需求。其次，大学在设置课程时没有找到正确的人才培养模式，不能随着社会的发展而做出相应的调整。社会变化了，学校的教学计划没有改变，教材没有及时更新，毕业生的知识能力和思维模式等与社会的需求存在过大差距，这样直接影响了大学毕业生的就业。

第二，高校的就业指导力度不够。高校就业指导缺乏对学生求职方法的指导，也缺乏科学合理的职业生涯设计与规划等方面的指导。

第三，高校培养的学生质量不高。大多数的高校扩招后，师资力量小，教师的综合素质下降，对毕业生造成了影响，毕业生在竞争激烈的人才市场凸显不出优势。

第四，高校应该完善就业信息的相关机制。由于信息量太小、信息发布的时间太晚，以及地域的限制等，高校不能满足大学毕业生对就业信息选择要求。现今的招聘形式有多种，但是大多数招聘仍旧采取用人单位现场招聘和供需见面会的方式。

第二十六章 择业中的烦恼及解除方法

面对大学生就业困难问题，我们可以从以下几个方面进行针对性的指导。

第一，政府部门引头，为毕业生的就业提供支持。政府部门要制定完整的政策法规，促进就业市场体系成熟化，逐步把毕业生的工作纳入法制化、规范化的轨道，鼓励毕业生到中小企业、偏远地区及基层单位就业。要加强、完善毕业生的就业政策，对就业优惠体系加以调整，逐步消除就业面临的歧视，深化人事和户籍等制度的改革，规范就业市场。另外，加强市场的宏观调控，促进人才的理性流动。鼓励大学毕业生主动投身到西部的建设当中，在西部地区进行安家落户。同时加强宣传工作，为到基层单位工作的大学毕业生提供相应的优惠政策，鼓励大学生投身基层实现就业。

第二，政府的指导部门可以建立和完善就业信息网络系统，努力实现资源的共享。准确高效、全面收集筛选和分析评估所有的就业信息，尽可能实现供需双方的资源共享。充分发挥网络在毕业生就业中的作用。建立统一的需求交流信息库，全面提高毕业生就业工作信息化水平和共享信息资源的使用率。

第三，大学要适应市场的办学机制，全面深化教育教学改革，促使专业设置符合社会的真正需要。要密切关注就业市场发展，合理定位办学模式、专业设置和教学内容，努力发展社会中需求量比较大的特色专业。而且，大学要加强就业指导，创造良好的择业平台供学生使用。加强大学生的求职择业指导，为毕业生的职业发展进行规划和设计，帮助他们制定合理的择业目标。广开渠道，主动加强与用人单位的广泛联系，积极主动地为学生牵线搭桥，提供更加广阔的就业空间给大学毕业生。

第四，对毕业生加强求职技巧的训练，以提高面试的成功率。具体的招聘往往是招聘人精心策划的，促使求职者在现场发挥能力。应聘者不仅需要有备而来，更要表现得沉着冷静，不卑不亢的表现才能真实地展现自己最优秀的一面，在众多的求职者中被挑选出来。

第五，鼓励毕业生自主创业，依靠自身实力解决就业问题。

总之，大学毕业生就业难问题是一个比较突出的问题，需要政府和各大高校共同加以重视。充分利用政府在宏观调控政策上的支持，积极采取有效的措施，在大学生、高校以及社会各界的共同努力之下，妥善解决这个问题。

第二十七章　大学生就业难的分析与思考

一、大学生就业难深层原因分析

1. 愿望与现实之间的反差构成了大学生就业难的重要原因

家庭与学生个人的观念在一定程度上造成了就业困难。家庭对子女教育,特别是高等教育的投资日渐增大,对子女就业的期望自然伴随着教育投资的增长而提高,这是一种客观反映。就学生及家长的主观愿望而言,虽然我国的高等教育已经从精英教育进入了大众化教育阶段,但家长与大学生个人仍然对毕业生的就业抱着高期望值。当这种高期望值与现实中的就业岗位或机会存在落差时,大学生就可能陷入难以就业的处境。因此,愿望与现实之间的反差构成了现阶段大学生就业难的重要原因。

2. 信息市场的不完善导致就业信息不对称

毕业生求职和用人单位招聘是一个互动过程。在此过程中,毕业生需要通过各种途径获得用人单位的信息,同时用人单位也要充分了解求职人的信息,二者是双向选择的过程。一方面,求职人员需要了解用人单位所需人才、薪资待遇、具体工作等实际情况;另一方面,用人单位则需要了解求职人员的真实信息,包括其知识结构、综合素质以及将来的发展方向等。由于目前我国劳动力市场中存在就业信息不对称、不充分的缺陷,就业信息往往满足不了劳资双方的要求,这就会导致以下两种情况的发生:一是大学毕业生进入了不适合自己的企业,接受培训后没多久就跳槽,或者是根本适应不了该企业的工作环境而被淘汰,从而促使企业招聘风险加大而很少招收毫无经验的应届毕业生;二是一些毕业生缺乏对企业的了解,进入后发现"事与愿违",但某些企业会凭借"占有档案"非法索取高额违约金,很多毕业生宁愿失业也不待在这类单位。

3. 结构性矛盾,供求错位

我国的大学生培养机制在一定程度上脱离社会实际需要:社会需要的人才大学不供应,非常短缺,而社会不需要的人才大学又拼命培养,导致过剩。因此,我国大学生的就业难题其实是一个结构性过剩问题。市场经济发展到今天,许多高校仍远离市场实际需求,根据自己的经验而非实际调查闭门造车,相关教材也过于陈旧,在这种状况下培养出来的学生,怎么可能为社会所接受?高校教学质量下降和无所不在的浮躁氛围,又加剧了结构性矛盾。现在,一些高校对教学的忽略程度令人难以置信。这些高校纷纷大兴土木,建造豪华校园,对教学与科研的投入则非常吝啬,这种主次颠倒的做法在眼下较普遍。许多高校以近乎暴发户的心态扩张,而对高校最核心的教学工作置之不理,培养出来的学生越来越远离社会的需要。实际上,很多大学生参加工作后,用人单位常常不得不对其进行二次培养,这无疑将加大用人单位的成本,因而渐渐失去对大学毕业生的兴趣。许多用人单位招生要求必须有两年以上工作经验,也是基于这一苦衷。

4. 就业市场不规范是瓶颈

目前,我国就业市场还存在着一些不公平与不规范的现象,就业市场发育不良对大学生的就业造成多方面的损害。在我国的就业市场上,一方面是片面的人才观、用人观造成学历崇拜与学历歧视并存,直接降低了大学毕业生与就业机会的有效匹配,也造成了人力资源的巨大浪费,扭曲了正常的人力资本投资行为。另一方面则是各种非正常现象的影响，破坏了就业市场的公平性，人际关系客观上在我国现阶段的就业中起着非常重要的作用，就业机会的不公平不仅表现在大学生之间，也表现在大学生群体与其他群体之间。正是有关部门未能有效地维护就业市场的公平竞争，导致本来应当最具就业竞争力的大学毕业生反而成了特殊的就业弱势群体，这是就业市场异化的直接结果。

二、扭转大学生就业形势的理性思考

当前大学生就业问题是一个牵一发而动全身的结构性问题。解决大学生就业问题不是一朝一夕就能完成的事情，而是一项"系统工程"，需要在宏观调控下，大学生、市场、高校三者协调与合作。要综合运用各种手段，做好宏观调控，给大学毕业生创造一个比较平等的竞争择业环境。

（1）应做好长远规划，协调城乡二元结构差异和区域差距。这不仅关系到大学生的就业问题，也关系到国家的长远发展问题。

（2）解决大学生就业困境的当务之急，应该是通过法律、政策等手段消除那些妨碍大学生就业的制度、政策壁垒，尤其是户口和流动问题，这虽然不能从根本上改变当前大学生涌向大城市导致就业难的现状，但可以有效缓解当前大量学生纷纷积压在大城市求职的状况。

（3）适当将资源向中小城镇倾斜，缩小城市和地区在资源上的差异，更好地引导大学生走向不发达地区、小城镇等地区。这样不仅能为小城镇带来人力资源，也能相应缓解大中城市的压力，促进社会发展的良性循环。

（4）维护公平竞争才是根本。相关部门应当尽快创造与维护就业市场的一体化与公平的就业环境，改变在大学生等特定群体就业方面所采取的相互分割、头痛医头的政策取向，将注意力、财力、行政力等转移到努力创造与维护公平的就业市场竞争环境上来。为此，一要禁止就业歧视、摒弃学历崇拜，代之以公平就业、能力优先；二要规范劳动力就业市场，强化对劳动力就业的监管，消除各种不正当竞争行为。

（5）建立和完善社会保障体系。多数人总是指责大学生择业不够理性，期望值较高，却很少有人深层次地分析高期望值背后的原因。大学生在择业时缺乏安全感，常有后顾之忧，担心失业、生病以及其他状况而生活没有保障。由于我国的社会保障体系还不够完善、成熟，特别是城乡二元结构和区域发展不平衡，社会保障存在较大的差异性。大学生在择业时心有顾虑，不得不考虑社会保障这个很实际的问题，从而争相到条件好的大中城市和单位就业。要引导大学生到西部和农村去就业，改变目前大学生就业难的现状，建立和完善社会保障体系势在必行，特别要在西部和广大农村地区真正实现"老有所养，病有所医，失业有救济"的政策。如果真的做到这一点，"大学生到西部去，到基层去"的口号就不会只是一句空话，而会在不久的将来变为现实。这不仅能为小城镇带来人力资源，也能相应缓解大中城市的压力，促进社会发展的良性循环。

（6）在宏观调控的过程中，应该注意协调学校与市场之间的信息沟通，除了制定所谓的就业率指标外，更应该注重宏观上的规划和指导，合理引导高校的招生规模以及市场经济结构。

第二十八章 大学生就业心理分析

就业是大学生走向社会的第一步，是他们人生中的一次重要选择。当前严峻的就业形势加重了大学毕业生的就业压力，大学生的就业心理问题日益凸显出来。只有正确认识大学生就业的各种心理，并克服不良心理，大学生才能成为社会主义建设的接班人。

一、大学生就业心理的类型

大学生的求职择业心理千姿百态，大体上有以下几种。

1. 功利心理和求名心理

这两种心理在大学生中尤为突出。当今有些大学生的择业动机不再是为国家、为社会、为人民做贡献，而更多的是为了获取高收入、高地位。有些大学生并不了解某些职业的内在要求或根本不知道自己能否胜任某些工作，单纯追求"名望高、名誉好"的单位。

2. 安全心理

在选择职业时，有些大学生往往从职业的稳定性出发，选择那些全民所有制的企业单位。有些家长要求孩子不要冒风险去赚大钱，有份稳定工作就可以。

3. 求闲心理和求便心理

有些大学生在求职择业中追求舒适、清闲的心态，有些则追求离家近或生活便利。事业与家庭、工作与生活常常有许多矛盾，会造成许多不便，从而在择业时产生了这些心理。

4. 竞争心理

竞争心理与安全、求闲和求便心理形成对比。有些大学生本来已经找到了收入稳定且待遇高的工作，但是却不满足于一成不变甚至可能整天清闲无所作为的生活，他们更愿意参与各种竞争，宁愿快节奏、高效率地工作，并希望工作之余能自由自在地享受。

5. 从众心理

一些大学生在求职现场寻找热门职业，报考的人数越多，他们对那些职业的渴求越大。求职择业是一项严肃郑重的大事，一定要认真考虑、谨慎从事，从自身实际出发，决不能"跟着感觉走"，盲目从众。

6. 奉献心理

这是一种良好的择业心理。凡是拥有这样心理的人，大多是树立了正确世界观、人生观、价值观以及择业观的人。只有大学生们拥有了这样的心理，才能为社会、为国家奉献自己的力量。

二、大学生就业心理形成的原因

1. 大学生自身原因

1) 择业认知心理的偏差

（1）自我估价的偏差。这种偏差存在两种极端：一是自我估价过高，不能实事求是地分析自己的优势和劣势，盲目自信或自负，在择业中往往认为大多数的职位都与自己的才能不匹配，结果失去大量的就业机会，造成"高不成，低不就"的择业现象；二是自我估价过低，不能觉察自己的优势与长处，夸大自己的不足与缺陷，伴随着不安、内疚、忧郁、失望等自卑心理，不敢面对择业。

(2) 对专业对口的认知偏差。相当大一部分学生认为，就业必须专业对口，才能才尽其用，才能实现自我价值，因而过分要求专业对口。这种偏差致使许多学生对非本专业的只需稍做努力和调整就能够胜任的职业视而不见，人为使就业渠道变得狭窄。其实大学生应该意识到，每位毕业生不可能专业对口。

(3) 对职业认识的偏差。大学生对职业的了解存在局限性和片面性，未全面了解求职渠道和信息，对职业道德规范、规章制度、规定说明，以及社会对求职人员的隐性潜在要求，包括衣着装饰、礼仪习惯、劳动素质、就业意识等方面了解甚少。多数学生对职业的认识仅靠他人的舆论，什么职业热门就向往什么样的职业。

(4) 对社会认识的偏差。许多大学生对社会的了解存在较多的想象成分，对影响择业的因素认识不足。因受年龄和阅历的局限，对社会没有全面的了解、实际的体验，有的把社会想象得比较美好，对社会的复杂情况及影响就业的因素知之甚少，因而择业的期望值往往偏高，不能准确地给自己定位，脱离了社会的实际要求。社会心理学认为，期望值越高，心理上的冲突越大。

2) 大学生择业人格方面存在问题

(1) 择业个性倾向方面。大学生的职业价值呈现功利化取向，即择业时越来越看重经济、待遇和个人发展等实际功利因素，很少考虑国家与社会的需要，不愿意到条件比较艰苦的地区工作；目光短浅，择业时更多地考虑工作条件、经济收入等眼前利益，忽视职业的长远发展；求稳守旧，求职一次到位的传统观念根深蒂固，稳定、清闲、福利保障好的单位仍是大学生愿意选择的工作单位。

(2) 择业过程中暴露出诸多不健全的人格心理特征。如就业挫折承受力差、缺乏自信心或过于自负、竞争或进取精神不够、合作性和冒险性较差等。这些人格特征不仅会影响个体择业能力的发挥和择业活动中的表现，而且会影响个体在择业过程中的心理健康水平。

2. 社会原因

（1）大学毕业生人数激增，增大了择业的竞争力。近些年来，随着高校的不断扩招，毕业生人数急剧上升，而就业总需求则增长缓慢。大学毕业生人数的激增，使已经供大于求的就业市场的供求关系更加失衡，甚至畸形发展，使大学生产生就业危机感。

（2）部分企业经济效益下滑，严重制约着市场对大学生的需求量。随着我国经济体制改革的深入，国有大中型企业采取减员增效、"下岗分流"等措施，各级党政机关及事业单位也实行"精简分流，精兵简政"。

3. 学校原因

1）学校教学的某些缺陷

当前，我国大学生因就业难而产生心理障碍，与很多大学教育教学质量不高有密切联系。"知识不够用"和"能力不足"是导致大学生择业时产生自卑和焦虑的主要因素。有的大学生认为自己的文凭与实际水平不太一致，学校开设的专业课不太适应社会的需要，学科知识陈旧，影响他们的择业。

2）择业心理指导工作滞后

在大学生择业过程中，存在着需要解决的种种心理适应问题。他们的心理健康、心理平衡是非常重要的。尤其是在新的就业形势下，改革步伐加快，竞争激烈，信息量大。人们的观念发生了巨大变化，如何解决毕业生心理适应问题更显得迫切。

大学生在择业中出现的心理问题如果长期得不到解决，势必会造成个人就业困难。这种非理性情绪不断扩散，不但危害自己，也危害社会。所以，必须运用心理手段加以调适。

三、大学生就业心理应对对策

大学生在寻找工作时经常会遇到挫折，这会使大学生产生很多心理障碍，如焦虑、自卑、孤傲等。这些心理如果处理不当，就会损害大学生的身心健康。

1. 大学生要全面提升自身综合素质

21世纪经济、科技的竞争，归根到底是人才的竞争。市场经济条件下，毕业生在人才市场的竞争主要是综合素质的竞争。大学生在大学四年应注意自己各方面素质的培养，按照素质教育的要求培养自己的政治素质、道德素质、文化素质、业务素质、身心素质等，培养自己的创新能力、知识运用能力、交际能力等。

2. 大学生要进行择业心态的自我调适

在择业中，大学生不可避免地会遇到困难、挫折、矛盾和冲突，毕业生应学会全面了解社会，客观地分析、评价自我，正确处理理想与现实的矛盾，使理想自我与现实自我统一起来。根据社会需求正确解决自己就业定位问题，确定自己的择业目标，特别要注意培养自身的抗挫折能力和良好的心理素质、奉献精神、创业精神和艰苦奋斗精神等。

3. 学校应加强全方位的择业指导工作

大学生的择业指导工作是一项系统而科学的工作。学校要深化教学改革，更新狭隘陈旧、与实际需要脱节的教学内容，使学生具有合理的知识结构。同时，学校应设专门的择业指导机构，通过专题讲座、心理辅导活动、心理咨询、心理测试、信息咨询等多种形式，对大学生的择业能力进行专门和科学的指导。

第二十九章 就业政策

一、积极拓展政策性岗位

1. 用足用好稳就业政策

各地教育部门要配合和会同相关部门,推动稳就业政策向高校毕业生重点倾斜,落实好党政机关、事业单位、国有企业等这两年空缺岗位主要招聘应届高校毕业生等政策,统筹协调好招录工作安排,力争在2021年完成全部政策性岗位招录工作。

2. 积极拓宽基层就业渠道

各地各高校要会同有关部门,围绕实施乡村振兴战略、服务乡村建设行动,做好"特岗计划""大学生村官""三支一扶""西部计划"等基层项目组织招录工作,落实好学费补偿代偿、升学优惠等政策。各地教育部门要协调相关部门,尽可能地扩大地方性基层就业项目规模。鼓励采用市场化、社会化办法,给予更多政策支持,引导毕业生围绕城乡基层社区各类服务需求就业、创业。

3. 深入推进大学生征兵工作

各地各高校要配合兵役机关落实"两征两退"改革新要求,实施一年两次大学生征集工作,分别安排在2—3月、8—9月。预征工作提前2个月进行,第一批重点动员征集高校毕业生。强化军地协同,按照新的时间节点,制定本地、本校大学生征兵工作方案。实施更大力度的激励政策,2021年起"退役大学生士兵"专项硕士研究生招生规模由目前 5000 人逐步扩大至 8000 人，2022 年起普通专升本可免试招录退役的普通高等职业院校（专科）毕业生。加强征兵动员，重点宣传新激励政策和新体检标准，提高大学生征集规模，特别是毕业生征集比例。

4. 扩大科研助理招录规模

各地各高校要落实科技部、教育部等部门相关文件要求，把开发科研助理岗位作为深化科技管理体制改革的重要举措。增强科研助理岗位吸引力，落实社会保险、户口档案等相关政策，合理确定薪酬标准。各高校要对院系及科研团队招录科研助理给予经费、政策等支持。科研助理岗位及实聘人数作为"双一流"建设监测指标，纳入安排推荐免试攻读研究生名额的重要参考指标。

5. 促进各类升学与就业工作有序衔接

各地各高校要统筹安排好各类升学考试时间，硕士研究生招录工作在 5 月底前完成，普通专升本和第二学士学位招录工作在 6 月底前完成。高校招生、教务部门要共同组织实施好第二学士学位政策宣传、招录计划、考试录取等工作。

6. 树立正确用人导向

抓好中共中央、国务院《深化新时代教育评价改革总体方案》落实落地工作，各省级教育部门要协调和配合有关部门，推动党政机关、事业单位、国有企业带头扭转"唯名校""唯学历"的用人导向，在招聘公告和实际操作中不得将毕业院校、国（境）外学习经历、学习方式（全日制和非全日制）作为限制性条件，建立以品德和能力为导向、以岗位需求为目标的人才使用机制，改变人才"高消费"状况，形成"不拘一格降人才"的用人氛围。各地各高校要建立用人单位招聘黑名单制度，将认定存在就业歧视、欺诈等问题的用人单位纳入黑名单，定期向毕业生发布警示提醒信息。

二、积极拓展市场化岗位

1. 建立就业岗位拓展新机制

成立高校毕业生就业创业指导委员会，广泛汇聚市场化、社会化就业创业资源。组织举办重点省份、重点城市、重点行业、中小微企业等就业创业供需对接系列活动。各地各高校要主动联系用人单位和招聘机构，多种方式拓宽岗位信息来源。鼓励举办区域性、行业性、联盟性招聘活动。

2. 拓展新兴领域就业空间

各地各高校要挖掘平台经济、共享经济中的就业机会，引导毕业生发挥智力优势，到战略性新兴产业就业创业。鼓励毕业生到先进制造业、现代农业、现代服务业等领域多元化、多渠道就业。配合有关部门完善社会保障和灵活就业支持政策。

3. 持续推进创业带动就业

加大"双创"支持力度，会同有关部门落实大学生创业优惠政策。继续举办中国国际"互联网＋"大学生创新创业大赛。组织开展高校毕业生创业服务专项活动，发挥创业孵化基地作用，推动各类创新创业大赛获奖项目成长发展、落地见效，带动更多毕业生就业。

4. 推进就业实习见习

建立全国高校毕业生就业实习信息平台，汇集发布高校毕业生就业实习岗位信息。各地各高校要将实习作为促就业的重要渠道，加快完善就业实习管理制度，深化校企校地合作，建设大学生就业实习基地，开发更多就业实习岗位，推动更多毕业生通过实习实现就业。配合有关部门实施好"三年百万青年见习计划"，提供不断线的就业服务，推动离校未就业毕业生参与就业见习。

三、进一步提升就业指导服务水平

1. 强化就业育人实效

各地各高校要把毕业生就业作为立德树人的重要环节，作为"三全育人"的重要内容，不断健全就业思政工作体系。开展以成才观、职业观、就业观为核心的就业主题教育活动，通过政策形势讲座、榜样示范引领等形式，引导毕业生把个人理想、追求融入现代化国家建设新征程，主动投身国家重大工程、重大项目、重要领域就业。

2. 加强职业发展教育和就业指导

加强大学生职业发展教育，组织开展大学生职业发展教育月活动等。举办"互联网＋就业指导"公益直播课，建立大学生就业创业指导专家库，打造大学生就业创业指导"名师金课"。各地各高校要针对不同年级，开展学生职业发展和就业指导活动，提供职业发展咨询和就业心理咨询服务，引导学生树立健康、积极、理性的就业心态。

3. 建设高质量就业服务平台

加强就业服务信息化水平，优化完善24365校园招聘服务，建设24365高校毕业生智慧就业平台，构建部、省、校联通共享的高质量就业服务体系，组织高校就业工作人员、毕业班辅导员和毕业生注册使用。各地各高校要共同参与实施"24365岗位精选计划"，精确采集岗位要求和求职意向，向高校毕业生精准推送岗位信息。优化完善本地、本校网上就业服务，提升人岗匹配精准度和实效性。

4. 加强重点群体就业帮扶援助

实施低收入家庭、少数民族、残疾等重点群体毕业生就业创业能力提升行动，开展重点群体毕业生就业创业能力培训。各地各高校要建立低收入家庭毕业生就业帮扶工作台账，按照"一人一档""一人一策"要求重点帮扶，帮助有就业意愿的贫困生尽快就业。继续实施其他高校与湖北高校毕业生就业创业"一帮一"行动，拓展合作内涵，推进"一帮一"行动向纵深发展。

四、完善就业统计评价

1. 健全毕业生就业统计机制

推广使用全国高校毕业生网上签约与毕业去向登记平台，实现部、省、校三级就业数据实时同步共享。有条件的地方和高校可探索推行毕业生本人直接填报、学校逐级审核、省级核查的就业统计方式。完善签约进展情况周报和就业情况月报机制。继续开展毕业生就业状况布点监测工作。委托国家统计局开展毕业生就业状况抽样调查。从 2020 年起，在各类督查、考核等工作中，由各省级教育行政部门统一提供本地区高校初次就业数据。

2. 健全就业统计核查机制

严格执行就业工作"四不准"规定，不准以任何方式强迫毕业生签订就业协议和劳动合同，不准将毕业证书、学位证书发放与毕业生签约挂钩，不准以户档托管为由劝说毕业生签订虚假就业协议，不准将毕业生顶岗实习、见习证明材料作为就业证明材料，确保就业统计数据真实准确。建立就业数据倒查机制，委托第三方机构开展就业数据抽查。建立部、省两级就业统计举报机制，统一公布举报电话和邮箱，凡实名举报者，须在 5 个工作日内进行调查并回复当事人。

3. 推进就业工作综合评价

各地各高校要改革就业评价机制，建立分层分类就业评价指标体系。将推送毕业生到西部、基层、艰苦边远地区和重点领域就业情况作为高校就业工作评价考核的重要内容。健全高校毕业生就业质量报告制度，更好地发挥高校毕业生就业状况对高校招生、学科专业设置、人才培养的反馈作用。持续推进高校毕业生就业状况大规模跟踪调查。

五、加强领导和组织保障

1. 落实就业工作"一把手工程"

各地各高校要将就业工作列入各级领导班子重要议事日程。各高校要成立就业工作领导小组，主要负责同志任组长，分管负责同志任副组长，相关部门和教职员工共同参与，形成全员抓就业、促就业的工作格局。推动建立教育部门、高校与人力资源社会保障部门共同做好毕业生就业服务机制，促进公共就业政策和服务资源更多惠及高校毕业生。

2. 强化就业工作督促检查

建立重点督查机制，把毕业生就业工作纳入党中央重大教育决策部署督察、省级人民政府履行教育职责评价、学科专业评估、高校领导班子年度考核等重要内容。适时对各地各高校毕业生就业进展情况进行督促检查。各地各高校要建立健全就业工作督查、通报、约谈、问责机制。

3. 加强就业工作队伍建设

各地各高校要进一步加强高校毕业生就业工作保障，严格落实就业机构、人员、场地、经费"四到位"要求，按照有关规定配齐、配强校级专职就业工作人员。定期开展业务技能培训，提升专业化素质。鼓励高校院系专设就业辅导员，建立健全全员参与就业工作长效机制。各地要将高校落实"四到位"要求及就业工作队伍建设情况纳入就业进展情况重要督查内容。

4. 选树推广就业创业工作典型

发挥就业创业工作典型的示范引领作用，注重发掘毕业生就业创业工作中涌现出的优秀典型，开展全国普通高校毕业生就业创业典型案例征集活动，并以多种形式总结推广先进经验。鼓励各地各高校结合本地、本校实际，培育选树促就业创业典型经验，组织遴选一批优秀案例和优秀成果。

5. 积极开展疫情防控常态化下就业服务工作

各地各高校要根据本地新冠肺炎疫情防控形势，制定就业工作应对疫情预案，做到科学有效防控、安全有序招聘。各高校要根据当地疫情防控要求，创造条件支持毕业生参加实习、面试和用人单位进校开展宣讲、招聘活动。

第三十章 大学生创业指导

一、创业意识的培养

知识经济给社会带来了巨大变革,尤其是知识产业化、信息产业化的迅速发展,既给我们带来严峻的挑战,也给我们提供了发展的机遇。树立与培养大学生的创业意识,指导大学生走上自主创业之路,不仅能帮助其成长成才,还可以拓宽大学生的就业渠道,增加社会就业岗位,实现就业渠道的多元化。

1. 创业与创业意识

大学生创业是指创业者在校学习期间或毕业离校之时发现机会,整合各种资源独立开创或参与开创新企业,提供新产品或新服务,最终实现自身创业目的的一系列活动。

大学生创业具有如下特点。

(1) 大学生往往对未来充满希望,他们有着沸腾的血液、蓬勃的朝气,以及"初生牛犊不怕虎"的精神,这些都是一个创业者应具备的素质。

(2) 大学生在学校里学到了很多理论性的东西,有着较高层次的技术优势。

(3) 现代大学生有创业精神,有对传统观念和传统行业进行挑战的信心和欲望,而这种创新精神也往往造就了大学生创业的动力源泉,成为成功创业的精神支柱。

(4) 大学生社会经验不足,常常盲目乐观,没有充足的创业心理准备。急于求成、缺乏市场意识及商业管理经验,是影响大学生成功创业的重要因素。

创业意识是指在创业实践过程中对创业者起推动作用的个性倾向,包括创业的需要、动机、兴趣、理想、信念等要素。创业意识支配着创业活动中创业者的态度和行为,是创业的动力因素。其中,创业需要是创业活动的最初诱因和最初动力,只有当创业需要上升为创业动机时,才能形成心理动机。创业动机对创业行为产生促进、推动作用,有了创业动机,就标志着创业实践活动即将开始。创业兴趣能激发创业者的深厚情感和坚强意志,使创业意识得到进一步升华。创业实践活动取得一定的成效时,便引起创业兴趣的进一步提高。创业理想、信念属于创业动机范畴,是创业者对未来奋斗目标的向往和追求,是人生理想的组成部分,有了创业理想、信念,创业者的创业行为就会充满朝气和活力。

2. 创业意识的重要性

学生创业是当前大学校园的一个热门话题,大学生自主创业对当前社会、经济的发展和大学生自身的成长都非常重要。创业一方面可以解决自身的就业问题,获得精神和物质上的满足;另一方面也能创造更多的就业机会,在一定程度上解决更多人的就业问题。这无疑是缓解就业压力的一个现实而非常有效的途径。众所周知,就业压力的缓解对家庭和谐、社会稳定、国家经济发展有着至关重要的作用,并构成稳固社会主义建设事业环境的一个必备因素。如今,创业热潮已成为浩渺商海中的一道风景线,而广大有活力、有抱负、高素质的大学生亦在这股创业热潮中大显身手。

要创业就得从培养创业意识入手,因为意识是行动的指南。创业意识集中体现了创业素质的社会性质,支配着创业者对创业活动的态度和行为,是创业素质的重要组成部分。为此,我们要强化大学生的创业意识,做好创业的精神准备,促进和帮助大学生开拓进取,有所作为。而且,创业意识在很大程度上影响了大学生的创业态度、创业方式和创业结果。

3. 培养创业意识的途径

创业意识是大学生从事创业活动的强大内驱力，只有培养好大学生的创业意识，才能使大学生真正实现自我创业。培养大学生的创业意识，要着力做好以下几个方面。

(1) 不畏艰难，敢于拼搏。培养强烈的事业心和责任感，刻苦钻研、勤奋工作，努力学习，牢固掌握专业知识及技能。树立高标准、严要求、不怕困难、勇于创新、敢于创业、争创一流的思想，激发创业意识。

(2) 摒弃安逸思想，培植个人求发展的心理。大学生在创业过程中会遇到很多困难，如果没有坚定的创业信念，仍抱着随遇而安的安逸思想，是不可能成就一番事业的。在生活、工作中要注意培植个人求发展的心理，积极进取，不安于现状，使创业需要发展为创业动机。

(3) 积极投身社会实践，养成善于观察、勤于思考的良好习惯。在实践中锻炼自己，了解社会，了解自我，完善素质，提高能力。通过对事物的观察和思考，激发创业需要，树立创业理想，坚定创业信念。

(4) 培养脚踏实地的工作作风。在日常工作与学习中，要坚持解放思想与实事求是相统一，既要敢想敢干，又要求真务实。积极参与各种创业与创新活动，在活动中感受创业情境。

(5) 发展健康的个性与兴趣。健康的个性与兴趣可以激发创业者的创业热情，升华创业意识，是创业意识形成的重要因素。因此，要拓宽个性和兴趣的自由空间，积极参加兴趣小组和社团活动，有意识地培养兴趣、发展兴趣。

附　毕业后，我选择了创业

2015年小陈毕业了。毕业后，他辗转于苏州、无锡、常州、张家港、南京等城市，结果让他大吃一惊——工作不好找！小陈开始怀疑自己的心态没有调整好，要求高，后来发现并不是这个原因。在外转了快一个月，工作还是没有着落，小陈开始着急。身上仅仅剩下4元钱，这个数字小陈永远记得。因为没钱，他在无锡火车站睡了三个晚上，第四天他决定回南昌。

回到南昌，他应聘上了江西农业大学的班导，工作比较轻松。但小陈认为自己还年轻，人生应该是充满激情的，于是辞职，找了份推销软件的工作。那段时间股市很火，他选择了卖股票软件。经过自己的努力，他发现软件这东西成本低、利润高，只要销售方法正确，目标客户正确，销售不是问题。那一刻，小陈的心里就在谋划建立自己的公司。

小陈把所有的储蓄都拿出来，向家里借了几万元，在朋友那筹集了几万元，注册了一家属于自己的公司——南昌××技术开发有限公司。经营项目为：晋业软件江西代理，点击网络金牌代理，方正电脑经销，HP打印机耗材经销。"那一刻，我感觉到身上担子重了、压力大了，但是那一刻我也深深地感觉到前途的美好。"现在公司运营得很好，以下是小陈的个人创业心得。

第一，要是你有干成大事业的欲望和白手起家的决心，选择你感兴趣的事业作为你终生奋斗的目标，一心一意地坚持下去，运用正确的方法去思考和行动，你就一定会成功。

第二，中国现在尤其需要白手起家的英雄。经济的低迷、国有企业的不景气、下岗人员的增多，许多单位的人浮于事、效益低下以及大学扩招后造成的就业压力增大等，所有这一切都表明中国不仅需要一大批资深职业经理人带领现有的企业走出困境，同时需要一大批白手起家的英雄创造新的经济增长点和新的就业机会，使中国经济有一个较大的增长，使我们在国际竞争中处于更加有利的地位。

第三，做大企业的经理人也许你不够条件，或者说你具备了条件，但没有人了解、没有人赏识你，或者没有人提拔你，所有这些都可能会使你做大企业经理人的梦想破灭。然而,你可以白手起家创造出属于自己的一片天地,而且任何人也不能阻挡你。我们这个时代特别呼唤白手起家的英雄。无论你是学士、硕士或博士,还是只上到中专毕业,甚至只是中学毕业,无论你是正在上班的在职一族,还是正在找工作的毕业学子或下岗职工,无论你是20多岁,还是已到不惑之年,所有这些都不会影响你的创业梦想。

二、创业能力

一个创业成功的人,除有一技之长外,还要具备良好的创业能力。在市场经济条件下,企业之间的竞争是非常激烈的。作为创业者,不能只凭一时热情,既不去了解企业的特点,也不去了解创业者应具备的心理品质和能力,认为别人能创业成功,自己也一定能成功,结果往往是以热情开始,以失败告终。所以,对创业者来说,创业能力是非常重要的。

1. 创业应具备的能力

1)决策能力

决策能力是创业者根据主客观条件,因地制宜,正确地确定创业的发展方向、目标、战略以及具体选择实施方案的能力。决策是一个人综合能力的表现,一个创业者首先要成为一个决策者。创业者的决策能力通常包括分析能力和判断能力。大学生要创业,首先要在众多的创业目标以及方向中进行分析比较,选择最适合发挥自己特长与优势的创业方向和途径、方法。在创业的过程中,能从错综复杂的现象中发现事物的本质,找出存在的真正问题,分析原因,从而正确处理问题,这就要求创业者具有良好的分析能力。所谓判断能力,就是能从客观事物的发展变化中找出因果关系,并善于从中把握事物的发展方向。分析是判断的前提,判断是分析的目的,良好的决策能力是良好的分析能力和果断的判断能力的总和。

2) 经营管理能力

经营管理能力是指对人员、资金的管理能力。它涉及人员的选择、使用、组合和优化，也涉及资金的聚集、核算、分配、使用和流动。经营管理能力是一种较高层次的综合能力，是运筹性能力。经营管理能力的形成要从学会经营、学会管理、学会用人、学会理财几个方面去努力。

（1）学会经营。创业者一旦确定了创业目标，就要组织实施，为了在激烈的市场竞争中取得优势，必须学会经营。

（2）学会管理。要学会质量管理，始终坚持质量第一的原则。质量不仅是生产物质产品的生命，也是从事服务业和其他工作的生命，创业者必须树立牢固的质量观。要学会效益管理，始终坚持效益最佳的原则，牢记效益最佳是创业的终极目标。可以说，无效益的管理是失败的管理，无效益的创业是失败的创业。做到效益最佳，要求在创业活动中人、物、资金、场地、时间的使用，都要选择最佳方案运作。做到不闲人员和资金，不空设备和场地，不浪费原料和材料，使创业活动有条不紊地运转。学会管理还要敢于负责，创业者要对本企业、员工、消费者、顾客以及对整个社会都抱有高度的责任感。

（3）学会用人。市场经济的竞争是人才的竞争，谁拥有人才，谁就拥有市场、拥有顾客。一个学校没有品学兼优的教师，这个学校必然办不好；一个企业没有优秀的管理人才、技术人才，这个企业就不会有好的经济效益和社会效益；一个创业者不吸纳德才兼备、志同道合的人共创事业，创业就难以成功。因此，必须学会用人，要善于吸纳比自己强或有某种专长的人共同创业。

（4）学会理财。学会理财首先要学会开源节流。开源就是培植财源，在创业过程中除了抓好主要项目创收外，还要注意广辟资金来源。节流就是节省不必要的开支，树立节约每一滴水、每一度电的思想。大凡百万富翁、亿万富翁都经历过聚少成多、勤俭节约的历程。其次要学会管理资金。一是要把握好资金的预决算，做到心中有数；二是要把握好资金的进出和周转，每笔资金的来源和支出都要记账，做到有账可查；三是要把握好资金投入的论证，每投入一笔资金都要进行可行性论证，有利可图才投入，大利大投入，小利小投入，保证使用好每一笔资金。总之，创业者心中应该时刻装有一把算盘，每做一件事，每用一笔钱，都要掂量一下是否有利于事业的发展，有没有效益，会不会使资金增值，这样才能理好财。

3）专业技术能力

专业技术能力是创业者掌握和运用专业知识进行专业生产的能力。专业技术能力的形成具有很强的实践性。许多专业知识和专业技巧要在实践中摸索，逐步发展、完善。创业者要重视创业过程中专业技术经验的积累，加强职业技能的训练，对于书本上介绍过的知识和经验，要在加深理解的基础上予以提高、拓宽；对于书本上没有介绍过的知识和经验要探索，在探索的过程中要详细记录，认真分析，总结归纳后上升为理论，形成自己的经验特色。只有这样，专业技术能力才会不断提高。

4）交往协调能力

交往协调能力是指妥善地处理与公众（政府部门、新闻媒体、客户等）之间的关系，以及协调下属各部门成员之间的关系的能力。创业者应该做到妥善处理与外界的关系，尤其要争取政府部门、工商以及税务部门的支持与理解，同时要善于团结一切可以团结的人，团结一切可以团结的力量，求同存异，共同协调发展，做到不失原则、灵活有度，巧妙地将原则性与灵活性结合起来。总之，创业者搞好内外团结，处理好人际关系，才能创建一个有利于自己创业的和谐环境，为成功创业打好基础。交往协调能力并不是天生的，也不会在学校里就已经形成，而是走向社会后慢慢积累社会经验，逐步学习社会知识而形成的。交往协调能力在书本上学不到，它实际上是一种社会实践能力，需要在实践活动中学习、总结经验，不断积累。一是敢于与不熟悉的人和事打交道，敢于冒险与接受挑战，敢于承担责任和压力，对自己的决定和想法要充满信心、充满希望。二是养成观察和思考的习惯。社会上存在着很多复杂的人和事，在复杂的人和事面前要多观察、多思考，观察的过程实质上是调查的过程，是获取信息的过程，是掌握第一手资料的过程，观察得越仔细，掌握的信息就越准确。观察是为思考做准备的，观察之后就必须进行思考，做到三思而后行。三是处理好各种关系。可以说，社会活动是靠各种关系来维持的，处理好关系要善于应酬。应酬是职业上的"道具"，是处事待人接物的表现。应酬的最高境界是在毫无强迫的气氛里，把诚意传达给别人，使别人受到感应，并达成共识，自愿接受自己的观点。做好应酬就要做到宽以待人，严于律己，尽量做到既了解对方的立场又让对方了解自己的立场。

5）创新能力

创新是知识经济的主旋律，是企业化解外界风险和取得竞争优势的有效途径，创新能力是创业能力素质的重要组成部分。它包括两方面的含义：一是大脑活动的能力，即创造性思维、创造性想象、独立性思维和捕捉灵感的能力；二是创新实践的能力，即人在创新活动中完成创新任务的具体工作的能力。创新能力是一种综合能力，与人们的知识、技能、经验、心态等有着密切关系。具有广博的知识、扎实的专业基础知识、熟练的专业技能、丰富的实践经验、良好的心态的人更容易形成创新能力。

创业实际就是一个充满创新的事业，所以创业者必须具备创新能力，有创新思维，无思维定式，不墨守成规，能根据客观情况的变化及时提出新目标、新方案，不断开拓新格局、闯出新路子，可以说不断创新是创业者不断前进的关键环节。

上述五个方面的基本素质中，每一项基本素质均有其独特的地位与功能，任何一个要素都会影响其他要素的形成与发展，影响其他要素的功能和作用的发挥，乃至影响创业的成功。一个创业者，不仅要注意在环境和教育的双重影响下培养自己的创业素质，而且要重视其整体结构的优化,在创业实践中不断提高创业素质。

另外,需要特别指出的是,创业者一定要讲诚信。就创业者个人而言,诚信乃立身之本,"言而无信,不知其可也"。创业者在创业过程中,如不讲信誉,就无法开创出自己的事业;失去信誉,就会寸步难行。诚信的含义有三层:一是要言出即从;二是要讲质量;三是要以诚信动人。

2. 评估自己的创业能力

创业道路充满了艰辛,而且是一场持久战,存在很大风险。只有"知己知彼",才能"百战不殆"。因此创业一开始,创业者首先需要从以下方面对自己进行评估。

1) 家庭经济能力

越来越多的研究表明,家庭在个体发展中起着至关重要的作用。家庭经济状况直接或间接地影响着大学生的诸多人生选择。对家庭经济环境比较好的大学生来说,不需要养家糊口,还有个缓冲的时期,有较宽裕的寻找自我出路的时间。对家庭经济条件不太好的大学生来说,是否创业是需要慎重考虑的大事,最好能取得家人的支持。

2) 心理素质

创业过程中,成功的案例多,失败的案例更多,创业对创业者心理素质的要求比较高。这就需要大学生在平时的生活、学习中多锻炼自己的心理承受能力,敢于面对现实、挑战现实,能够适应各种复杂多变的环境。

3) 管理能力

创业意味着自己当家做主,自己是整个团队的管理者,需要学习大量的企业管理知识。懂得经济核算,努力提高经济效益,才能在激烈的竞争中处于不败之地。

4) 沟通能力

沟通的目的是让更多的人认识自己、了解自己，以便得到家人、老师以及以后的同事、下属的支持、配合，从而有效地开展业务活动。一个创业者要获得成功，就必须学会与人合作，必须致力于人际沟通。

5) 执着精神与创新意识

创业的企业指的是有创新的企业。如果从长久来看，创业企业必须有创新理念，包括组织模式的创新、经营模式的创新、技术模式的创新、管理方式的创新、发展模式的创新，等等。在个人创业成功的过程中，智力因素很重要，但非智力因素更重要。谁能坚持到最后，谁才能有所成就，如果没有毅力，没有执着的精神，最终难成大事。

6) 知识结构

对创业者的要求中，知识结构是非常重要的。它包括创业的手续、产品的专利、财务知识、管理知识、法律知识等，大学生对各种知识都要掌握，尽量成为多元化复合型人才。有的学生在创业过程中连如何签合同都不清楚，有的学生写的商业计划书尽管想法有创新，但目的不明确，特别是文字表达能力非常欠缺。这样去创业，结局肯定失败。

在这六个方面中，心理素质是最重要的，是最需要大学生增强的方面。创业成功者的经验能借鉴，但不能够复制，也不能模仿。有很多大学生创业成功的案例，但在大学生开始创业前，这是可遇不可求的目标。因为创业具有巨大的风险，首先要有失败的心理准备。大学生往往看到成功的例子，却没有从失败的例子中汲取经验。社会是多元化的，价值取向也是多元化的，大学生可以在困难的时候先就业，有了一定的经验后再创业，不要以别人的成功来设计自己的道路。

附 T同学的成功案例

T同学在学习上刻苦认真,曾多次获得奖学金,积极参加学校组织的第二课堂活动。2004年她自主研发的"防油烟外溢挡板"申请国家专利并被授予专利权。2007年,她成立了由其担任法人代表的××科技有限公司,注册资金为5万元,包括自筹资金2万元,自有专利以无形资产方式注入3万元。该公司立志于环保设备的研发工作,其经营范围包括:研发、转让、生产、批发、零售、进出口相关产品(含节能设备、环保设备、软件、中医药、快餐食品、小家电、电动交通工具),以及提供物流信息服务。现已经在环保科技领域取得了优异成绩。

T同学能有今天的成绩,是有原因的。

首先,她大学期间学的是环境工程专业,可以说在这一领域创业有着"近水楼台先得月"的优势。大学期间的理论基础是得天独厚的优势,但并非所有的大学生都适合在此领域创业。一般来说,技术功底深厚、专业成绩优秀的大学生才有成功的把握。

其次,她在选择创业时详细了解了政府出台的有关优惠政策。近年来国家已经出台了许多优惠政策,涉及融资、开业、税收、创业培训、创业指导等诸多方面。对打算创业的大学生来说,了解这些政策,才能走好创业的第一步。

最后,选择合适的投资项目,并多向业内人士和成功人士取经。T同学选择的是从家庭创业开始,锻炼创业能力,以此来弥补自己资金、管理经验、社会关系等方面的不足。

3. 提升自己的创业能力

大学生创业实践成功的关键是要有较高的创业能力做支撑。良好的创业能力可以从以下方面加以培养和提升。

1) 重视创业素质的自我培养是首要条件

成功的创业者应该具备的主要特质包括有创业观念、有才、有胆、有识，同时有坚忍不拔的意志去克服创业过程中的困难。这些高要求决定了当代大学生想走创业之路，就必须按照创业者的素质培养规律，重视创业素质的自我培养，注重培养自己的能力，锤炼自己的胆量，培养自己的创业人格、创业思维、创业意识与技能。同时，要克服万事俱备再去创业或者自己具备全部企业者特质再去创业的错误观念。如果那样，就没有人能创业了，因为不可能有一个具备创业者全部特质的人。实践证明，创业者素质的培养是有规律的，其成长也是有过程的。从实践中汲取经验和教训是创业者成长的必由之路。

2) 注意在思想上和精神上锤炼自己是重要环节

要树立自信、自强、自主、自立意识。自信就是对自己充满信心，相信自己有能力、有条件去开创自己未来的事业。自信赋予人积极主动的人生态度和进取精神，相信自己能够成为创业的成功者，尤其在遇到失败和挫折时更需要自信。自强就是在自信的基础上，通过实践不断增长自己各方面的能力，进一步磨炼自己的意志，建立起自己的形象，敢说敢当、敢作敢为，不贪图眼前的利益，不断进取，使自己成为强者。自主就是具有独立的人格，具有独立思维能力，不受传统和世俗偏见的束缚，不受舆论和环境的影响，能自己选择自己的道路，善于设计和规划自己的未来，并采取相应的行动。自主还要有远见、有敢为人先的胆略，能把握住自己的航向。自立就是凭自己的头脑和双手，凭借自己的智慧和才能，凭借自己的努力和奋斗，建立起自己生活和事业的基础。

3) 广泛获取创业经验是基础

如今，不少大学都开设了创业指导课，教授创业管理、创业心理等内容，帮助大学生打好创业知识的基础。大学图书馆也提供创业指导方面的书籍，大学生可以通过阅读增加对创业市场的认识。

创业也是目前媒体报道的热门领域，无论是传统媒体还是网络媒体，每天都提供大量的创业知识和信息。一般来说，经济类、人才类媒体是首要选择。此外，各地创业中心、大学科技园、留学生创业园等机构的网站，也蕴含着丰富的创业知识。通过这些途径获得创业知识，往往针对性较强。

4）注重能力的综合培养是重要方面

大学生要学会认知，学会做事，学会共同生活，学会生存创业。创业涉及方方面面，需要与不同的人和事打交道，对人的能力要求很高。从事创业的人既要懂经营，又要善管理；既要能协调处理各方面的关系，又要当机立断，临危不乱，指挥若定；既要能言善辩，又要能谈判公关；既要能开拓创新，又要不怕挫折、困难。因此，创业能力的综合性很强，要有管理能力、组织协调能力、创造能力、经营能力、语言表达能力、判断能力、公关能力、应变能力、分析问题和解决问题能力、抓住机遇的能力、谈判能力、心理调适能力等。联合国教科文组织把"学会认知、学会做事、学会共同生活、学会生存"，作为21世纪教育的四大支柱，并把其作为开启未来人生大门的四把"钥匙"。"学会认知"就是教人掌握认知的方法，学会学习的方法、手段，培养人发现问题、分析问题和解决问题的能力。"学会做事"就是要培养人的创新能力、应变能力和驾驭处理复杂突发事件与危机的能力。"学会共同生活"就是要培养人的团队协作能力和团队精神，培养人的竞争意识和管理能力。"学会生存"就是要不断增强人的自主性、判断力和个人的责任感，培养人的交际能力、语言表达能力、判断能力等。因此，大学生要主动树立"学会认知、学会做事、学会共同生活、学会生存"的意识，提高创业能力，从而使自己在创业时"走得出""站得住""干得好"。通过各种渠道积极参加实践活动，培养自己的创业能力。

第一，实践环节能使大学生在校期间积累创业经验，是培养创业能力的有效途径。所以，大学生在校期间要积极参与创业实践活动，如大学生创业大赛、创业计划书大赛等。

第二，大学生还可以通过参与社团组织活动、创业见习、职业见习、兼职打工、求职体验、市场和社会调查等活动来接触社会，了解市场，并磨炼自己的心态，提高自己的综合素质。

第三，商业活动无处不在，大学生平时可多与有创业经验的亲朋好友交流，甚至还可以通过 E-mail 和电话拜访自己崇拜的商界人士，或向一些专业机构咨询。这些"过来人"的经验之谈往往比看书本的收获更多。通过这种人际交往途径获得最直接的创业技巧与经验，将使大学生在创业过程中受益无穷。

第四，投身于真正的创业实践。在毕业前后进入创业启动阶段，可以单独或与同学轮流租赁或承包一个小店铺，或加工、修理、或销售、服务等，在创业实践中提高自己的创业能力，这些活动将成为大学生步入社会大课堂的第一步。同时，大学生在参与实践的过程中，既为他们将来开展创业活动积累了经验，也培养了他们分析问题和解决问题的能力、组织协调能力、管理能力、应变能力、语言表达能力等，也有利于增强大学生的创业意识和创业热情，为大学生提供应对挫折的心理准备，促进大学生创业成功。

三、创业的一般程序

谈到创业，几乎人人都有一套可以高谈阔论的生意经，然而真正付诸行动的个案却屈指可数。原因在于，害怕创业的人总是多过愿意承受创业压力的人。其实，创业的想法并没有那么可怕。在这里，我们把创业过程分成八个步骤，希望能引领大学生们在创业之路上走得更踏实。

1) 从三百六十行中选择你的最爱

人人都可以创业，却不是人人都可以创业成功。创业有着许许多多成功的小秘诀，而这些秘诀并非都来自创业成功个案的经验，很多是从失败的例子中反省、领悟而来。综合这些经验，创业者首先必须做的便是决定从事哪一种行业、哪一类项目。在下决定之前,最好先为自己做个小小的测验,了解自己在哪方面较有创意、潜力,哪方面的事业较能吸引自己的注意力,并鞭策自己奋勇向前等。一旦做好选择,接下来便需要创业者一步步地去执行,才能逐渐迈向成功。

2）持续自我成长与学习

有了完整的创业点子,下一步便是尽量让自己多接触各种信息与资源渠道,诸如专业协会及团体等组织结构。这些团体组织不仅可以帮助你评估自己的创业机会与潜力,还可以尽早让创业计划到位。其他有效的资源,诸如创业者的自传、创业丛书、商业杂志等,或是专业的商业组织,如中小企业管理局的计划书顾问群等,也都可以提供许多好材料给创业者。创业者也可主动出击,把企业信息告知当地的商业组织、团体等,以增加企业的曝光率,还可以试着与其他地区的同行交换创业心得,征询适时的忠告。有很多成功的创业者都有这种相同的经验,差别只是解决问题的方法不同。

3）慎选你的品牌或企业名称

最佳的品牌或企业名称能够充分反映产品或服务与众不同的特色。基本上,品牌或企业名称与产品之间的关系是成正比的,即要能在消费者或顾客群的心目中产生一种紧密的联想力。具有创意的品牌或企业名称不仅有助于建立品牌的形象,同时也能打动顾客的购买欲。选择品牌或企业名称时,应该具有前瞻性与远见,所选择的品牌或企业名称要能很有弹性地将自己推销给消费者。最后,别忘了先做注册企业名称调查,确定你所选择的名称仍然还未被登记或在《商标法》的保护中。切记,企业名称不要过于冗长,否则消费者不容易记住。

4）决定企业的合法组织与法律架构

在计划开始运营前,你必须选择何种法定组织构架适合你的创业大计。简而言之，首先你必须决定：自己创业，还是共同创业？如果选择共同创业，企业的起始资本额要如何分配？

共同创业的模式可以是有限责任或股份公司制（包括集团公司），也可以是独资或合伙形态。这中间并没有一套可依循的准则来分析各种可能的状况以区分孰优孰劣。因此，你必须先了解各种组织形态的利弊及运营方式，再选择最适合的组合模式配合你的创业计划。

尽管各种企业运营架构有些细微的差异，但是最需要注意的是，一旦运营出现状况，企业内部将由谁负担最后法律上的财务责任。举例来说，以独资或合伙形态创业，法律要求个人自行负担企业的债务归属问题。也就是说，一旦企业因牵连上债务官司而败诉，则个人名下所属财产（动产及不动产）都属于履行义务的范围。无论一开始你选择哪一种经营模式，都不代表企业的经营体制已经定型不变，而是可以依据企业的发展与未来潜力做适时的变更。

5）评估一份具体的预算报告

经营一项有利润的新事业，必须要有充分的流动资金，并且与实际经营运作时所需的开销相平衡，因此草拟一份年度预算表是必要且马虎不得的。草拟一份精确的年度预算表并不容易，即使是一位最有预算概念的大师来编列预算表，还是有可能会低估预算，或遗漏些小细节，这些小细节常常是发生在预算表中的杂支及超支项目。有时企业成长太快，也会出现小麻烦。总之，在开始编列预算时，必须注意，企业草创第一年的年度预算应该包括企业首次营运费用及持续营运的每个月开销。

不管企业状况如何，一份理想的预算报告最好稍微调高所需预算比例。最好是听听其他同行的意见，并在编列具体的预算评估表时按照专家建议，把最好和最坏的财务评估案例折中试算，然后把预算设定于两者之间。会计师事务所会让你对企业的开销、营收及流动资本运作计划更了解。

6）考察适合的经营场所

选好了项目之后，接下来最重要的就是选址问题。选址对于办企业、开店铺到底有多重要？专家的看法是：不论创立何种企业，地点的选择都是决定成败的一大要素，尤其是以门市为主的零售、餐饮等服务业，店面的选择往往是成败的关键，店铺未开张，就先决定了成功与否的命运。可以说，好的选址等于成功了一半。

尽管在选择经营场地时，各行业的考虑重点不尽相同，但是有两项因素是绝对不可忽略的，即租金给付的能力和租约的条件。经营场地租金是固定的运营成本之一，即使休息不营业，也照样得支出。尤其在房价飙升后，租金往往是经营者的一大负担，不能不好好"计较"。有些货品流通迅速、体积小又不占空间的行业，如精品店、高级时装店、餐厅等，负担得起高房租，可以设置在高租金区；而家具店、旧货店等，因为需要较大的空间，最好设置在低租金区。租约有固定价格及百分比两种，前者租金固定不变，后者租金较低，但业主分享总收入的百分比，类似以店面来投资做股东。租期可以订为不同时限，对初次创业者来说，最划算的方式是订一年或两年租期，以预备是否有更新的选择。

7）募集充足的创业资金

在众多创业失败的例子中，资金不足经常是最后让创业者黯然落下"英雄泪"的主要原因。因此，信心满满的创业者别忘了在企业正式运营前，一定先把资金募集充足。换言之，创业者必须明白，企业在创业期的第一年内可能无法赚到一毛钱，创业者因而要有警悟及万全的准备，以渡过难关。

创业者在筹措创业资金时，必须以能支付创业第一年内所有运营开销为目标。一般而言，创业者最简单、最方便的募集资金方式便是从每月的薪资中节省下来。如果这种方式对你而言并不是个好办法，向外募款的办法也是资金来源之一。

创业者募集创业资金的来源相当多，有亲戚、朋友、银行、房屋抵押、退休金等，甚至信用卡借贷也能派上用场。但是，创业者必须牢记在心的是，一位成功的创业者总是知道如何善用各种渠道去募集充足的资金，来作为创业的坚强后盾。千万不可只从单一渠道取得资金，以免一旦资金吃紧时找不到后路救急。

8) 完成企业登记及了解各种法律相关条文

企业在运营之前，你必须了解所有与商业法规相关的条文规定、执照或许可证申请的细节与表格。切记一点，各地的规定可能有所差异，因此别忘了询问你所在地区域内，哪些是需要特别注意的法律条文。通常，你可以在各地的中小企业协会或商会取得这些信息。同时，别忘了留意营业执照相关申请规定及办法。

四、创业的政策与法律

市场经济是法治经济，法律是规范企业一切活动的准绳。在创业活动中，只有严格按照法律程序办事，才能将自己置于主动创业的位置，自身的权益才能得到保障。无论是在创业之初还是在企业发展之中，我们都有必要学习、了解有关大学生创业的政策和法律问题。

1. 国家鼓励大学生自主创业的政策

每年大学生就业都是一个热点的社会问题。随着大学生就业形势的严峻和随之引起的社会问题，越来越多的人呼吁大学生努力争取自主创业，这不仅体现知识的价值，而且有助于社会的整体良性发展。大学生创业将成为一个主流方向，政府也会提供相关的优惠政策来帮助大学生创业。想创业的大学生，除了学习一些创业的技巧和能力外，了解优惠政策也很有必要。

1) 税收方面

凡高校毕业生从事个体经营的，自工商部门批准其经营之日起1年内免交税务登记证工本费。新办的城镇劳动就业服务企业（国家限制的行业除外),当年安置待业人员(含已办理失业登记的高校毕业生,下同)超过企业从业人员总数 4%的,经主管税务机关批准,可免征企业所得税 3 年。劳动就业服务企业免税期满后,当年新安置待业人员占企业原从业人员总数 3%以上的,经主管税务机关批准,可减半征收企业所得税 2 年。具体不同的行业,还有不同的税务优惠。大学毕业生新办咨询业、信息业、技术服务业的企业或经营单位,经税务部门批准,免征企业所得税 2 年;新办从事交通运输、邮电通信的企业或经营单位,经税务部门批准,第一年免征企业所得税,第二年减半征收企业所得税;新办从事公用事业、商业、物资业、对外贸易、旅游业、物流业、仓储业、居民服务业、饮食业、教育文化事业、卫生事业的企业或经营单位,经税务部门批准,免征企业所得税 1 年。

2) 贷款方面

各国有商业银行、股份制银行、城市商业银行和有条件的城市信用社要为自主创业的毕业生提供小额贷款,并简化程序,提供开户和结算便利,贷款额度在 20 万元左右。贷款期限最长为 5 年,到期确定需延长的,可申请延期一次,贷款利息按照中国人民银行公布的贷款利率确定,担保最高限额为担保基金的 5 倍,期限与贷款期限相同。

大学毕业生在毕业后 5 年内自主创业,到创业实体所在地的工商部门办理营业执照,如申请 2 万～20 万元的贷款,并有其家庭成员的稳定收入或有效资产提供相应的联合担保,资信良好、还款有保障的,在风险可控的基础上可适当加大发放信用贷款,并可享受优惠的低利率。

3) 企业运营方面

员工聘请和培训享受减免优惠。对大学毕业生自主创办的企业,自工商部门批准其经营之日起 1 年内,可在政府人事、劳动保障行政部门所属的人才中介服务机构和公共职业介绍机构的网站免费查询人才、劳动力供求信息，免费发布招聘广告等；参加政府人事、劳动保障行政部门所属人才中介服务机构和公共职业介绍机构举办的人才集市或人才、劳务交流活动，给予适当减免交费；政府人事部门所属的人才中介服务机构免费为创办企业的毕业生、员工提供一次培训和测评服务。

以上优惠政策是国家针对所有自主创业的大学生而制定的。各地政府为了扶持当地大学生创业，也出台了相关的政策法规，而且更加细化、更贴近实际。大学生如果准备创业，一定要去了解当地详细的创业优惠政策。此外，大学生自主创业，在档案保存和社会保障办理方面也有对应的优惠，为鼓励大学生自主创业，解决创业的后顾之忧，提供有效的保障和服务。

2. 大学生创业的法律保障

法律对大学生创业起引导、指导和规范作用，法律保障是大学生创业环境的重要组成部分。根据我国现行法律，大学生在创业过程中涉及的法律可以分为以下几个方面。

1）企业创建的法律形式

我国的企业分类是按所有制的标准进行的，在《民法典》中，将企业分为全民所有制企业、集体所有制企业、外资企业、私有企业和个体工商户。但国际上对企业分类的通行标准，是根据企业投资者的出资方式和责任形式的不同而进行的。据此，企业可分为独资企业、合伙企业、公司和个体工商户。我国已颁布实施的《公司法》《个人独资企业法》《合伙企业法》《个体工商户条例》是大学生创业者选择企业形式时必须熟知的。

(1) 个人独资企业。2000年1月1日起实施的《个人独资企业法》从组织形式上完善了自然人市场准入法规。所谓的个人独资企业，是指依照《个人独资企业法》在中国境内设立，由一个自然人投资，财产为投资人所有，投资人以其个人财产对企业债务承担无限责任的经营实体。设立条件包括：投资人为一个自然人；有合法的企业名称；有投资人申报的出资；有固定的生产经营场所和必要的生产经营条件；有必要的从业人员。设立时，投资人或其委托的代理人到所在地的工商行政管理部门进行登记注册，递交设立申请书等文件，设立申请书中应载明企业的名称和住所、投资人的姓名和居所、投资人的出资额和出资方式、经营范围。工商行政管理部门在收到设立申请书之日起 15 日内，对符合规定条件的予以登记，发给营业执照。营业执照的签发日期是该企业的成立日期。

(2) 合伙企业。现行《合伙企业法》于 2006 年修订。合伙企业是指自然人、法人和其他组织依照《合伙企业法》在中国境内设立的普通合伙企业和有限合伙企业。申请设立合伙企业，应具备以下条件：有两个以上合伙人，合伙人为自然人的，应当具备完全民事行为能力；有书面合伙协议；有各合伙人认缴或实际缴付的出资；有合伙企业的名称和经营场所；法律、行政法规规定的其他条件。设立时，到所在区域的工商行政管理部门提交登记申请书、合伙协议书、合伙人身份证明等文件。工商行政管理部门不能当场登记的，自收到申请登记文件之日起 20 日内，做出是否登记的决定。对符合规定登记条件的，发给营业执照。合伙企业以营业执照的签发日期为其成立日期。

(3) 公司。现行《公司法》于 2018 年修订。公司是指依照《公司法》在中国境内设立的有限责任公司和股份有限公司。

有限责任公司是指由一定人数的股东组成，股东以其出资额为限对公司承担责任，公司以其全部资产对公司债务承担责任的公司。设立时要满足股东符合法定人数、股东出资符合公司章程规定（如达到法定资本最低限额等）、股东共同制定公司章程、有公司名称、建立符合有限责任公司要求的组织机构、有公司住所等条件。订立章程，缴纳出资，申请设立登记后，公司成立。

股份有限公司是指全部资本分为等额股份，股东以其所持股份为限对公司承担责任，公司以其全部资产对公司债务承担责任的法人。设立股份有限公司注册资本方面要求非常高。

(4) 个体工商户。《个体工商户条例》自 2011 年 11 月 1 日起施行。个体工商户是指依照该条例规定，经工商行政管理部门登记，从事工商业经营的有经营能力的公民。个体工商户以本人或家庭的生产经营资料进行生产经营活动，成员为劳动者本人或其家庭成员。

2）知识产权保护问题

知识产权是人们对自己的智力活动创造的成果和经营管理活动中的标记、信誉依法享有的权利。它包括专利权、商标权、著作权等，是企业的重要资产。

(1) 专利权。专利是指为了促进科学技术的发展和应用，经国家专利主管机关依照《专利法》规定的审批程序审查，被授予专利权的发明创造。现行《专利法》于 2020 年修正。受保护的对象分为发明、实用新型和外观设计。其应具备新颖性、创造性和实用性三个条件。申请人通过向专利局提交请求书、说明书及其摘要、权利要求书等文件来申请专利。发明专利权的保护期限为 20 年，实用新型为 10 年，外观设计为 15 年。对大学生创业者来说，可以通过自己发明并申请专利，或者对他人的专利产品进行改造以及购买来取得专利优势。

(2) 商标权。商标是商品生产经营者、服务提供者为了表明自己的商品或服务与他人相区别而使用的一种专用标记。一般由显著的文字、图形、字母、数字、三维标志和颜色等要素组合构成。现行《商标法》于 2019 年修正。商标的设计、注册、使用、转让和保护是大学生创业者不应疏忽的问题。

(3) 著作权。著作权是指文学、艺术和科学作品的作者或者其他著作权人对其创作的作品依法享有的权利。现行《著作权法》于 2020 年修正。

3）税法问题

依法纳税是每个企业和公民应尽的义务，大学生创业者必须学习和了解这方面的内容。我国税收制度的核心是税法，税法是国家向纳税人征税的法律依据和操控程序。现行税法规定，纳税人应当在开业的一定时间内向当地税务机关办理税务登记。税种分为国税和地税两部分。国税局核定缴纳的主要是增值税（部分企业还要缴纳消费税等其他税种），地税局核定缴纳的主要为营业税、个人所得税、企业所得税、城建税、教育附加税等。我国对新创企业还有法定的税收优惠政策，主要包括以下内容。

（1）为农业生产提供服务。对农村的为农业生产的产前、产中、产后服务的行业，即乡村农技推广站、植保站、水管站、林业站、畜牧兽医站、水产站、种子站、农机站、气象站，及农民专业技术协会、专业合作社提供的技术服务或劳务所取得的收入，以及城镇其他各类事业单位开展上述技术服务或劳务所取得的收入暂免征收企业所得税。

（2）为科研院所提供服务。对科研单位和大专院校服务于各业的技术成果转让、技术培训、技术咨询、技术服务、技术承包所取得的技术性服务收入暂免征收企业所得税。

（3）新办企业。除前述国家鼓励大学生自主创业的税收政策之外，对新办的三产企业（第三产业）经营多业的，按其经营企业（以实际营业额来计算）来确定减免税政策。私人新办的生产型企业缓征所得税1年。对于高新技术企业，按规定一般企业所得税减免期满后，高新技术企业仍可延长3年减半缴纳企业所得税。

五、创业中的问题及对策

1. 常见问题

创业是就业的另一种模式。随着市场经济的高速发展和知识经济的迅猛来临，越来越多的大学生投入到创业的浪潮中。为了引导大学生的创业活动，使大学生的创业活动健康发展，现把大学生在创业过程中应该注意的问题总结如下，希望能够给正在创业和准备创业的大学生一些启示。

一般说来，创业初期的资金分配与调度、人才招募、营销策略、管理技巧，以及继之而来的市场变化、竞争、应对策略等，都有可能导致创办的企业遭受无法继续生存的命运。以下便是创业过程中最常见的失败原因。

1) 资金短缺

创业者低估了财务上的需要，财务预算有缺失，同时在运营或生产上也无法有效运用资金，因此难以创造盈余。

许多人在创业之初并没有考虑到流动资金的重要性，所以在没有足够的流动资金的前提下就贸然创业。殊不知，很多人创业后经营不顺利，需要坚守一段时日，却因为没有充足的流动资金而不得不提前关门。如果创业者在创业时没有充足的流动资金以维持半年以上的运作，最好不要轻易去创业。

2) 市场资讯不足

市场资讯不足包括不是真正了解潜在市场的需求量、错误预估占有率、对销售渠道和竞争对手的情况了解不清等几种情况。

许多创业者并不去了解竞争对手的经营运作情况，也不去仔细分析竞争对手的经营策略，不清楚对手下一步将有什么措施和手段来对付自己。特别是不去分析双方的优劣所在，一味凭自己的感觉行事，到头来往往吃尽苦头。

3) 不良产品太多或不良效率太高

由于不良产品太多或不良效率太高，成本和损耗都过大，加上创业之初产品也缺乏知名度，因而导致产品滞销，造成大量库存囤积。

4) 错误的策略

错误的策略包括不当的企业价值观、无效的经营管理及销售策略、对竞争者的估计错误等，这其实是创业理念与竞争策略的错误。由于这些策略关系到一个企业的生死存亡，因此，这也是导致企业经营失败的最重要的原因。一旦创业者发生较大的错误或事变，也往往欠缺应对问题的经验和解决的办法。因此，对初次创业者来说，一个错误的策略可能是致命的。

5) 产品淘汰太快

如果产品的生命周期太短，或者生产出来的产品不合潮流，产品面世不久就将被淘汰。针对这种不合潮流、容易被淘汰的产品的创业，短期内就很可能遭遇失败。

通常，针对年轻人的流行产品的寿命都很短，创业者一定要摸清这个规律。当某个流行产品大行其道的时候，你再去投资想分一杯羹时就要特别小心，可能当你的新产品上市之时，也就是该产品不再流行之时。

6) 管理不当

创业者管理经验不足，朝令夕改，常常在错误中学习却耗费了许多资源，无法建立一套合理且具有弹性与效率的制度。比如：用人不当，造成不必要的内耗；财务制度有漏洞，让员工有损公肥私的机会；不重视安全生产，造成重大的人员伤亡事故等。

7) 在不恰当的时机创业

例如，冬天开空调机专卖店，受产品淡季因素的影响，你的创业生涯极可能受挫。或者是创业不久就受到国家、地方新颁布的行业管理条例限制，从而无法达到预期设想，造成资源浪费或无法经营。

8) 不了解国家的有关规定

国家有规定，许多行业是不能由私营业主经营的。也有一些行业原先允许经营，因政策改变而受影响，甚至会无期限对某个行业进行停业整顿等，这些都要了解清楚。

2. 对策

1) 创业要有足够的资源

很多人在初次创业的时候，都是资源十分欠缺的。资源不足，企业创业成功的概率低，但要有完全充分的资源也是不可能的。在资源准备上，一般来说，要符合两种条件：一是要有进入一个行业的起码的资源；二是具备差异性资源。如果任何条件均不具备，创业成功的可能性就很小。

2) 创业的资源条件

创业的资源条件主要包括以下方面。

（1）业务资源：赚钱的模式是什么。

（2）客户资源：谁来购买。

（3）技术资源：凭什么赢取客户的信赖。

（4）经营管理资源：经营能力如何。

（5）财务资源：是否有足够的启动资金。

（6）行业经验资源：对该行业资讯与常识的积累。

（7）行业准入条件：某些行业受到一些政策保护与限制，需要入行指导、综合资源共享、业务资源利用、品牌形象借助等。如果创业企业的业务与母体的业务有延续性或关联性，创业起来更容易成功。

附　10万的高价学费

晏涛毕业前是三峡大学记者团的记者。2009年初的一天，他在网上发现校园广告商机，身在宜昌的他想到了所在的三峡大学和该市的另外3所大学、9所中专，近10万学生，他有了创业的冲动。

他将这一想法告诉了好友赵同学,得到了赵和其他同学的肯定。经准备,4月,由4名"股东"成立的宜昌扬帆文化传媒公司,正式启动了创业的航船,主攻校园市场。这个创业团队在三峡大学曾产生过巨大的影响。

到11月底,他们共投入10万元,营业收入3万多元。但从10月起,股东再也没有领过每月1000元的"工资";10月和11月,营业额分别只有2000元和3000元。投入与产出严重失衡,业绩每况愈下,晏涛他们终于明白,是项目选择出了问题。宜昌属于三线城市,真正向这种城市投放广告的大客户很少,缺少了一定数量的大客户,校园广告投放量少得可怜。

有了创业的想法后,晏涛他们也曾组织了4个人就"商家是否愿意向三峡大学内的媒体投入广告"进行了一番市场调查。1000份市场调查问卷,回收了480份,被访问的商家有服装鞋帽、餐饮娱乐、IT数码等与学生消费有关的商品,分析结果发现,被调查商家100%愿意向三峡大学内投放广告。这一结果让他们很激动,觉得真正找到了创业的良机。

这一注水的调查结果最终作为创业决策的依据,如今公司运作失败,才让他们清醒。

最后一次股东会后,晏涛进行了冷静的总结,摸清了失败的原因。

10万元的学费虽然有点高,但也换来了一些教训。一是创业一定不能冲动,要理性地思考;二要充分估计创业风险;三是项目选择要有足够大的市场支撑;四是市场调研要有真实可靠的数据,市场调查只能是决策的参考,不能成为决策的依据;五是创业者一定要有社会经验,没有社会实践经验的大学生创业很难成功;六是要搭建人才结构不同的团队,一个团队的人员经历相同,不利于创业成功;七要慎重使用资金;八是要十分注意公司经营权与所有权的关系,投资者未必能成为合格的经营者。

附 让绿色照明照亮千家万户

李宇迪

（文华学院 2004 级电子信息工程专业/
武汉迪奥尔照明有限责任公司执行董事）

  50多年前，马丁·路德·金用一篇《我有一个梦想》的演讲轰动了世界。不久前，我坐在台下，校长告诉我们："要为了某个梦想而学习！'我有一个梦想'，这是世界千年名言之首。人之为人，不能没有梦想！"而我，从小便拥有自己的梦想。自记事以来，有一个梦就烙在我心中，十几年如一日，这个梦仿佛刻入骨髓，渗入血液——分分秒秒都与我同行！

  小时候顽劣的我听小伙伴说，自行车的气门芯拔了之后，声音听着很过瘾，不信邪的我偏要自己试试，当听到那声"叱——"，我真的是爽到了。虽然事后被保安拎到学校请家长，但直到今天我仍旧不会忘记，年幼时的我就执拗地坚信——只有用自己的双手去验证才能知道结果。

  或许你不信，这个不知道逃跑的傻小子，凭借着这股子"傻劲儿"，在八九岁时就第一次独立装配了10个电子镇流器，结果全部可以正常工作。

  我父亲是一名高级工程师，也是单位里公认"只会做事，不会赚钱"的工作狂。他放弃了控制爆破、桩基检测等赚钱的行业，选择了这个当时毫不起眼的节能灯、电子镇流器项目。

  他说："活着，就要做个有用的人，我就是为了节能减排，造福社会。"

  或许是天妒英才吧，父亲在长期的实验中双目失明，公司倒闭，家里也欠下了几十万的债。父亲一直梦想着研发出最好的节能灯具，但他的梦，却随着永远的黑暗，碎了。

第三十章　大学生创业指导

我凝视着父亲那双永远不再灵动的眼睛，也就在那一刹那，仿佛完成了某种神圣的交接仪式，父亲的梦变成了我的梦。我暗暗发誓：就算这辈子再赔上我的这双眼睛，我也要把他的梦做下去。从那以后，我便成了父亲的双眼。很长一段岁月里，我都和父亲一起埋头实验室做实验。看着家里自制的试验台和蜘蛛网般的线路，亲戚们都寒碜我们太妄想。对于这些闲言碎语，我置若罔闻。不亲手试试，我怎么知道能不能成功？

那时，家里已经连我的学费都凑不齐了。妈妈借钱开了家小店，一年365天，十年里从未有一天的休息，大年三十都坚守着。就这样，妈妈照顾父亲，还清外债，供我读书，她用她那单薄的肩膀扛起了整个家。

眼看着小店越做越大，或许是造化弄人吧，一场大火，什么都没了。

那天我来到满目狼藉的店门口，妈妈看到我的第一眼就哭了。

然而妈妈没有被打倒，她选择了从头再来。我知道，妈妈把她的一切都给了我，我承载着她所有的梦。

当我进入文华学院时，便毅然选择了感兴趣的电子信息工程专业。

在校园里，我遇到了一大群良师益友，无论是辅导员、老师还是院领导，都倾尽全力地帮助我。

一有空，我就泡在学校实验室里赖着不走，到最后老师干脆把实验室的钥匙也给了我。这下我更是如鱼得水了，有时候小睡一小时，有时候几天不合眼。每天伴着我的，都是窗外冉冉升起的太阳。

衣带渐宽终不悔，为伊消得人憔悴。

经过一连串的失败，"高性能低畸变电子镇流器"终于研发成功，性能达到世界先进水平，并获得了国家专利。我也成为我校首个获得专利的学生，并应邀参加第八届北京科博会！

我深深地体会到：只要一代又一代人不懈地努力，就一定能成功！

  2008 年，即将毕业时，我又面临着新的抉择：以百万元的价格将专利卖给一家美国公司？以万元的月薪担任郑州一家公司的技术主管？抑或是白手起家，自主创业？考虑到家中的窘境和可能面对的困难，我犹豫了。难道我真的要放弃一直以来追逐的梦？难道我的人生就是为了高薪？工作就是为了赚钱？不！人生的价值在于奋斗、在于创造、在于回报，这样的人生才是最有价值、最有意义的！思及此，我便知道，这个梦我还远远没有做完，我要把这个梦一直一直地做下去！

  在经过充分的准备之后，武汉迪奥尔照明有限责任公司于 2008 年 9 月正式挂牌成立。

  我们将大量的精力投入到产品的研发，不仅将原有的专利技术转化为了产品，拥有自主的知识产权，更是开发出了填补国际空白的小功率高性能电子节能灯，将现有节能灯的节电效率提高了 40%～50%。

  如果这些产品得到了推广，每年将为国家节约数百亿千瓦时的电力资源，相当于 10 多个火电站的年供电量。

  为了给产品找销路，我大江南北地跑。不记得吃了多少闭门羹，也记不清多少天住着 30 元不到的旅馆，多少个夜晚睡在铺着报纸的火车地板上。

  功夫不负有心人，我终于接到了第一个出口订单。我们铆足了劲想好好大干一番，拼死拼活加班了半个月，眼看着要完工了，却突然发现有一半的产品不合格。原来是一个元器件采购出了问题。

  离交货期只剩下一天，这个消息犹如晴空霹雳，我们都愣在那里，久久地缓不过劲来。

  难道这么多天的辛苦全部要付诸东流？

  难道刚迈出第一步，命运之神就要把我们打入万丈深渊？

  这批货到底发还是不发？如果发，对方使用后肯定会出问题，但钱到手了；如果不发，我们就要承担难以承受的损失。

思前想后，我咬着牙向进口商说明情况，恳请对方谅解，并赔偿了损失。为此我们到处借钱，结果钱是凑够了，我们却山穷水尽了……

那段日子真的很难熬，我只有两条路，要么破产，要么筹钱重新开始，而筹钱的唯一途径就剩房产抵押了。

所有的亲戚都劝我放弃，父亲因为这个梦失去了光明，母亲为了我的梦两鬓斑白，而房子已经是我家仅存的筹码了……

在我最茫然的时候，父母竟然支持我重整旗鼓；伙伴们也告诉我，他们愿意无偿地继续干下去。最绝望时都未曾流泪的我，失声痛哭……

我才真正明白，我最大的财富并不是房产、金钱，而是一个梦，还有帮我织梦的家人、朋友！我更加坚定，我可以被毁灭，但绝不能被打倒。公司就这样继续下去了，正当我们在没有订单的泥沼中寸步难行时，我的电话突然响了。另一端是一个熟悉的声音——竟然还是那个客户！他给了我们一个大订单，他说："你做事讲诚信，跟你合作，我愿意！"创业至今，我一直在创造着环境继续我的梦，也吸纳着新的成员一起编织大家的梦！

目前公司年产值千万余元，员工30多人，其中14人来自我的母校。我想以我的绵薄之力回报母校的培育之恩！母校也一直支持着我的梦：新建的教室里，照明的是我们的产品；实验大楼内，有我们的研发中心和创新创业基地。

如今，公司逐渐步入正轨，我的创业之路也得到了社会的认可，2010年我被评为武昌区"十大创业明星"，2011年又被评为武汉市"自主创业明星"。

当然，我们还是会遇到这样那样的困难。但是，政府为我们创业提供了许多的帮助与鼓励，为我们铺平了前进的道路：武汉市经信委将我们的产品纳入"武汉名优特新"，并参加全国巡展；武汉市人力资源和社会保障局将公司评为"大学生就业实习基地"，公司获得3万元资金奖励；武汉市科技局分别在2009年和2010年，共拨款11万元支持我们的研发工作；2011年，公司获得武汉市科技创新基金20万元。

一路走来，我才发现，我的梦，并不是我一个人的梦。有那么多的人一直默默地、不遗余力地关心和鼓舞着我。我的梦，是我们的梦，更是我们所有人的梦。

衷心地感谢大家，帮助我一起织梦，一起圆梦，也衷心地祝愿每个人都能寻到属于自己的梦。

让绿色照明照亮千家万户，我们的梦一定能实现！

安全篇

人民的安全应是至高无上的法律。

——培根

第三十一章 大学生安全教育

大学生是祖国的未来、民族的希望,肩负着中华腾飞的重任。他们正处于人生成长的关键时期,部分大学生(特别是新生)社会阅历简单,没有处世经验,防范意识差。因此,大学生安全问题是学生成长经历中一个突出的问题。大学生增强安全防范意识,掌握必要的安全知识和安全防范技能,消除各种安全隐患,对确保大学生身心安全具有十分重要的意义。

一、安全教育的重要性

加强和改进大学生安全教育是一项长期的战略任务,也是当前和今后一个时期的重要政治任务。高等院校大学生的人身安全与健康成长,关系到我国人才发展战略的落实,以及我国高等教育事业的健康发展和人才培养。它既是坚持以人为本、落实科学发展观的客观要求,也是维护社会稳定、构建社会主义和谐社会的重要保障。高等院校作为培养和造就适应我国经济社会发展所需高素质人才的阵地,实施安全教育是其必须承担、不容懈怠的社会责任。做好安全教育,要"以学生为本"。

1. 对大学生开展安全教育,是维护大学生合法权益的需要

随着社会主义市场经济体制的确立和市场主体的多元化、横向化、复杂化,社会上的价值观等有了一定的变化。大学生从学校走向社会有一个过程,提早在校接受安全教育,让他们拥有一定的安全防范意识,对他们有意识地维护自身合法权益、顺利融入社会会有很大的帮助。同时,加强大学生诚信教育,教育他们在将来的生

活和工作中以诚待人，树立正确的世界观、价值观、人生观，促进社会良性发展。

2. 对大学生开展安全教育，是大学生适应社会的需要

随着社会的不断发展，高校并非只是理想中的世外桃源，社会上的各种思潮、文化，都会以各种形式在大学校园中发生冲击和碰撞，包括社会上的一些治安问题，也会在高校里有所反映。大学生安全问题无时不在、无处不在，要正视与面对。在高校里开展安全教育可以让大学生学会如何适应社会，求得生存。

3. 对大学生开展安全教育，是构建和谐校园、和谐社会的需要

大学生安全意识和防范能力的提高，一方面可避免或减少自身权益受到侵害，另一方面可以成为维护校园安全的重要力量。对大学生开展安全教育，是确保高校安全和稳定的必要措施。同时，为社会输送高素质人才同样是推动和谐社会发展的有力举措。

二、大学生安全教育的主要内容

1. 校纪校规教育

作为一名大学生，应该通过本校的校纪校规学习，知道什么该做、什么不该做。新生入校，要让他们仔细阅读《学生手册》，认识到纪律的严肃性和重要性。学校必须建立和完善教学、生活、管理等各方面的规章制度，并认真开展教育工作，让学生全面了解这些规定。培养学生遵守纪律的自觉性，并对违反校纪的行为进行严肃处理。

2. 法律知识教育

大学生树立法律意识，是现代化法治建设的要求，也是成为一

名合格的接班人的需要。首先，要培养大学生依法办事的思想观念，不仅要遵纪守法，而且要监督社会主义法律的遵守和执行，坚决同一切违法犯罪行为作斗争，使社会主义法治得以真正实现。其次，培养大学生宪法和法律具有最高权威的观念，要认识到自己在国家生活中所处的地位，无条件地服从和遵守国家的宪法和法律。最后，要培养大学生权利与义务相一致的观念，形成正确的公民意识，捍卫自己的正当权利，也不忘记尊重他人的合法权益，拒绝一切不劳而获的错误思想。

3. 心理健康教育

社会压力大，生活节奏快，尤其是学习压力、经济压力、就业压力、感情压力及家庭环境和个人经历等诸多因素，使一些大学生产生心理问题，从而发生安全隐患。因此，要特别重视大学生的心理安全教育，培养学生健康积极的心态。并有针对性地进行人际关系教育、健康人格教育和心理卫生知识普及教育等，教会学生如何及时应对挫折，有目的、有针对性地做好安全防范教育。

三、增强大学生安全意识的方法

大学生虽然文化知识较高，但因社会经验不足，缺乏安全防范意识，容易导致安全事件发生。鼓励学生积极参加社会实践活动，有利于大学生开阔视野，增加阅历，增强判别是非的能力。另外，各高校对学生自我保护的教育要做到全面、系统，充分发挥教育职能，长期、系统、深入地开展大学生的自我保护教育，提高大学生的警惕性，为广大的在校生提供一个安全快乐的生活学习环境。当然，最重要的还是大学生要提高自我防范意识。

1. 要增强法律意识

在飞速发展的社会中，良好的法律意识是每个人都必须具备的，不仅个人要守法，还要学会运用法律保护自己。由于没有足够的法律意识，缺乏法律知识，有的学生无意中触犯了法律，却没有意识到后果；有的则是当其合法权益受到侵害时，不懂得如何用法律来保护自己，或者不能采取正确的方法解决，往往采取一些过激甚至愚昧的方式，最终造成了严重的后果。鼓励大学生积极利用暑期开展社会实践的同时，高校也应该加强学生安全方面的教育，教导学生分析问题利弊，当合法权益受到侵害时，及时向有关部门反映，配合调查，维护自己的权益。

2. 要强化自我保护意识，切实加强防范能力

从高中到大学，大学生的经历大多非常单纯，社会经验缺乏，对社会的复杂性不够了解，导致在大学生活中缺乏必要的自我保护意识。因此，大学生对自身安全应该给予高度关注，时刻提高警惕，对于学校组织的安全教育讲座，要认真听、多揣摩，做一个善于自我保护的有心人。

3. 要养成良好的生活习惯

在大学生活中遇到的一些安全问题，大多数与学生的个人生活习惯有关。一些坏的习惯还可以诱发犯罪，为不法分子提供便利。比如说，一些学生没有养成随手关门、锁门的习惯，夏季开门休息，高档贵重物品随意乱放，现金不及时存入银行或将存折密码随意告诉他人，存折与身份证放在一起等。所以，养成良好的生活习惯也是在增强安全意识。

4. 要学会冷静，分析利弊

大学生对他人要真诚，但也不能因为来到全新的校园环境中，渴求新的友谊，而导致交友不慎。和社会上的人员交往更要谨慎，要懂得自我保护，看清交往对象的真面目。大学生对新鲜事物的好奇心也十分强烈，要注意把握分寸，对不了解的事物不盲目跟风，冷静思考、分析利弊，不失去锻炼的机会，但也切勿因为一时的好

奇心或义气而误入歧途。

5. 要提高应变能力

在遇到危害安全的情况，特别是身单力薄时，要懂得周旋，懂得拖延对方时间，用智慧摆脱困境。遇到对方人多势众时，千万不能一味硬拼，这样不仅难以脱险，反而会危及生命安全。增强忧患意识，多看成功摆脱困境的实例，学习各种方法，提高应变能力，做一个胆大心细的聪明人。

附 谈谈大学生怎样注意安全

大学是社会的一部分，是人成长的重要环节，谁能保证能够避免时时存在的隐患呢？谁能保证不被形形色色的骗术诱惑呢？谁又能时时保证永远拥有良好的心理状态呢？让我们来看看，大学生应该怎样注意安全，要注意哪些方面的安全。

一、人身安全

作为大学生，拥有足够的自我保护意识，保护好唯一一次的生命安全，才能够更好地回报家庭和社会。

1. 学生纠纷防范

大学生年轻气盛，打架斗殴常常会在矛盾不可化解时发生，经常发生的地点是宿舍、食堂、教室、自习室、运动场等。打架斗殴的原因有很多，而我们要做的就是冷静克制，切莫莽撞，诚实谦虚，宽容他人。遇到纠纷时总的原则是互谅互让，求同存异，理解万岁。遇到打架斗殴事件时做到不围观、不起哄、不参与，并及时向110或保卫处报警，以防事态扩大。有条件时可用手机拍摄音频、视频取证，积极配合相关部门调查，保护受害人权益，使肇事者得到应有的惩处。

2. 灾害防范

在集体生活中，还可能会遇到一些意外灾害，最有可能的是火灾。火灾发生时首先不要慌,低身弯腰用湿毛巾捂住口鼻,快速离开火灾区域。楼通道被火封住时,可将床单、被罩或窗帘等撕成条,结成绳索,牢系窗槛,顺绳滑下。在无路可逃的情况下,应积极寻找暂时的避难处所。如果在综合性多功能大型建筑物内,可利用设在电梯、走廊末端以及卫生间附近的避难间,躲避烟火的危害。若暂时被困在房间里,要关闭所有通向火区的门窗,用浸湿的被褥、衣物等堵塞门窗缝,并泼水降温,以防止外部火焰及烟气侵入。在被困时,要主动与外界联系,以便尽早获救。学会靠墙躲避,消防员进入着火的房屋时,都是沿墙壁摸索进行的,所以当被烟气窒息失去自救能力时,应努力滚向墙边或者门口。同时,这样做还可以防止房屋塌落砸伤自己。

3. 交通事故防范

大学生要树立交通安全观念,自觉遵守交通法规,注意出行安全。无论在校内或是校外,一旦发生交通事故,首先要及时报警,切莫与肇事者"私了"。在校外发生交通事故、除及时报警外,还应该及时与辅导员联系,请学校相关部门协助交通大队处理交通事故、保险理赔的相关事宜。

4. 游泳溺水防范

游泳前要了解自己的身体健康状况,下水前要先活动身体预热,不要打闹,也不能逞能,不在禁止游泳的区域游泳。如感觉不适应立即上岸或呼救。

5. 运动伤害防范

体育锻炼前应做好充分的准备活动,使器官机能进入活动状态后再进行剧烈运动。强度应逐渐加强,不能急于求成。进行锻炼时要全身心投入,不要开玩笑,注意力集中。不做没有把握、危险性大、专业性强、技术要求高的体育运动。掌握急救方法,当自己或身边同学出现运动伤害时,能够现场处理,情况严重时要及时向有关部门报告采取措施协助救人。

6. 校外社会活动伤害防范

大学生在暑期或平时的休息时间里，常常在校外进行家教工作。女生前往雇主家中时应注意自身安全，要有防范意识，尽量避免夜间前往，初次前往时最好邀约同伴一起探查，若发现有不妥之处，应及时抽身，切勿逗留。校外租房也存在风险，环境复杂、房东身份不明都是安全隐患，校外租房极容易发生伤害事件，人身安全得不到基本保障，所以在校大学生尽量不要到校外租房，以免发生事故。

二、财产安全

1. 宿舍防盗

要养成随手关门的习惯，最后离开房间的同学要锁好门。遵守学校相关规定，不留宿他人。对形迹可疑的陌生人应提高警惕，大胆询问。不要将钥匙借给他人，防止钥匙失控，宿舍被盗。现金最好存入银行，尤其是数额较大的要及时存入，千万不要怕麻烦。密码一定要妥善保管好。贵重物品不用时最好锁在抽屉、柜子里，以防顺手牵羊或被乘虚而入者盗走。

2. 防诈骗案件

大学生应加强学习防诈骗的安全知识，提升自身识诈防骗能力。遇到来电内容涉及钱或转账的，务必第一时间向辅导员报告情况，对电信网络诈骗信息做到不轻信、不理会、不转账。谨记防诈骗十条：

一、刷单就是诈骗（网上兼职、购物充值返利等活动都是诈骗）。

二、网上投资理财就是一场空，最终血本无归。

三、网上贷款前收取任何费用的，或者以零抵押、零担保、低利息为噱头的，100%都是诈骗。

四、网上购物遇到自称客服说要退款，索要银行卡号和验证码的，都是诈骗。

五、亲朋好友用QQ或者微信等通信软件发信息要求汇款，一定要电话或者视频核实。

六、领导用微信、QQ 等要求转账汇款的，一定要见面核实。

七、老师在家长群里发交资料费、二维码，或者向您借钱的都是诈骗。

八、非官方网站买卖游戏装备或者游戏币的都是诈骗。

九、通过社交平台添加微信、QQ、拉您入群，让您下载或者点击链接进行投资、博彩、赌博的都是诈骗。

十、冒充公检法要求您汇款或者让您转入安全账户的都是诈骗。

3. 防抢劫事件

学生准备离校外出时，应向辅导员或室友告知前往目的地、外出事由、返校时间等，保持手机通信畅通，并在手机上提前设置好一键报警功能。

出行时，首选乘坐城市公共交通车辆、地铁、出租车、网约车等正规营运车辆，不搭乘吆喝拉客的陌生私家车。若乘车过程中遭遇抢劫，务必保持冷静，观察不法人员和车辆的主要特征，不要激烈反抗或刺激不法人员，在保证自身安全的前提下，将随身物品交给不法人员，劝导不法人员不要伤害自己，伺机报警求援或脱离危险处境。

夜晚步行或夜跑时，不要选择前往灯光不足的路段、偏僻小道或人流、车辆通行较少的地方。在上述路段应尽快离开，不要只顾低头看手机或戴耳机听音乐，忽略对周围环境及尾随人员的观察，避免遭遇危险情况。

三、网络安全

在网络这个虚拟世界里，一个现实的人可以多种身份出现，也可以不同的面貌出现，善良与丑恶往往结伴而行。因此，大学生在互联网上聊天交友时，必须把握慎重的原则，不要轻易相信他人。尽量使用虚拟的方式，避免使用真实的姓名，不轻易告诉对方自己的电话号码、住址等有关个人真实信息。不轻易与网友见面。警惕网络色情聊天或者反动宣传。浏览虚拟社区时，要清楚辨别他人发表的言论，不要轻易跟帖，否则容易造成自己 IP 地址泄露，受到他人的攻击，更主要的是稍不注意便会触犯法律。

随着信息技术的发展，电子商务进入人们的日常生活之中，网络购物也成为一种时尚。大学生在进行网上购物时应选择合法的、信誉度较高的网站交易，小心求证，切勿贸然购买，谨防上当受骗。

同时不要轻易相信互联网上中奖之类的信息。这类欺诈往往要求中奖人邮寄汇费、提供银行卡号或个人资料等，以套取个人钱财和资料。不要轻易用自己的电话号码、手机号码在网上注册。

四、生活安全

大学四年远离亲人家庭，独自在校生活，大学生对生活中的一些安全同样要注意。注意饮食安全，防止中毒，不到卫生差的小门店吃喝，注意食品卫生。不暴饮暴食，防止酗酒。珍爱生命，远离毒品，警惕交友过程中被他人人为投放毒品以致上瘾。自强自爱，远离伤害。崇尚科学，抵制迷信及邪教，不轻信、不传播。增强法纪观念，远离赌博，做一个遵纪守法的优秀青年。

作为大学生，拥有足够的自我保护意识，既是立足于人生的考验，也是正视一切困难所必需的。希望大家在满腔热情地投入大学生活时，也能够提高警惕，平安快乐地度过大学生活。

第三十二章 纪律教育

一、树立法律观念

法律是维持社会秩序的重要手段。法律意识是每一个社会公民理解、尊重,执行和维护法律规范的重要保证。遵纪守法行为必须在一定的法治观念和法律意识的指导下实现。树立法律观念,不仅可以警醒自己不犯法,更能积极维护法律的尊严。大学生树立法律意识,是现代化法治建设的要求,也是成为一名合格的接班人的需要。

首先,大学生要树立宪法和法律具有最高权威的观念。树立法律权威,即尊重宪法和法律的权威。任何个人和机关、组织都不具有凌驾于宪法和法律之上的权力(权利)。其次,大学生要树立依法办事的观念。不仅要遵纪守法,而且要监督社会主义法律的遵守和执行,坚决同一切违法犯罪行为作斗争,使社会主义法治得以真正实现。再次,大学生要树立权利与义务相一致的观念。法律最主要的精神,即强调权利与义务的统一性。公民要正确对待权利与义务关系,既要依法行使法律赋予公民的权利,也要履行法律赋予公民的义务。大学生应形成正确的公民意识,以社会主义法律为武器,捍卫自己的正当权益,在享有个人所拥有的权益时,不忘记尊重和承认他人的合法权益,不忘履行对国家、对社会、对他人的义务。另外,应培养大学生法律与自由相统一的观念。我国宪法和法律从各个方面规定了公民的权利与义务,人们在法律规定的范围内,有着极为广阔的自由活动天地。公民在行使自己权利时要慎重考虑自己的言论、行为的社会效果,不得损害国家、集体的利益和其他公民的合法权益。大学生应树立与社会主义民主法治密切联系的自由观，珍惜和维护安定团结的局面。最后，应培养公民在法律面前人人平等的观念。公民在法律面前人人平等，主要指公民不分性别、民族、种族、职业等，一律平等地享有法律规定的权利，承担法律规定的义务。不管是什么人，只要是犯了法，都要依法受到追究。公民在运用法律上一律平等，不允许任何人享有特权。

"思想道德修养与法律基础"课程是学习基本法律知识的有效途径。让大学生学习马克思主义法学的基本理论观点和邓小平民主法制思想，掌握基本的法律基础，理解宪法和法律的基本精神、基本规定，理解和实践十五大报告提出的"依法治国"的基本方略，提高对法的重要性的认识，增强大学生的法律意识。

二、遵守《高等学校学生行为准则》

"志存高远，坚定信念""热爱祖国，服务人民""勤奋学习，自强不息""遵纪守法，弘扬正气""诚实守信，严于律己""明礼修身，团结友爱""勤俭节约，艰苦奋斗""强健体魄，热爱生活"。2005年，教育部发布了《高等学校学生行为准则》（以下简称《准则》），这是对1989年《高等学校学生行为准则（试行）》的修订。新《准则》从如何处理好与国家、社会、学校、个人四个层面的关系上，对大学生政治、思想、学习、道德、健康等八个方面提出了原则性的基本要求。

《准则》鲜明提出了对大学生思想政治素质的要求。明确了大学生要努力学习马克思列宁主义、毛泽东思想、邓小平理论和"三个代表"重要思想，面向世界，了解国情，确立了在中国共产党领导下走社会主义道路，实现中华民族伟大复兴的共同理想和坚定信念，努力成为有理想、有道德、有文化、有纪律的社会主义新人的人生目标。

《准则》对大学生的要求具有鲜明的时代感，充分反映了新时期国家经济社会发展对大学生的要求。如要求大学生"培养同人民群众的深厚感情……增强社会责任感，甘愿为祖国为人民奉献""积极实践，勇于创新""正确行使权利，依法履行义务""文明使用互联网""热爱生活……关爱自然""自觉抵制黄、赌、毒等不良诱惑"等。

《准则》对当代大学生的要求具有很强的针对性。如学习方面要求"自强不息""追求真理，崇尚科学""严谨求实""珍惜时间，学业有成"；道德方面要求"履约践诺，知行统一""恪守学术道德"；修养和心理健康方面要求"自尊自爱，自省自律""豁达宽容，积极向上""磨砺意志，不怕挫折"。这些要求都是针对当代大学生的特点和现状提出来的。

《准则》对大学生言论和行为应遵循的基本原则既宏观又简洁。《准则》是对大学生行为、思想层面的倡导和要求，它不是具体的行为规范，也不是学校的具体管理规定。《准则》取消了原来的按时熄灯就寝，不在禁烟区吸烟等一些具体规定，代之以从政治、思想、学习、道德、健康等方面对大学生提出原则性的基本要求。

三、遵守《文华学院学生手册》

《文华学院学生手册》是按照党和国家的教育方针，遵循大学生成长成才的基本规律，在不断总结文华学院学生教育管理工作的实际经验，不断完善文华学院有关学生教育管理工作的规章制度的基础上制定出来的，目的是为广大学生提供一个健康成长的环境建设和保障依据。

《文华学院学生手册》汇编了涉及学生行为规范、学籍管理、评选表彰、违纪处理和申诉等重要文件和规定，是学院教育、教学和管理工作以及学生在校期间学习所必须遵守的规定依据，也是学生考核评优的办法汇总，更是学生利益保障的集中体现，与每位学生密切相关。

这里简单介绍部分管理规定的重要内容。

《文华学院学生管理规定》突出育人为本、管教并重的原则，明确了学生的主体地位。尤其是列举了学生的权利与义务,确立了学生在学校内部关系的主体地位,不仅承担义务,而且享有权利。这不仅有利于贯彻育人为本的原则,尊重和保障学生的合法权益,也有利于依法调整学校与学生的法律关系,维护学校的教育教学秩序和生活秩序。

《文华学院学籍管理办法》从学生入学和注册、学习纪律、课程考核和成绩记载、免修选修和重修、转专业和转学、主修和辅修、休学和复学、升(留)级和退学与延长学习年限、毕业和结业与肄业、学位授予等十个方面,详尽地规定了学生在校学习期间涉及教学方面的基本规定。

《文华学院先进集体、先进个人评选与表彰暂行办法》和《文华学院奖学金管理暂行办法》是为树立先进典型,激励学生勤奋学习、奋发向上而制定的奖励办法。对奖励类型、评奖程序等都做了明确规定。

《文华学院学生违纪处分实施细则》集中体现了对学生日常行为的基本要求和规范,对学生养成良好的行为习惯、促进身心健康发展起着重要作用。大学生要高度重视,认真学习,增强道德观念、纪律观念。懂得什么是正确的,什么是错误的,提高分辨是非、区分善恶的能力,增强道德选择与行为评价的能力,增强守法、守规、守纪的意识。

《文华学院学生申诉处理暂行办法》是为尊重和保证学生的合法权益而制定的。文华学院成立了学生申诉委员会,专门处理学生的申诉事宜,申诉处理的组织和基本程序都有明确规定。

附 《高等学校学生行为准则》

一、志存高远,坚定信念。努力学习马克思列宁主义、毛泽东思想、邓小平理论和"三个代表"重要思想,面向世界,了解国情,确立在中国共产党领导下走社会主义道路,实现中华民族伟大复兴的共同理想和坚定信念，努力成为有理想、有道德、有文化、有纪律的社会主义新人。

二、热爱祖国，服务人民。弘扬民族精神，维护国家利益和民族团结。不参与违反四项基本原则、影响国家统一和社会稳定的活动。培养同人民群众的深厚感情，正确处理国家、集体和个人三者利益关系，增强社会责任感，甘愿为祖国为人民奉献。

三、勤奋学习，自强不息。追求真理，崇尚科学；刻苦钻研，严谨求实；积极实践，勇于创新；珍惜时间，学业有成。

四、遵纪守法，弘扬正气。遵守宪法、法律法规，遵守校纪校规；正确行使权利，依法履行义务；敬廉崇洁，公道正派；敢于并善于同各种违法违纪行为作斗争。

五、诚实守信，严于律己。履约践诺，知行统一；遵从学术规范，恪守学术道德，不作弊，不剽窃；自尊自爱，自省自律；文明使用互联网；自觉抵制黄、赌、毒等不良诱惑。

六、明礼修身，团结友爱。弘扬传统美德，遵守社会公德，男女交往文明；关心集体，爱护公物，热心公益；尊敬师长，友爱同学，团结合作；仪表整洁，待人礼貌；豁达宽容，积极向上。

七、勤俭节约，艰苦奋斗。热爱劳动，珍惜他人和社会劳动成果；生活俭朴，杜绝浪费；不追求超越自身和家庭实际的物质享受。

八、强健体魄，热爱生活。积极参加文体活动，提高身体素质，保持心理健康；磨砺意志，不怕挫折，提高适应能力；增强安全意识，防止意外事故；关爱自然，爱护环境，珍惜资源。

后 记

《大学生学习生活指南》一书具有鲜明的时代性，编写者根据当代社会对大学生提出的要求，采用最新的研究成果和成功的实践经验，为大学生全面素质的提高提供了详尽的指导。本书突出了个性的和谐发展，重视课外阅读，拓展知识视野，注重实践与创新，内容上全面、翔实、自成体系，从行为规范到身心健康，从课内到课外，从个体到群体，从入学到毕业，比较全面地论述了大学学习生活的特点、规律和适应方法。这不仅能让青年学生尽早、全面地了解大学生活，而且教给他们如何适应这种生活，学会做人、学会做事、学会学习、学会认知、学会创新和学会与人相处，涉及大学生学习生活的方方面面，使大学新生接受细致入微的全面关爱。本书具有针对性和实用性，对培养学生综合素质、全面提高能力，无疑起到了推动和帮助作用。

全书由肖行定拟定框架、统审并定稿。本书由长期从事学生工作的领导与教师参与编写。各篇的编写分工如下："适应篇""学习篇"作者肖行定；"教学篇"作者王雅婷、何茜君、刘鑫鑫、彭晓艳、龚媛；"素质篇"作者张涵、彭瓅、廖晓颖、曾晓兰；"心理篇"作者李素梅、杨静、王枫；"交际篇""文体篇""实践篇"作者刘璐、孙国洋、陈辉；"谋职篇"作者戴俊才、李鹏、刘晓；"安全篇"作者李卫。

本书的编写和出版，得到了著名教育家、中国院校研究会创会会长、华中科技大学学术委员会副主任、博士生导师、文华学院校长刘献君教授的指导，刘献君教授同意将《选择将伴随我们一生》作为本书代序；得到了文华学院党委书记郑畅、常务副校长刘太林、副校长舒水明的支持；得到了华中科技大学出版社钱坤编辑的大力帮助，在此一并致以诚挚的谢意！

由于时间较紧，加上我们水平有限，书中不足之处在所难免，我们期待广大青年大学生和有关领导、专家批评指正。

肖行定

2021 年 6 月